부활의 주님을 따라 걸어가는 천국 백성의 길

부활의 주 예수

김경섭 지음

Jesus,
The Risen Lord

by Kyung Sup Kim

8-1, Cheongnyongmaeul-gil, Seocho-gu, Seoul, Korea

Jesus, The Risen Lord

부활의 주님을 따라 걸어가는

천국 백성의 길

부활의 주 예수

김경섭 지음

The Path of the Heavenly Citizens Following the Risen Lord

묵상하는사람들
프리셉트

서문

김소월 시인은 일제강점기에 국권을 상실한 조국, 빼앗긴 조국을 슬퍼하며 「초혼」(招魂)이라는 시를 썼습니다. 그는 나라 잃은 민족의 슬픔을 애절하게 노래했으며, 이를 마치 개인적 사랑의 상실로 표현했던 것입니다.

초혼

산산이 부서진 이름이여
허공중에 흩어진 이름이여
불러도 주인 없는 이름이여
부르다가 내가 죽을 이름이여

심중에 남아 있는 말 한마디는
끝내 하지 못하였구나.
사랑하는 그 사람이여
사랑하는 그 사람이여

이 시 안에는 가슴에 사무치는 허무, 절망, 슬픔 그리고 고통 등이 배어 있습니다. 과연 우리는 삶의 여정에서 겪는 이 같은 처절한 절망과 슬픔을 어떻게 극복할 수 있을까요?

고등학교 시절 옆집 친구 권홍택은 순식간에 어머니와 누이를 저세상에 보내었습니다. 1970년도 여름밤, 우리는 함께 옥상 위 평상에 누워서 하늘의 별을 헤아렸습니다. 그는 문득 순간순간 사라지는 유성(流星)을 바로 보며 읊조렸습니다.

'경섭아! 우리는 어디에서 온 것일까?
그리고 어디로 가는 것일까?
난 말이야, 저 유성처럼 스스로 사그라지고 싶다.'

그는 허무한 가슴으로 방황하며 고통하고 있었습니다.

이상도 하지요!

그의 허무한 가슴은 그대로 제게 전염되었습니다. 그 당시에는 도무지 기독교라는 종교가 인생의 해답을 제게 주지 못하였습니다. 1970년도 가을 어느 날, 중간고사를 치르고 연필을 꺾었습니다.

'이대로 살 수는 없다.
나는 어디에서 온 것일까?
나는 어디로 가는 것일까?
도무지 알 수 없는 인생의 해답을 찾고 싶다.
이 해답 없이 고등학교, 대학교에 가는 것이 무슨 의미가 있단 말인가?
머리 깎고 내장사로 가자.
10년 동안 불경을 연구하면서
인생의 해답을 얻고야 말리라.'

그날 저는 바로 머리를 밀고 내장사로 입산하였습니다.

하지만 그곳에서 인생의 해답을 구한 것은 아니었습니다.

대학 시절, 대학선교단체인 E.S.F.에서 일어난 일입니다.

추운 겨울, 신실한 믿음의 자매 A가 친구 B를 전도하러 그의 집으로 찾아갔습니다. 친구 B의 어머니는 밤이 늦었기에 빈방에 자매 A를 잠재우고 오랜만에 연탄아궁이에 불을 피워 주었습니다. 그 날밤 믿음의 자매 A는 연탄가스 중독으로 세상을 떠났습니다. 이 사건은 E.S.F. 한양지구 공동체에 엄청난 충격을 주었습니다. 당시 그 단체를 지도하셨던 안병호 목사님은 요한복음 11:25 이하의 말씀을 힘 있게 증거하셨습니다.

'예수 그리스도는 죽음을 이기고 부활하셨습니다.

예수 그리스도의 부활은 인류 역사에서 가장 위대하고 혁명적인 사건입니다.'

그날, 저는 죽음을 뚫고 부활하신 주님을 믿기로 작정하였습니다. 예수 그리스도의 부활은 이 땅을 살아가는 모든 허무한 인생에게 영생의 해답을 제시합니다. 예수 그리스도의 부활은 죽음과 사망 권세에 갇힌 모든 인생에게 죽음을 이기는 영생의 축복을 선물합니다.

예수 그리스도의 부활은 모든 인생의 유일한 희망이요 해답이요 문제 해결책입니다. 여러분은 이 같은 예수 그리스도의 부활을 진실로 믿고 계신가요?

> 예수께서 이르시되
> 나는 부활이요 생명이니
> 나를 믿는 자는 죽어도 살겠고

무릇 살아서 나를 믿는 자는 영원히 죽지 아니하리니
이것을 네가 믿느냐
_요한복음 11:25-26

본서를 출간하면서 자료정리에 수고한 안디옥교회의 명미정 님, 구은정 님, 황진희 님, 김선영 님, 프리셉트 편집팀의 고유영 편집실장님, 김성경 간사님, 김지혜 간사님, 그리고 전체 자료를 책임편집한 박효숙 목사님께 마음 깊이 감사드립니다. 그리고 말씀 선포사역을 위해 항상 기도해 주시고 격려해 주시는 죽전 · 광교안디옥교회 교우들에게도 진심으로 감사드립니다.

프리셉트성경연구원장
죽전 · 광교안디옥교회
담임목사 김경섭

이 책은 매 과 끝에,

1. 묵상 질문, 암송 구절, 요점 정리, 단순 도해(圖解; Infographic)를 수록하여 본문의 핵심을 정리하고 이해를 돕습니다.
2. 상세 도해(슬라이드)와 설교 영상(Youtube)을 QR 코드로 제공하여, 독자가 시각 자료와 영상을 통해 본문을 더욱 풍성하게 이해할 수 있도록 하였습니다.

차례

서문 ‥ 4

1. 다 이루었다 (요 19:17–30) ‥ 10
2. 부활의 능력 (요 20:1–18) ‥ 30
3. 부활의 주님께서 주시는 세 가지 선물 (요 20:19–31) ‥ 51
4. 성찬(盛饌)에의 초대 (요 21:1–14) ‥ 68
5. 복되도다 (요 20:24–31) ‥ 87
6. 천국을 바라보자 (계 21:1–7, 24–27) ‥ 104
7. 네가 나를 더 사랑하느냐? (요 21:15–25) ‥ 125
8. 부활 인생은 선한 싸움을 싸운다 (딤후 4:6–8) ‥ 147
9. 천국 백성을 향한 유언적 명령 (마 28:16–20) ‥ 166
10. 부활의 표적 (막 16:1–20) ‥ 187
11. 천국 백성의 영적 축복 (벧후 1:1–4) ‥ 209
12. 내가 세상을 이기었노라 (요 16:22–33) ‥ 228
13. 천국 잔치는 언제 열리는가? (눅 15:1–10, 18–24) ‥ 246
14. 천국을 향한 길 (마 7:13–27) ‥ 264
15. 천국 백성인가요? (엡 2:1–10) ‥ 283
16. 부활 공동체의 특징 (고전 15:42–58) ‥ 301
17. 철학인가? 부활인가? (행 17:16–34) ‥ 321

1
다 이루었다

〈요 19:17-30〉

17 그들이 예수를 맡으매 예수께서 자기의 십자가를 지시고 해골(히
브리 말로 골고다)이라 하는 곳에 나가시니
18 그들이 거기서 예수를 십자가에 못 박을새 다른 두 사람도 그와
함께 좌우편에 못 박으니 예수는 가운데 있더라
19 빌라도가 패를 써서 십자가 위에 붙이니 나사렛 예수 유대인의
왕이라 기록되었더라
20 예수께서 못 박히신 곳이 성에서 가까운 고로 많은 유대인이 이
패를 읽는데 히브리와 로마와 헬라 말로 기록되었더라
21 유대인의 대제사장들이 빌라도에게 이르되 유대인의 왕이라 쓰
지 말고 자칭 유대인의 왕이라 쓰라 하니
22 빌라도가 대답하되 내가 쓸 것을 썼다 하니라
23 군인들이 예수를 십자가에 못 박고 그의 옷을 취하여 네 깃에 나
눠 각각 한 깃씩 얻고 속옷도 취하니 이 속옷은 호지 아니하고 위
에서부터 통으로 짠 것이라
24 군인들이 서로 말하되 이것을 찢지 말고 누가 얻나 제비 뽑자 하
니 이는 성경에 그들이 내 옷을 나누고 내 옷을 제비 뽑나이다 한
것을 응하게 하려 함이러라 군인들은 이런 일을 하고
25 예수의 십자가 곁에는 그 어머니와 이모와 글로바의 아내 마리아
와 막달라 마리아가 섰는지라
26 예수께서 자기의 어머니와 사랑하시는 제자가 곁에 서 있는 것을
보시고 자기 어머니께 말씀하시되 여자여 보소서 아들이니이다
하시고
27 또 그 제자에게 이르시되 보라 네 어머니라 하신대 그 때부터 그
제자가 자기 집에 모시니라

28 그 후에 예수께서 모든 일이 이미 이루어진 줄 아시고 성경을 응
하게 하려 하사 이르시되 내가 목마르다 하시니
29 거기 신 포도주가 가득히 담긴 그릇이 있는지라 사람들이 신 포
도주를 적신 해면을 우슬초에 매어 예수의 입에 대니
30 예수께서 신 포도주를 받으신 후에 이르시되 다 이루었다 하시고
머리를 숙이니 영혼이 떠나가시니라

교회의 시작과 초기 성도들의 헌신

우리 교회는 1996년 12월 27일, 분당 오리역 인근의 '토마토 레스토랑'에서 가슴 벅찬 개척 예배를 드리며 첫 발걸음을 내디뎠습니다. 비록 환경은 열악했지만, 그곳에는 하나님의 뜨거운 은혜와 영혼 구원을 향한 열정이 가득하였습니다. 그 결과, 불과 7개월 만에 어린 아이를 포함한 70여 명의 성도가 모이는 부흥의 역사가 일어났습니다.

이 놀라운 은혜 속에 성도들은 함께 '영적 출애굽'을 경험하며 더 넓은 예배 처소를 꿈꾸게 되었고, 마침내 식당 옆 벽산 3단지 지하상가로 성전을 이전하며 교회의 든든한 초석(礎石)을 놓게 되었습니다. 비록 그 시작은 미약하였으나, 하나님께서 친히 역사하심으로 말미암아 교회는 날마다 든든히 서 가게 되었습니다.

무엇보다 우리 교회가 이처럼 성장할 수 있었던 배경에는 초기 성도들의 눈물겨운 헌신이 있었습니다. 특히 고(故) 홍태석 장로님과 고(故) 박은교 권사님은 동백 지역에 있는 자택을 신앙 공동체를 위한 사랑방으로 기꺼이 내어놓으셨습니다. 두 분은 집을 활짝 개방하여 초신자들에게 숙식을 제공하며 신앙을 양육하셨고, 아름다운 기도실을 마련해 수많은 영혼이 은혜를 체험하도록 이끄셨습니다.

박 권사님은 이 교회 최초의 여성 권사로서 부부 목장을 인도하며 친히 본이 되는 삶을 사셨고, 홍 장로님 역시 변함없는 충성으로 그 사역을 돕는 든든한 버팀목이 되어 주셨습니다. 더불어 백남덕 권사님, 임정애 권사님, 배화자 전도사님, 신희숙 권사님 등 수많은 초기 성도가 어머니와 같은 따뜻한 마음으로 교회를 품고 세워 나갔습니다. 이분들의 헌신이야말로 오늘날 우리 교회를 있게 한 거룩한 밑거름이었습니다.

이 모든 수고와 헌신은 사라지는 과거의 기록이 아니라, 성경의 약속처럼 하늘의 상급으로 이어지는 복된 흔적입니다. 다니엘서 12:3은 이렇게 말씀합니다.

지혜 있는 자는 궁창의 빛과 같이 빛날 것이요 많은 사람을 옳은 데로 돌아오게 한 자는 별과 같이 영원토록 빛나리라 _단 12:3

교회 초창기 성도들이 흘린 눈물과 기도, 그리고 사랑의 섬김은 오늘날 우리 교회를 지탱하는 위대한 영적 유산이며, 장차 하나님 나라에서 밤하늘의 별과 같이 영원토록 빛나는 영광스러운 상급이 될 것입니다.

최근 우리 곁에서 믿음의 큰 별 하나가 졌습니다. 하나님은 향년 87세를 일기로 사랑하는 박은교 권사님을 천국으로 부르셨습니다. 인생은 유한합니다. 주님께서 부르시면 누구든 쥐고 있던 모든 것을 내려놓고, 즉시 본향으로 돌아가게 됩니다. 이는 거스를 수 없는 인생의 이치입니다. 그렇다면, 고(故) 박 권사님 인생의 절정(絶頂)은 과연 언제였을까요? 저는 권사님의 지난 삶을 곰곰이 묵상해 보았습니다. 권사님은 1997년 10월, 예순의 나이에 우리 교회에 오셨습니다. 그리고 지난 30여 년 가까운 세월 동안, 이 제단을 눈물과 기도로 지키셨습니다. 아무런 기반도 없던 황무지와 같았던 개척 초기, 권사님은 그 누구보다 앞장서서 발 벗고 나서셨습니다. 교회가 든든한 반석 위에 서기까지, 당신의 온 삶을 밀알처럼 심으셨습니다.

저는 감히 말씀드립니다. 권사님께서 교회를 위해 온몸을 던져 충성하셨던 그 60대와 70대의 시간이야말로 인생의 가장 찬란한 전성기였습니다. 사람들은 흔히 60대와 70대를 저무는 노년이라 말하지만, 결코 그렇지 않습니다. 권사님에게 그 시간은 청춘보다 더 뜨거운 열정으로 하나님을 섬긴 '영적 청년'의 시기였습니다.

60 · 70 세대는 뒷짐 지고 물러나 있는 나이가 아닙니다. 오히려 여전히 왕성하게 사명을 감당할 수 있는 결실의 계절에 서 있습니다. 하물며 피 끓는 20대와 30대 청년들이야 말해 무엇하겠습니까?

누구에게나 인생의 하이라이트, 가장 빛나는 순간이 있습니다. 여러분에게 묻습니다. 여러분의 생애에서 가장 뜨겁게 하나님을 사랑하고 헌신했던 '인생의 절정'은 언제입니까? 바로 지금이 그 시간이 되기를 소망합니다.

예수님의 선언 – '다 이루었다'의 의미

예수님의 생애에도 절정은 존재하였습니다. 과연 그 순간은 언제였을까요? 그 답은 예수님께서 십자가 위에서 직접 밝히셨습니다. 요한복음 19:30은 이렇게 증언합니다.

예수께서 신 포도주를 받으신 후에 이르시되 다 이루었다 하시고 머리를 숙이니 영혼이 떠나가시니라 _요 19:30

예수님은 운명하시기 직전, 마지막 숨을 몰아쉬며 "다 이루었다"라고 선언하셨습니다. 이는 단순히 생이 끝났다는 체념이 아닙니다. "내가 십자가의 대속을 통해 구원의 모든 사역을 완성하였다. 바로 지금이 내 생애의 절정이요, 클라이맥스이며, 완전한 성취다"라고 만방에 선포하신 승리의 외침이었습니다.

만일 우리 가족 중 누군가가 33세라는 꽃다운 나이에 생을 마감한다면, 누가 감히 그 삶을 두고 "모든 것을 완성하였다"라고 말할 수 있을까요? 대한민국에서의 33세는 이제 막 인생의 출발선에 선 시기입니다. 대학을 졸업하고 고된 군 복무를 마친 뒤, 치열한 경쟁을 뚫고 사회에 첫발을 내디딘 지 불과 몇 해 되지 않은 '시작'의 때입니다. 그 시기에 인생의 완성을 논하기란 불가능에 가깝습니다.

그렇지만 예수님은 세상의 기준으로는 너무나 이른 그 나이에 "다 이루었다"(테텔레스타이; τετέλεσται)라고 외치셨습니다. 도대체 예수님은 십자가 위에서 무엇을 성취하셨기에 그토록 당당하게 선포하실 수 있었던 것일까요?

그 답은 십자가 아래의 상황을 통해 더욱 선명하게 드러납니다. 예수님께서 십자가에 못 박히실 때, 로마 군인들은 네 명이 한 조가 되어 예수님의 옷을 나눠 가졌습니다. 당시 유대 남성들이 입던 겉옷은 사각형의 천으로 되어 있어, 이를 네 조각으로 나눠 갖는 것이 관례였습니다. 요한복음 19:23은 당시 상황을 이렇게 묘사합니다.

군인들이 예수를 십자가에 못 박고 그의 옷을 취하여 네 깃에 나눠 각각 한 깃씩 얻고 속옷도 취하니 이 속옷은 호지 아니하고 위에서부터 통으로 짠 것이라 _요 19:23

겉옷은 나눠 가졌으나, 문제는 속옷이었습니다. 예수님의 속옷은 솔기 없이 위에서부터 통으로 짜인 것이었기에, 찢으면 그 가치를 잃게 되었습니다. 결국 군인들은 이를 찢지 않고 제비를 뽑아 한 사람이 차지하기로 합니다. 요한복음 19:24은 그들이 왜 그래야만 하였는지, 그 영적인 이유를 설명합니다.

군인들이 서로 말하되 이것을 찢지 말고 누가 얻나 제비 뽑자 하니 이는 성경에 그들이 내 옷을 나누고 내 옷을 제비 뽑나이다 한 것을 응하게 하려 함이러라 _요 19:24

군인들은 단지 옷 한 벌을 탐내어 제비를 뽑았지만, 놀랍게도 그 행위조차 하나님의 말씀(시 22:18)을 한 치의 오차도 없이 성취하는 과정이었습니다. 예수님은 벌거벗겨지는 수치 속에서도, 성경의 예언을 온몸으로 이루어가며 생애 최고의 절정을 향해 나아가고 계셨던 것입니다.

구약 예언의 성취

다시 말해, 군인들이 옷을 놓고 제비를 뽑은 행위는 단순한 우연이 아니었습니다. 그것은 시편 22편에 기록된 말씀이 1,000여 년의 시간을 넘어 한 치의 오차도 없이 이루어지는 역사적인 순간이었습니다. 사실 예수님의 생애 전체가 구약 성경의 예언을 따라 걷는 거룩한 발자취였습니다. 학자들에 따르면, 구약에는 메시야에 대해 300여 가지 이상의 예언이 기록되어 있다고 합니다. 예수님의 삶은 그 모든 예언을 하나하나 성취해 가는 과정이었습니다. 미가서 5:2에 '메시야가 베들레헴에서 탄생하리라'고 예언된 그대로, 예수님은 정확히 유대 땅 베들레헴에서 나셨습니다. 이사야 선지자는 이사야서 9:6에서 전능하신 하나님이시요 영존하시는 아버지께서 한 아기로서, 그리고 평강의 왕으로서 이 땅에 태어난 것을 예고하였고, 과연 예수님은 그리하셨습니다. 이처럼 주님의 모든 행적은 철저히 기록된 말씀을 따라 이루어졌습니다.

성경은 "만군의 여호와의 열심이 이를 이루시리라"(사 9:7)고 증언합니다. 즉, 우리를 구원하시고자 하는 하나님의 뜨거운 열심이 이 모든 일을 계획하고 완성하신 것입니다. 그러므로 예수님께서 십자가 위에서 마지막 피 한 방울까지 쏟으시며 돌아가실 때, 그것은 패배가 아니었습니다. 성경에 기록된 수많은 약속과 예언을 당신의 온몸으로 완벽하게 성취해 내신, 위대한 '완성'이었습니다.

속죄의 완성

둘째로, 예수님께서 십자가에서 이루신 것은 인류를 향한 '완전한 속죄'(Atonement)였습니다. 이사야 선지자는 무려 700년 전, 메시야가 장차 어떤 모습으로 생을 마감하실지 이사야 53장을 통해 눈에 보이듯 생생하게 예언하였습니다.

그는 멸시를 받아 사람들에게 버림 받았으며 간고를 많이 겪었으며 질고를 아는 자라 마치 사람들이 그에게서 얼굴을 가리는 것 같이 멸시를 당하였고 우리도 그를 귀히 여기지 아니하였도다 그는 실로 우리의 질고를 지고 우리의 슬픔을 당하였거늘 우리는 생각하기를 그는 징벌을 받아 하나님께 맞으며 고난을 당한다 하였노라 그가 찔림은 우리의 허물 때문이요 그가 상함은 우리의 죄악 때문이라 그가 징계를 받으므로 우리는 평화를 누리고 그가 채찍에 맞으므로 우리는 나음을 받았도다 _사 53:3-5

예수님은 이 예언의 말씀 그대로, 우리 죄를 대신 짊어지시고 십자가에서 물과 피를 쏟으심으로 대속의 역사를 이루셨습니다. 구약 시대, 이스라엘 백성은 죄를 지을 때마다 짐승의 피를 제단에 뿌려 용서를 구하였습니다. 하지만 그것은 임시방편일 뿐이었습니다. 히브리서 10:4은 그 한계를 분명히 지적합니다.

이는 황소와 염소의 피가 능히 죄를 없이 하지 못함이라 _히 10:4

짐승의 피는 죄를 잠시 덮을 뿐, 근본적으로 제거할 수는 없었습니다. 그래서 구약의 제사장들은 매일 똑같은 제사를 반복해서 드려야만 하였습니다. 그러나 우리 구주 예수 그리스도는 다르셨습니다.

제사장마다 매일 서서 섬기며 자주 같은 제사를 드리되 이 제사는 언제나 죄를 없게 하지 못하거니와 오직 그리스도는 죄를 위하여 한 영원한 제사를 드리시고 하나님 우편에 앉으사 _히 10:11-12

구약의 제사장들이 드리던 제사는 불완전하였기 때문에, 죄를 지을 때마다 반복적으로 드려져야 하였습니다. 하지만 그리스도의 희생 제사는 단 한 번으로 영원한 효력을 갖는 완전한 제사였습니다. 모든 인생은 죄로 인해 감히 하나님 앞에 설 수 없는 존재였습니다. 그러나 예수님께서 친히 제물이 되셔서 '단번에'(Once for all) 영원한 속죄를 완성하셨습니다. 주님께서 십자가 위에서 외치신 "다 이루었다"라는 선언은, 곧 죄의 문제가 완벽하게 해결되었다는 승리의 선포인 것입니다.

예수님께서 십자가에서 완수하신 과업은 다음 세 가지로 요약할 수 있습니다. 첫째, 구약 성경의 모든 예언을 빈틈없이 성취하셨습니다. 둘째, 인류를 위한 완전하고도 영원한 속죄를 이루셨습니다. 셋째, 십자가 위에서 그리스도의 왕권이 만방에 선포되었습니다.

그리스도 왕권의 선포

빌라도는 십자가에 못 박히신 예수님의 머리 위에 죄패를 붙였습니다. 그 내용은 "나사렛 예수 유대인의 왕"이라는 선언이었습니다. 주목할 점은 이 명패가 히브리어, 로마어(라틴어), 헬라어(그리스어), 곧 세 가지 언어로 기록되었다는 사실입니다. 이는 당시 종교(히브리), 정치(로마), 문화(헬라)를 대표하는 언어들로, 예수 그리스도가 단지 유대인의 왕일 뿐만 아니라 온 세상, 모든 민족의 통치자이심을 만방에 공포하는 사건이었습니다. 유대 종교지도자들은 이 문구에 격분하였습니다. "자칭 유대인의 왕이라 쓰라"며 강력히 항의하였지만, 빌라도는 단호하였습니다.

내가 쓸 것을 썼다 _요 19:22

이는 빌라도 개인의 고집이 아니었습니다. 하나님께서 이방 통치자의 손을 빌려, 예수 그리스도의 왕권을 공식적으로 확정하신 섭리의 역사였습니다. 그러므로 십자가 사건은 단순한 처형식이 아니라, 사탄의 머리를 깨뜨리고 하나님 나라의 왕권을 확립하는 거룩한 선언이었습니다. 사도 바울은 골로새서 1:13에서 이 영적 실체를 꿰뚫어 봅니다.

그가 우리를 흑암의 권세에서 건져내사 그의 사랑의 아들의 나라로 옮기셨으니 _골 1:13

세상에는 두 나라가 충돌합니다. '흑암의 권세' 곧 사탄의 나라와 '하나님의 아들의 나라'입니다. 예수님은 십자가를 통해 우리를 어둠에서 빛의 나라로 옮기셨습니다. 그리고 장차 다시 오실 때, 만왕의 왕이신 주님은 사탄의 나라를 영원히 심판하시고 철장 권세로 온 세상을 다스리실 것입니다.

예수님께서 핏기 없는 입술로 "다 이루었다"라고 선언하신 것은 하나님의 구속 경륜의 완성이었습니다. 주님은 십자가에서 무엇을 다 이루셨나요? 첫째, 구약의 모든 예언을 성취하셨습니다. 둘째, 인류를 위한 완전한 속죄를 완성하셨습니다. 셋째, 왕으로서의 통치권을 확립하셨습니다.

요한복음 19:25은 살기가 등등한 처형장 끝까지 주님 곁을 지켰던 사람들의 이름을 기록하고 있습니다.

예수의 십자가 곁에는 그 어머니와 이모와 글로바의 아내 마리아와 막달라 마리아가 섰는지라 _요 19:25

대부분의 제자가 두려움에 도망쳤을 때, 네 명의 여인이 그 자리를 지켰습니다. 예수님의 어머니 마리아, 이모(살로메), 글로바의 아내 마리아, 그리고 막달라 마리아였습니다. 흥미로운 점은 이모 살로메를 제외한 세 여인의 이름이 모두 '마리아'(Maria)라는 것입니다. 이 말씀에서 당시 이 이름이 얼마나 흔하였는지 확인되지만, 그 흔한 이름의 여인들이 가장 비범한 믿음의 자리를 지키고 있었습니다. 그리고 남자 제자 중 유일하게 다시 돌아온 한 사람, 바로 사랑하는 제자 사도 요한이 그 곁에 있었습니다.

극한의 고통 속에서도 예수님은 육신의 어머니를 향한 시선을 거두지 않으셨습니다. 아들의 처참한 죽음을 목격해야 하는 어머니의 찢어지는 마음, 그리고 홀로 남겨질 앞날에 대한 깊은 연민이 주님의 가슴을 짓눌렀을 것입니다. 주님은 어머니와 요한을 번갈아 보시며 말씀하셨습니다.

예수께서 자기의 어머니와 사랑하시는 제자가 곁에 서 있는 것을 보시고 자기 어머니께 말씀하시되 여자여 보소서 아들이니이다 하시고 _요 19:26

여기서 "여자여"(Gunai)라는 호칭은 하대하는 말이 아닙니다. 당시 귀부인을 부르는 극존칭입니다. 따라서 "여자여"라는 표현은 "어머님이시여"라는 의미로 쓰인 것입니다. 하지만 동시에 이제는 육신의 아들을 넘어 '구세주'로서 어머니를 대하고 있음을 보여 줍니다. 주님은 요한을 가리키며 "어머님, 이제부터 이 제자가 어머님의 아들이 되어 모실 것입니다"라고 선언하셨습니다. 이어 예수님은 요한복음 19:27에서 요한에게 명하십니다.

또 그 제자에게 이르시되 보라 네 어머니라 하신대 그 때부터 그 제자가 자기 집에 모시니라 _요 19:27

이 말씀에는 구구절절한 부탁이나 설득이 없었습니다.

"보라, 네 어머니라."

이것은 왕의 명령이었습니다. 주님은 가장 고통스러운 순간에도 제자에게 사명을 주셨고, 관계를 새롭게 정립해 주셨습니다. 요한은 이에 토를 달거나 머뭇거리지 않았습니다. 그때부터 즉시 순종하며 마리아를 자기 집에 모셨습니다.

이 장면은 오늘날 우리에게도 중요한 교훈을 줍니다. 주님의 말씀은 우리의 상황에 따라 타협하거나 계산할 대상이 아닙니다. 왕이신 주님께서 말씀하시면, 우리는 즉각 순종해야 합니다. 십자가 위에서 보여 주신 이 거룩한 효심과 제자의 순종이야말로, 하나님 나라의 백성이 갖추어야 할 참된 태도입니다.

사랑의 완성과 선교적 증거

사도 요한은 유대 땅과 예루살렘에서 뜨겁게 복음을 전한 후, 소아시아(오늘날의 튀르키예)로 건너가 서부 도시 에베소(Ephesus)에서 마지막 목회를 감당하였습니다. 이후 도미티아누스 황제의 박해로 밧모섬에 유배되어 요한계시록을 기록하기도 하였지만, 그는 끝까지 믿음을 지켰습니다. 오늘날 에베소를 방문하면 초대교회의 숨결을 느낄 수 있는 여러 유적이 있는데, 그중 산 중턱에 자리 잡은 '마리아의 집'이 눈길을 끕니다. 전승에 따르면, 사도 요한은 예수님께서 십자가 위에서 부탁하신 대로 어머니 마리아를 에베소까지 모시고 와서 임종 시까지 지극정성으로 섬겼다고 합니다. 예수님은 마지막 순간까지 육신의 어머니를 향한 효심과 사랑을 잊지 않으셨고, 요한은 그 말씀에 순종하여 사랑을 완성한 것입니다. 그러나 주님의 사랑은 혈육에만 머물지 않았습니다. 요한복음 13:1은 예수님의 사랑을 이렇게 증언합니다.

> …세상에 있는 자기 사람들을 사랑하시되 끝까지 사랑하시니라 _요 13:1b

여기서 "끝까지"라는 말에는 비장함이 서려 있습니다. 예수님은 제자

중 유다가 당신을 배신할 것을 이미 알고 계셨습니다. 배신은 모르는 사람에게는 당하지 않습니다. 가장 신뢰했던 사람, 내가 내 마음을 진심을 다해 주었던 사람에게 당하는 것이 배신입니다. 오죽하면 우리 옛 어른들이 "검은 머리 짐승은 거두는 것이 아니다"라고 하였겠습니까? 이는 인간이 본질적으로 얼마나 믿을 수 없는 존재인지를 뼈저리게 보여 주는 말입니다. 사람은 배신합니다. 그러나 하나님은 신실하십니다. 예수님은 제자의 배신과 도망침을 다 아셨음에도, 사랑을 거두지 않으셨습니다. 오히려 목자 잃은 양처럼 방황하는 영혼들을 보시며, 창자가 끊어지는 듯한 단장(斷腸)의 아픔으로 그들을 불쌍히 여기셨습니다. 이 사랑의 절정이 바로 십자가입니다. 사도 요한은 요한일서 3:16에서 이렇게 고백합니다.

> 그가 우리를 위하여 목숨을 버리셨으니 우리가 이로써 사랑을 알고 우리도 형제들을 위하여 목숨을 버리는 것이 마땅하니라 _요일 3:16

예수님께서 십자가 위에서 "다 이루었다"라고 외치셨을 때, 그것은 '사랑의 완성'을 의미하였습니다. 이제 우리는 십자가 위에서 선포된 네 가지의 완성을 정리할 수 있습니다. 첫째, 구약의 모든 예언을 성취하신 '말씀의 완성'입니다. 둘째, 인류의 죄를 씻기신 '속죄의 완성'입니다. 셋째, 사탄을 심판하고 다스리시는 '왕권의 완성'입니다. 그리고 넷째, 배신하는 인간을 끝까지 품으신 '사랑의 완성'입니다. 예수 그리스도의 복음이 전파되는 곳마다 이 놀라운 사랑의 열매가 맺힙니다. 그 십자가에서 흐르는 순도 100%의 사랑, 흠 없고 완전한 그 사랑을 알기에, 오늘날에도 수많은 주의 백성이 자신의 목숨을 아끼지 않고 주님께 헌신하는 것입니다.

구한말, 짙은 어둠이 드리워져 있던 조선 땅에 예수 그리스도의 십자가 사랑을 품은 선교사들이 찾아왔습니다. 그들은 복음을 들고 조선에 들어와, 병들고 가난한 조선의 백성들을 위해 자신의 생명을 아낌없이 바쳤습니다. 그 수많은 별 가운데 우리가 결코 잊지 말아야 할 분이 있습니다. 바로 엘리자베스 쉐핑(Elisabeth J. Shepping), 한국 이름으로 서서평(徐徐平) 선교사입니다. 독일에서 태어나 미국 뉴욕의 간호대학을 졸업한 엘리트였던 그녀는, 세계에서 가장 가난하고 비참한 나라 중 하나였던 조선의 현실을 전해 듣게 됩니다. 치료는커녕 길가에 버려져 죽어가는 생명들, 특히 나병(한센병)으로 고통받는 이들이 넘쳐난다는 소식은 그녀의 가슴을 뜨겁게 하였습니다. 결국 그녀는 1912년, 32세의 젊은 나이에 조선 선교를 자원해 전라남도 광주 제중원(현 광주기독병원)의 간호사로 첫발을 내디뎠습니다.

서서평 선교사는 단순히 '돕는 자'로 남기를 거부하였습니다. 조선 사람들과 하나가 되기 위해 철저히 '조선 사람'으로 살기를 작정한 것입니다. 그녀는 서양식 옷 대신 무명 저고리와 검정 통치마를 입었고, 구두 대신 검정 고무신을 신었으며, 평생 보리밥에 된장국을 먹으며 조선의 빈민들과 똑같이 생활하였습니다. 그녀가 순교하기까지 22년 동안 이 땅에 쏟아 부은 사랑은 크게 세 가지로 기억됩니다.

첫째, 소외된 자들을 품은 '의료 사역'입니다. 그녀는 병든 자들의 친구였습니다. 특히 세상이 혐오하며 버린 한센인(나환자), 걸인, 미혼모, 그리고 고아들을 가슴으로 품었습니다. 그녀는 한센인들을 지극 정성으로 돌봐 그들로부터 '나환자의 어머니'라고 불렸습니다. 자신에게 지급된 선교비의 대부분은 환자 구호와 고아 양육에 사용되었습니다. 그녀가 직접 입양하여 키운 고아만 14명이었고, 그녀의 손길을 거쳐 간 아이들은 수백 명에 달하였습니다. 또한 오갈 데 없는 과부 38명을 거두어 자신의 집에서 함께 살며 공동체를 이루었습니다.

둘째, 영혼과 삶을 깨우는 '교육 및 자립 사역'입니다. 그녀는 주일학교 사역에 헌신하여 성경을 가르치고 교사들을 양성하는 데 힘썼습니다. 한국 교회사에서 존경받는 홍정길 목사의 외할머니가 바로 서서평 선교사에게 직접 전도를 받아 신앙의 뿌리를 내리기도 하였습니다. 또한 그녀는 단순히 돕는 것에 그치지 않고, 여성들이 스스로 살아갈 힘을 길러주려 애썼습니다. 생계가 막막했던 과부들을 위해 양잠업(누에치기)을 도입하여 경제적 자립의 기반을 마련해 준 것은 그녀의 혜안이었습니다.

셋째, 자신의 모든 것을 내어준 '사랑의 나눔'입니다. 1934년, 서서평 선교사는 향년 54세로 생애를 마감하였습니다. 당시 의사가 검안한 그녀의 사인(死因)은 충격적이게도 '영양실조'였습니다. 남을 살리기 위해 자신의 먹을 것까지 아끼지 않고 내어주다 정작 자신은 굶주림과 과로로 쓰러진 것입니다. 그녀가 세상을 떠난 후 남긴 유품은 찢어진 담요 반 장, 동전 7전, 그리고 식기 두 벌(수저) 뿐이었다고 전해집니다. 그녀의 장례식은 광주 최초의 '시민사회장'으로 엄수되었습니다. 상여가 나갈 때, 수많은 한센인과 거지, 과부, 그리고 고아들이 구름 떼처럼 몰려나와 운구 행렬을 뒤따르며 통곡하였습니다. "어머니! 어머니! 우리를 두고 어디로 가십니까?" 그 처절한 울음소리는 그녀가 남긴 사랑의 깊이를 증명하는 증거였습니다.

도대체 무엇이 그녀로 하여금 이토록 헌신하게 만들었을까요? 요한일서 3:16은 그 이유를 이렇게 증언합니다.

그가 우리를 위하여 목숨을 버리셨으니 우리가 이로써 사랑을 알고 우리도 형제들을 위하여 목숨을 버리는 것이 마땅하니라 _요일 3:16

서서평 선교사의 삶은 이 말씀 그 자체였습니다. 그녀는 '성공이 아니라 섬김'(Not Success, But Service)이라는 자신의 좌우명처럼, 예수 그리스도의 사랑을 따라 생명의 마지막 순간까지 사랑을 완성하고 떠난, 조선의 진정한 어머니였습니다.

묵상 질문

1. 여러분은 지금 삶의 절정을 어디에서 찾고 있습니까?

세상은 인생의 성취를 나이, 성공, 업적으로 평가하지만, 예수님은 33세에 십자가에서 "다 이루었다"라고 선언하셨습니다. 나의 삶의 절정은 무엇이며, 그것을 어디에 두고 있는지 점검해 봐야 합니다.

> 예수께서 신 포도주를 받으신 후에 이르시되 다 이루었다 하시고 머리를 숙이니 영혼이 떠나가시니라 _요 19:30

2. 예수님의 완전한 속죄는 여러분의 일상 속에서 어떻게 경험되고 있습니까?

구약의 제사는 반복적이었지만, 예수님의 희생은 단번에 영원한 효력을 가진 완전한 속죄였습니다. 나는 여전히 죄책감에 묶여 살고 있지는 않은지, 아니면 주님의 속죄를 누리며 자유와 감사 속에 살고 있는지 묵상해야 합니다.

> 제사장마다 매일 서서 섬기며 자주 같은 제사를 드리되 이 제사는 언제나 죄를 없게 하지 못하거니와 오직 그리스도는 죄를 위하여 한 영원한 제사를 드리시고 하나님 우편에 앉으사 그 후에 자기 원수들을 자기 발등상이 되게 하실 때까지 기다리시나니 그가 거룩하게 된 자들을 한 번의 제사로 영원히 온전하게 하셨느니라 _히 10:11-14

3. 여러분은 '사랑의 완성'을 삶 속에서 어떻게 실천하고 있습니까?

예수님은 배신과 고난 속에서도 끝까지 제자들을 사랑하시고 십자가에서 사랑을 완성하셨습니다. 나 역시 가정, 교회, 직장 등에서 어떤 사랑을 끝까지 지켜야 할지, 목숨을 내어주기까지 헌신할 영역은 무엇인지 묵상해야 합니다.

> 그가 우리를 위하여 목숨을 버리셨으니 우리가 이로써 사랑을 알고 우리도 형제들을 위하여 목숨을 버리는 것이 마땅하니라 _요일 3:16

암송구절

> 예수께서 신 포도주를 받으신 후에 이르시되 다 이루었다 하시고 머리를 숙이니 영혼이 떠나가시니라 _요 19:30

요점 정리

예수님은 33세 때 십자가에서 피 흘려 죽으실 때 "다 이루었다"라고 선포하셨습니다. 예수님은 과연 무엇을 다 이루셨습니까?

1. 말씀의 성취

예수님께서 십자가 위에서 "다 이루었다"라고 선언하신 것은 구약 성경에 기록된 메시야에 관한 모든 예언이 성취되었음을 의미합니다. 시편 22편, 이사야 9장, 이사야 53장 등 수많은 말씀 속에서 이미 예언된 대로 예수님의 생애와 죽음이 이루어졌습니다. 군인들이 그의 옷을 제비 뽑아 나누는 장면조차 예언의 성취였습니다. 또한 미가서 5:2에 기록된 대로 베들레헴에서의 탄생 역시 하나님의 말씀을 따라 이루어진 사건이었습니다. 십자가의 순간은 단순한 비극이 아니라 말씀의 완전한 성취였으며, 하나님의 구속 역사가 한 치의 오차도 없이 완성되었음을 선포하는 자리였습니다. 따라서 "다 이루었다"라는 말씀은 성경 전체가 지향하던 절정이자, 하나님의 신실하심이 드러나는 증거였습니다.

2. 속죄의 완성

예수님은 십자가에서 단번에, 영원한 속죄를 이루셨습니다. 구약의 제사 제도는 죄를 근본적으로 해결하지 못하고 반복적으로 드려야 했으나, 그리스도의 희생은 단 한 번으로 완전한 제사가 되었습니다. 히브리서의 증언대로 황소와 염소의 피는 죄를 없이하지 못하였으나, 예수님의 피 흘리심은 모든 인류를 위한 완전한 속죄를 성취하였습니다.

3. 통치권의 완성

동시에 십자가 위에 붙은 명패, "나사렛 예수 유대인의 왕"이라는 선언은 예수 그리스도의 왕권을 전 세계에 알리는 섭리적 사건이었습니다. 유대인들이 이를 거부하며 바꾸기를 원하였지만, 빌라도는 "내가 쓸 것을 썼다"라고 하며 이를 확정하였습니다. 이는 예수님께서 참된 왕이심을 드러내는 하나님의 계획이었습니다. 따라서 십자가는 속죄의 완성과 동시에 하나님의 통치가 확립되는 자리였습니다.

4. 사랑의 완성

예수님은 배신과 고통 속에서도 제자들을 끝까지 사랑하셨습니다. 요한복음은 그분이 제자들을 "끝까지 사랑하셨다"라고 기록합니다. 십자가 위에서조차 예수님은 어머니 마리아를 제자 요한에게 맡기시며 사랑을 완성하셨습니다. 이는 단순한 부탁이 아니라 권위 있는 선언이었으며, 이에 요한은 순종하며 마리아를 끝까지 모셨습니다. 이 같은 모습은 사랑의 본질이 단순한 감정이 아니라 책임과 헌신임을 보여 줍니다. 이후 사도 요한은 에베소까지 가서 복음을 전하며 그 사랑을 증거하였습니다. 미국 출신 선교사로서 한국에서 사역하였던 서서평 선교사와 같은 신앙인들은 고아, 과부, 나환자 등을 돌보며 그 사랑을 이어갔습니다. 요한일서 3:16의 말씀대로, 주님께서 우리를 위해 목숨을 버리심으로 주님의 사랑을 보여 주셨듯이, 성도들 또한 형제를 위해 목숨까지 내어놓는 삶으로 부름받았습니다. 십자가는 사랑의 완성입니다. 수많은 신앙인의 삶 속에서 이 사랑은 입증되고 확인되었습니다.

5. 결론: 주님은 십자가에서 무엇을 다 이루셨습니까?

첫째로, 주님은 십자가에서 구약 말씀을 다 이루셨습니다.

둘째로, 주님은 십자가에서 속죄를 완성하셨습니다.

셋째로, 주님은 십자가에서 우주적 통치권과 왕권을 완성하셨습니다.

넷째로, 주님은 십자가에서 온전한 사랑을 완성하셨습니다.

1. 다 이루었다 (요 19:17-30)

예수께서 십자가 위에서 운명하시기 직전 선포하신
'다 이루었다(테텔레스타이)'는 그의 생애와 사명의 완성을 의미하는 선언입니다.

구약 예언의 성취

메시아에 관한 성경의
모든 예언이
그의 삶과 죽음을 통해
오차 없이 완성되었음을
선포합니다.

완전한 속죄와 왕권의 확립

단 한 번의 영원한 제사로
인류의 죄를 대속하고,

온 세상의 왕으로서
통치권을 확립하셨습니다.

사랑의 완성

자신을 내어주심으로
배신 속에서도
포기하지 않는
궁극적인 사랑의 모범을
완성하셨습니다.

슬라이드

설교 Youtube

2
부활의 능력

〈요 20:1-18〉

1 안식 후 첫날 일찍이 아직 어두울 때에 막달라 마리아가 무덤에
와서 돌이 무덤에서 옮겨진 것을 보고

2 시몬 베드로와 예수께서 사랑하시던 그 다른 제자에게 달려가서
말하되 사람들이 주님을 무덤에서 가져다가 어디 두었는지 우리
가 알지 못하겠다 하니

3 베드로와 그 다른 제자가 나가서 무덤으로 갈새

4 둘이 같이 달음질하더니 그 다른 제자가 베드로보다 더 빨리 달
려가서 먼저 무덤에 이르러

5 구부려 세마포 놓인 것을 보았으나 들어가지는 아니하였더니

6 시몬 베드로는 따라와서 무덤에 들어가 보니 세마포가 놓였고

7 또 머리를 쌌던 수건은 세마포와 함께 놓이지 않고 딴 곳에 쌌던
대로 놓여 있더라

8 그 때에야 무덤에 먼저 갔던 그 다른 제자도 들어가 보고 믿더라

9 (그들은 성경에 그가 죽은 자 가운데서 다시 살아나야 하리라 하
신 말씀을 아직 알지 못하더라)

10 이에 두 제자가 자기들의 집으로 돌아가니라

11 마리아는 무덤 밖에 서서 울고 있더니 울면서 구부려 무덤 안을
들여다보니

12 흰 옷 입은 두 천사가 예수의 시체 뉘었던 곳에 하나는 머리 편
에, 하나는 발 편에 앉았더라

13 천사들이 이르되 여자여 어찌하여 우느냐 이르되 사람들이 내 주
님을 옮겨다가 어디 두었는지 내가 알지 못함이니이다

14 이 말을 하고 뒤로 돌이켜 예수께서 서 계신 것을 보았으나 예수

이신 줄은 알지 못하더라
15 예수께서 이르시되 여자여 어찌하여 울며 누구를 찾느냐 하시니
마리아는 그가 동산지기인 줄 알고 이르되 주여 당신이 옮겼거든
어디 두었는지 내게 이르소서 그리하면 내가 가져가리이다
16 예수께서 마리아야 하시거늘 마리아가 돌이켜 히브리 말로 랍오
니 하니 (이는 선생님이라는 말이라)
17 예수께서 이르시되 나를 붙들지 말라 내가 아직 아버지께로 올라
가지 아니하였노라 너는 내 형제들에게 가서 이르되 내가 내 아
버지 곧 너희 아버지, 내 하나님 곧 너희 하나님께로 올라간다 하
라 하시니
18 막달라 마리아가 가서 제자들에게 내가 주를 보았다 하고 또 주
께서 자기에게 이렇게 말씀하셨다 이르니라

인류 최대의 비극과 축복

인류가 직면한 최대 비극은 무엇일까요? 그것은 누구도 죽음이라는 거대한 그림자로부터 벗어날 수 없다는 사실입니다. 죽음은 모든 인생의 끝이자, 피할 수 없는 절망입니다. 하나님께서 오라 부르시면, 그 즉시 모두 내려놓고 떠나야 하는 것이 우리네 인생입니다. 언젠가 추모관(봉안당(奉安堂))을 방문하였습니다. 벽면을 가득 채운 유골함들을 바라보다 깊은 상념에 잠겼습니다. 개중에는 98세, 101세의 천수를 누리고 가신 분들도 계셨지만, 어떤 유골함에는 겨우 16세, 심지어 7세 어린 아이의 이름이 적혀 있었습니다. 그 어린 생명을 먼저 떠나보낸 부모의 가슴은 얼마나 미어졌을까요? 죽음은 나이도, 순서도 가리지 않았습니다. 70대든 10대든, 하나님께서 부르시면 누구도 거부할 수 없는 것, 그것이 죽음의 냉혹한 실체입니다. 그래서 역사 속에서 등장하는 수많은 영웅호걸은 자신의 권력과 재물을 쏟아부으며 이 죽음의 문제를 해결해 보려 몸부림쳤습니다.

천하를 통일했던 중국의 진시황제가 대표적인 예입니다. 그는 늙지 않고 영원히 살기 위해 불로초(不老草)를 구하려 하였습니다. 동남동녀(童男童女) 3,000명을 선발해 중국 전역으로 파견하였지만, 결국 불로초는 얻지 못하였고 그 역시 한 줌의 흙으로 돌아갔습니다. 죽음이 얼마나 두려웠던지, 그는 사후 세계에서도 황제로 군림하고자 무려 8,000여 기에 달하는 병사 모형, 즉 병마용(兵馬俑)을 만들어 무덤에 함께 묻었습니다. 놀라운 사실은 발굴된 병사들의 얼굴이 단 하나도 똑같지 않고, 각기 다른 표정을 하고 있다는 점입니다. 실제 군대를 방불케 하는 그 웅장한 규모는 죽음을 극복해 보고자 하는 인간의 집착이 얼마나 큰지를 보여 줍니다. 그런데 그 진시황제가 지금 그 흙으로 빚은 병사들과 함께 영원의 세계에서 실제로 호령하고 있나요? 아닙니다. 세상의 어떤 권력도, 재물도 죽음 앞에서는 무력할 뿐입니다. 그렇다면, 인류 최대의 축복은 무엇인가요? 죽음의 절망을 깨뜨리는 유일한 길, 바로 '예수 그리스도의 부활'입니다. 영원히 사는 길은 오직 예수 그리스도 안에 있습니다. 주님은 분명히 선포하셨습니다.

> 나는 부활이요 생명이니 나를 믿는 자는 죽어도 살겠고 무릇 살아서 나를 믿는 자는 영원히 죽지 아니하리니 이것을 네가 믿느냐 _요 11:25-26

우리는 주일마다 교회에 나와 예배를 드립니다. 하지만 '예수님께서 실제로 다시 살아나셨다'라는 부활의 사실을 내 존재 전체로 확신하는 일은 결코 쉽지 않습니다. "믿습니다"라고 고백하지만, 막상 죽음 앞에서도 흔들리지 않는 믿음을 갖기란 어려운 일입니다. 위로가 되는 것은, 예수님의 제자들조차 이 문제로 깊이 갈등하였다는 사실입니다. 그들은 3년 동안 예수님과 동고동락(同苦同樂)하며 먹고 자고 배웠습니다. 예수님은 공생애 기간 중 수차례나 "내가 죽은 지 사흘 만에 살아나리라"고 말씀하셨습니다. 그러나 막상 주님께서 십자가에서 돌아가시자, 제자들은 그 말씀을 까맣게 잊고 두려움 속에 숨어버렸습니다. 제자들의 믿음이 언제 바뀌었나요? 빈 무덤을 본 뒤가 아니었습니다. 바로 부활하신 주님을 '인격적으로 만났을 때' 비로소 변화되었습니다. 성경을 자세히 살펴보면, 그들이 흔들림 없는 부활 신앙을 갖게 된 데에는 네 가지 중요한 요건이 있었습니다.

부활 신앙의 네 가지 요건

예수님께서 십자가에서 피 흘려 돌아가실 때, 제자들의 모습은 처참하였습니다. 그들은 모두 공포에 질려 뿔뿔이 흩어졌습니다. 스승을 처형한 저들이 자신들의 목숨마저 노릴 것이라는 두려움 때문이었습니다. 결국 한 제자(가룟 유다)는 죄책감에 시달리다가 스스로 목숨을 끊었고, 나머지 열한 명은 숨어버렸습니다. 오직 사도 요한만이 양심의 가책과 스승에 대한 사랑에 목이 메여, 도망하던 중 주님께로 돌아와 십자가 곁을 잠시 지켰을 뿐입니다. 그러나 역사의 반전이 여기에 있습니다. 그렇게 도망쳤던 겁쟁이들이 훗날 불덩이 같은 성령의 증인이 되어 예수님을 담대히 전하다가, 기꺼이 목숨까지 바치는 순교자가 되었습니다. 도대체 무엇이 그들을 변화시켰을까요? 사람이 갑자기 변하면 죽을 때가 되었다는데, 이들의 변화는 인간의 결심이나 의지로 설명될 수 없는 기적이었습니다.

제자들이 흔들림 없는 부활 신앙을 갖게 된 데에는 막연한 추측이 아닌, 네 가지의 분명한 사실 확인 과정이 있었습니다.

첫째, 제자들은 예수님의 '죽음'을 확실히 목격하였습니다. 부활의 전제 조건은 완전한 죽음입니다. 제자들은 예수님께서 십자가 위에서 물과 피를 다 쏟으시고 진실로 숨을 거두셨음을 두 눈으로 확인하였습니다. 혹자가 말하는 기절설이나 가사 상태가 아니었습니다. 죽음이 확정적이었기에, 다시 사심 또한 명백한 기적이 될 수 있었습니다.

둘째, 제자들은 '빈 무덤'을 확인하였습니다. 사흘 뒤, 예수님의 시신이 안치되었던 무덤은 비어 있었습니다. 로마 군인들이 굳게 지키고 있었고, 거대한 돌로 막혀 있던 무덤이 열려 있었습니다. 제자들은 시신이 사라진 그 빈 무덤을 직접 목격하며 부활의 첫 번째 증거를 마주하였습니다.

셋째, 제자들은 '부활하신 주님'을 직접 만났습니다. 이것은 환상이나 유령을 본 것이 아닙니다. 그들은 부활하신 예수님을 육안으로 똑똑히 보았고, 그분의 손과 옆구리를 만져보았으며, 심지어 함께 식사까지 하였습니다(눅 24:42-43). 이 생생한 인격적 만남(알현)이 그들의 의심을 확신으로 바꾸어 놓았습니다.

넷째, 그 결과 삶이 송두리째 뒤바뀌는 '전인격적 변화'가 일어났습니다. 부활하신 주님을 만난 후, 제자들의 삶은 완전히 뒤집혔습니다. 비유하자면 이런 것입니다. 예배 시간에 맨 뒷자리에 앉아 졸거나 스마트폰만 들여다보던 무기력한 청소년이 수련회에서 예수님을 뜨겁게 만났다고 상상해 보십시오. 그 후 눈빛이 달라지고, 학교와 가정에서 전혀 다른 사람처럼 행동하기 시작하였습니다. 친구들과 지인들을 만나면 만사 제쳐두고 예수님과 복음을 뜨겁게 증거하였습니다. 완전히 새사람이 된 것입니다. 우리는 그 청소년에 대해 어떻게 생각할까요? "저 아이가 진짜 예수님을 만났구나"라고 할 것입니다. 제자들의 변화가 바로 그러하였습니다. 죽음이 두려워 문을 걸어 잠그고 떨던 자들이, 부활의 주님을 만난 후에는 광장으로 뛰쳐나가 "우리가 보고 들은 것을 말하지 않을 수 없다"라고 외치는 불굴의 증인으로 다시 태어난 것입니다.

정리하자면, 제자들은 맹목적으로 믿은 것이 아닙니다. ①주님의 죽으심에 대한 확실한 목격, ②빈 무덤 확인, ③부활하신 주님과의 실체적 만남, ④삶의 혁명적인 변화, 곧 이 네 가지 단계를 통해 그들은 죽음도 막을 수 없는 부활의 증인이 되었습니다.

십자가의 죽음과 예언의 성취

예수님은 당시 종교지도자였던 대제사장과 서기관들로부터 질시와 미움을 받으셨습니다. 그들은 예수님을 시기 질투하였고 심지어 체포하기까지 하였습니다. 군인들의 채찍질로 예수님의 온몸은 피투성이가 되었습니다. 결국 예수님은 십자가에 처형되셨습니다. 온몸에서 물과 피를 다 쏟으시며 운명하셨습니다. 마지막 순간, 주님은 이렇게 말씀하셨습니다.

다 이루었다 _요 19:30

무엇을 다 이루셨다는 말씀일까요? 만일 예수님께서 십자가에서 운명하실 때, 제자들이 살아남아 강대한 제국을 세울 수 있었다면, 혹은 막대한 재산을 남기셨다면 그렇게 말씀하실 수도 있었을 것입니다. 그러나 현실은 달랐습니다. 제자들은 모두 도망쳤고, 예수님은 재물도, 권세도 남기지 않으셨습니다. 아무것도 가진 것 없이 운명하셨습니다. 그럼에도 주님께서 "다 이루었다"라고 하신 이유는 단 하나였습니다. 그것은 죽음을 이기고 사흘 만에 부활하심으로만 완전히 이루어질 일이었기 때문입니다.

예수님 곁에는 두 명의 죄수가 함께 있었고, 그들 모두 십자가형으로 처형되었습니다. 당시 십자가에 달린 자의 시신은 사망이 확인된 후에야 십자가에서 끌어 내릴 수 있었습니다. 이를 확인하는 방법이 바로 다리를 꺾는 작업이었습니다. 양쪽에 있던 죄수들의 다리는 꺾였고, 그들은 확실히 죽음을 맞이하였습니다. 그러나 예수님의 다리는 꺾이지 않았습니다. 요한복음 19:33은 이렇게 기록합니다.

예수께 이르러서는 이미 죽으신 것을 보고 다리를 꺾지 아니하고 _요 19:33

이는 곧 예수님의 죽음이 이미 확정되었음을 의미합니다. 예수님의 다리를 꺾지 않은 데에는 또 다른 이유가 있습니다. 예수님은 감동적인 말씀과 삶으로 수많은 사람을 교화하셨습니다. 십자가에서 고통당하시던 그 모습을 지켜보던 백부장과 로마 군인들, 그리고 주변의 많은 사람은 처절한 슬픔과 함께 깊은 감동을 받았습니다.

"이분은 죄가 없는 분이시다. 이 분의 생애는 정말 아름답다. 이분의 말씀은 생명의 말씀이신데, 어찌 이 분이 십자가에 처형되실 수 있단 말인가."

그 슬픔과 감동이 너무도 깊었기에 감히 누구도 예수님의 시신에 상처를 내지 못하였던 것입니다. 그러나 가장 중요한 이유는 성경 예언의 성취에 있습니다. 시편 34:20은 이렇게 말씀합니다.

그의 모든 뼈를 보호하심이여 그 중에서 하나도 꺾이지 아니하도다

_시 34:20

이 말씀의 성취로 예수님의 뼈는 꺾이지 않았습니다. 또한 출애굽기 12:46에는 유월절 규례가 기록되어 있습니다. 이스라엘 백성이 노예 신분에서 해방되던 날, 하나님은 어린 양을 잡아먹게 하셨고, "그 뼈를 꺾지 말라"고 명하셨습니다. 예수님은 누구신가요? 바로 우리 같은 죄인을 위해 피 흘려 죽으신 유월절 어린 양이십니다. 그러므로 "뼈를 꺾지 말라"는 말씀은 예수님께서 십자가에서 운명하실 때 그대로 성취되었습니다.

예수님은 금요일 오후 3시경에 운명하셨습니다. 그다음 날은 유대인의 안식일이었기에 모든 업무가 중단되는 날이었습니다. 당연히 안식일에는 장례 준비도 할 수 없었습니다. 이때 예수님의 제자였던 아리마대 사람 요셉이 빌라도 총독을 찾아가 이렇게 요청하였습니다.

"총독이시여, 예수님의 시신을 제게 내어주시면 오늘 밤 장례 준비를 하겠습니다."

빌라도의 허락을 받은 아리마대 요셉은 예수님의 시신을 안치하기 시작하였습니다. 그렇다면, 주님의 시신은 어디에 안치되었을까요? 유대인의 매장법은 우리의 방식과는 달랐습니다. 우리 전통은 대부분 시신을 땅에 매장하고 봉분을 만들었습니다. 오늘날 우리가 왕릉에 가보면 봉분이 크게 있는 것을 볼 수 있을 것입니다. 그러나 이스라엘은 그러하지 않았습니다. 그 지역은 석회암 지대이므로 동굴이 많았습니다. 명문가 집안에서는 넓은 동굴을 가문의 묘실로 정하고, 많은 재물을 들여 이를 매입하였습니다. 어르신이 세상을 떠나면 시신을 그곳에 안치하고, 입구를 큰 돌로 막은 후 틈새를 석회 등으로 봉(封)하였습니다. 시신이 부패하는 냄새가 새어 나오지 않게 하기 위함이었습니다. 아리마대 요셉은 산헤드린 공의회의 의원이었고, 부유한 사람이었습니다. 그는 예수님께서 생전에 하신 말씀, 곧 "내가 백성들의 죄를 지고 십자가에 죽을 것이며, 사흘 만에 부활하리라"는 말씀을 마음에 두었습니다. 그래서 아무도 사용하지 않은 새

동굴 무덤을 큰 비용을 들여 미리 마련해 두었고, 주님의 시신을 그곳에 안치할 수 있었습니다. 또한 밤중에 예수님을 찾아왔던 니고데모도 산헤드린 공회 의원이었으며, 그는 몰약과 침향 약 100근을 준비하여 예수님의 장례를 도왔습니다. 이 모든 사실은 한 가지를 증언합니다. 예수님께서 십자가에서 실제로 죽으셨고, 무덤에 안치되셨다는 점입니다. 제자들은 그 모습을 보며 가슴 아프게 예수님의 죽음을 인정해야 하였습니다.

빈 무덤의 확신

부활 신앙을 세우는 두 번째 결정적 요소는 바로 '빈 무덤'의 확인입니다. 예수님은 금요일 오후 3시경 운명하셨고, 차가운 돌무덤에 안치되셨습니다. 그리고 안식일이 지나 주일 새벽 미명의 어둠을 뚫고 막달라 마리아가 무덤을 향해 달려갔습니다.

당시 무덤 주변에는 긴장감이 돌았습니다. 예수님께서 생전에 "내가 사흘 만에 부활하리라"고 공언하셨기에, 혹시라도 제자들이 시신을 훔쳐 간 뒤 예수님께서 부활하셨다고 소문을 낼까 봐 로마 군인들이 삼엄하게 경계를 서고 있었기 때문입니다. 하지만 마리아가 무덤에 도착하였을 때, 그녀의 눈앞에 충격적인 광경이 펼쳐졌습니다. 거대한 돌문은 이미 옮겨져 있었고, 무덤 안은 텅 비어 있었습니다. 예수님의 시신이 감쪽같이 사라진 것입니다. 소스라치게 놀란 그녀는 그 길로 베드로와 요한에게 달려가 숨 가쁘게 소식을 전하였습니다.

"사도님들, 큰일났습니다! 누군가 주님의 시신을 가져갔나 봅니다. 무덤 문이 열려 있고 시신이 보이지 않습니다!"

청천벽력 같은 소식에 두 제자의 심장은 쿵 내려앉았습니다. '설마 주님께서 말씀하신 대로 부활하신 것일까?' 아니면 '누가 시신을 도적질한 것일까?' 두려움과 기대가 뒤섞인 채, 그들은 무덤을 향해 전력으로 질주하기 시작하였습니다. 평소 베드로는 성격이 급하고 행동이 앞서는 사람이었습니다. 반면, 요한은 사색적이고 깊이 묵상하는 성향을 갖고 있었습니다. 요한복음 20:4은 이 긴박한 경주를 이렇게 묘사합니다.

> **둘이 같이 달음질하더니 그 다른 제자가 베드로보다 더 빨리 달려가서 먼저 무덤에 이르러 _요 20:4**

젊은 요한이 베드로를 앞질러 먼저 도착하였습니다. 하지만 그는 선뜻 안으로 들어가지 못하였습니다. 돌문은 열려 있었지만, 스승의 시신이 사라진 그 어두운 공간에 발을 들이기에는 두려움과 경외감이 컸기 때문입니다. 그는 입구에서 조심스레 안을 들여다보았습니다. 여기서 요한이 본 것은 놀라웠습니다. 예수님의 시신을 감쌌던 세마포가 마치 몸만 쏙 빠져나간 번데기 허물처럼 고스란히 놓여 있었던 것입니다. 뒤이어 도착한 베드로는 달랐습니다. 그는 주저하지 않고 무덤 안으로 들어갔습니다. 바로 이 지점에서 성경은 두 사람이 '본 것'을 각기 다른 단어로 기록합니다. 요한복음 20:5에서 요한이 밖에서 세마포를 '보았다'라는 표현은 헬라어 '블레포'(βλέπω)입니다. 이는 단순히 눈에 들어오는 대상을 '힐끗 보다, 목격하다'라는 뜻입니다. 반면, 요한복음 20:6에서 베드로가 무덤 안에서 '보았다'라는 단어는 '떼오레오'(θεωρέω)입니다. 이는 '주의 깊게 관찰하다, 샅샅이 뜯어보다'라는 뜻으로, 영어 'Theory'(이론)의 어원이 되기도 한 단어입니다. 즉, 베드로는 당황하지 않고 현장을 꼼꼼히 관찰한 것입니다.

베드로의 눈에 들어온 증거는 확실하였습니다. 시신을 감쌌던 세마포는 헝클어지지 않고 시신의 형태 그대로 놓여 있었고, 머리를 감쌌던 수건(Sudarion)은 아무렇게나 던져진 것이 아니라, 따로 잘 개켜져(folded up) 정돈되어 있었습니다. 순간, 베드로의 뇌리에 전율이 스쳤습니다. "이것은 예수님의 시신을 누가 도둑질한 것이 아니다!" 만일 도둑이 시신을 훔쳐갔다면 그곳은 어떤 모습이었을까요? 로마 군인들의 눈을 피해 급히 시신을 메고 나가느라 값비싼 향품이 묻은 세마포를 찢어버리고 갔을 것입니다. 누가 그 급박한 상황에 옷을 벗겨 시신의 모양대로 다시 정돈해 두고, 머릿수건까지 차분하게 개어놓고 간단 말인가요? 이 정돈된 현장은 누군가 훔쳐 간 혼란의 흔적이 아니라, 예수님께서 죽음의 잠에서 깨어나 차분하게 일어나신 '부활의 질서'를 보여 주는 결정적 증거였습니다.

그제야 밖에서 머뭇거리던 요한도 용기를 내어 무덤 안으로 들어왔습니다. 요한복음 20:8은 그 순간의 감격을 이렇게 전합니다.

그 때에야 무덤에 먼저 갔던 그 다른 제자도 들어가 보고 믿더라 _요 20:8

요한은 빈 무덤과 정돈된 세마포를 본 순간, 성령의 조명을 받았습니다.

"아! 예수님은 도난당한 것이 아니구나. 말씀하신 그대로 사망 권세를 이기고 부활하셨구나!"

빈 무덤은 비어 있었기에 역설적으로 가장 강력한 증거가 되었습니다. 요한은 바로 그 현장에서, 보이지 않는 것을 믿는 참된 부활 신앙의 눈을 뜨게 된 것입니다.

부활의 주님과의 만남

제자들은 어떻게 부활을 믿게 되었을까요? 첫째는 '죽음의 확정'이었고, 둘째는 '빈 무덤의 목격'이었습니다. 그러나 이것만으로는 부족하였습니다. 결정적인 세 번째 요소는 바로 '부활하신 주님과의 직접적인 만남'이었습니다. 주님은 베드로를 만나 주셨고, 엠마오로 가는 제자들을 만나 주셨으며, 의심 많던 도마까지도 찾아가 주셨습니다. 도마는 처음에 동료들의 증언을 듣고도 믿지 못하였습니다. 그는 단호하게 말하였습니다.

"나는 내 눈으로 보고, 내 손으로 만져보기 전에는 믿을 수 없다. 군인들의 창에 찔린 그 옆구리에 내 손가락을 넣어보지 않고서는 결코 믿지 않겠노라."

그때 예수님께서 친히 그들 가운데 나타나셨습니다. 그리고 도마에게 다가가 부드럽게 말씀하셨습니다.

"도마야, 네 손가락을 이리 내밀어 내 손을 보고, 네 손을 내밀어 내 옆구리에 넣어 보거라. 그리하여 믿음 없는 자가 되지 말고 믿는 자가 되라."

도마가 떨리는 손으로 그 상처를 확인하였을 때, 그의 이성은 무너지고 영혼의 고백이 터져 나왔습니다.

나의 주님이시요 나의 하나님이시니이다 _요 20:28

그 만남이 도마를 회의론자에서 강력한 순교자로 변화시킨 것입니다.

주님은 막달라 마리아를 가장 먼저 만나 주셨습니다. 성경에 따르면, 그녀는 본래 일곱 귀신이 들려 고통받던 여인이었습니다(눅 8:2). 정신과 영혼이 깊이 병들어 사람 구실을 하지 못하였고, 마을과 가정에서도 버림받은 비참한 삶을 살고 있었습니다. 그런 그녀를 예수님께서 만나 주셨고, 악한 영들을 쫓아내어 온전하게 하셨습니다. 마리아에게 예수님은 단순한 스승이 아니라, 지옥 같은 삶에서 자신을 건져 내신 '생명의 은인'이었습니다. 그렇기에 그녀의 사랑과 헌신은 남달랐습니다. 예수님께서 십자가에 달리셨을 때, 건장한 남자 제자들은 모두 도망쳤지만, 막달라 마리아는 끝까지 십자가 곁을 지켰습니다. 그리고 안식일이 지나자마자 가장 먼저 무덤으로 달려갔습니다. 그러나 그녀 앞에는 빈 무덤이 놓여 있었습니다. 그 앞에서 마리아는 하염없이 울었습니다. 그때, 뒤에서 인기척이 들려왔습니다.

"여자여, 어찌하여 울며 누구를 찾느냐?"

그녀는 그가 무덤을 관리하는 동산지기인 줄 알고 부탁하였습니다.

"주여, 당신이 옮겼거든 어디 두었는지 내게 이르소서. 그리하면 내가 가져가리이다."

그 순간, 너무나도 익숙하고 따뜻한 음성이 들려왔습니다.

"마리아야."

그 한마디에 마리아의 눈이 뜨였습니다. 죽은 줄로만 알았던, 그토록 사모하던 스승님의 목소리였습니다. 그녀는 즉시 몸을 돌려 외쳤습니다.

"랍오니!(선생님!)"(요 20:16)

그녀는 부활하신 주님을 육안으로 목격한 최초의 증인이 되었습니다. 주님은 감격해하는 마리아에게 사명을 주셨습니다.

"너는 내 형제들에게 가서 내가 아버지께로 올라간다고 전하라."

마리아는 즉시 제자들에게 달려가 벅찬 숨을 몰아쉬며 외쳤습니다.

내가 주를 보았다 _요 20:18

마지막 네 번째 증거는 바로 제자들의 '변화된 삶'입니다. 도망자였던 제자들이, 의심하던 도마가, 슬픔에 잠겼던 마리아가 부활의 주님을 만난 후 완전히 다른 사람이 되었습니다. 그들은 죽음을 두려워하지 않는 불사(不死)의 증인이 되었고, 자신의 남은 생애를 복음을 위해 기꺼이 바쳤습니다.

정리하자면, 제자들이 부활 신앙을 확신하게 된 과정은 명확합니다.

첫째, 예수님의 죽음이 확실했음을 확인하였습니다.

둘째, 빈 무덤과 정돈된 세마포를 목격하였습니다.

셋째, 부활하신 주님을 직접 만나고 만져보았습니다.

넷째, 그 만남 이후 그들의 삶이 송두리째 변화되었습니다.

이 네 가지 사실이야말로 예수 부활이 허구가 아닌 역사적 진실임을 보여 주는 강력한 증거입니다.

부활 신앙의 능력과 전인격적 변화

부활하신 주님을 만난 후, 비겁했던 제자들은 '불덩이'가 되었습니다. 그들은 더 이상 죽음을 두려워하지 않았고, 각자의 십자가를 지고 세상 끝으로 나아갔습니다. 수제자 베드로는 로마의 심장부까지 들어가 복음을 외치다 체포되었습니다. 그는 "감히 주님과 똑같이 십자가에 달릴 수 없다"하여, 자청해서 '거꾸로 십자가'에 매달려 장렬하게 순교하였습니다. 사도 바울은 튀르키예, 그리스, 이탈리아를 누비며 전 생애를 불태우다 로마에서 참수형을 당하였고, 안드레는 그리스 파트라스(Patras)에서 'X자형 십자가'에 달려 죽으면서도 끝까지 복음을 전하였습니다. 최초의 순교자인 큰 야고보(요한의 형제)는 헤롯 아그립바 1세의 칼날 앞에 목숨을 바쳤고, 작은 야고보(알패오의 아들)는 예루살렘 성전에서 떨어뜨려진 뒤 돌과 몽둥이에 맞아 순교의 피를 뿌렸습니다. 의심 많던 도마는 어떻게 되었나요? 부활하신 주님의 옆구리를 만진 후 확신을 얻은 그는, 가장 먼 땅 인도(India)까지 나아갔습니다. 그는 그곳에서 복음을 전하다가 이교도의 창에 찔려 생을 마감하였습니다.

이처럼 부활의 주님을 만난 모든 제자는 전인격적인 변화를 경험하였습니다. 그들의 심령에는 성령의 불이 떨어졌고, 그 불을 품고 세상을 변화시키는 증인이 되었습니다. 누가복음 24장은 엠마오로 가던 두 제자가 부활하신 주님을 만난 순간을 이렇게 고백합니다.

길에서 우리에게 말씀하시고 우리에게 성경을 풀어 주실 때에 우리 속에서 마음이 뜨겁지 아니하더냐 _눅 24:32

그렇습니다. 예수님을 만난 자는 가슴이 뜨거워집니다. 냉랭하였던 가슴에 성령의 불이 붙습니다. 이 거룩한 불이야말로 복음을 증거하는 능력이요 원동력입니다. 사도행전 2:17은 이 역사를 이렇게 선포합니다.

> **말세에 내가 내 영을 모든 육체에 부어 주리니 너희의 자녀들은 예언할 것이요 너희의 젊은이들은 환상을 보고 너희의 늙은이들은 꿈을 꾸리라**
>
> _행 2:17

주님은 죽음을 이기고 부활하셨습니다. 우리가 이 부활 신앙으로 무장할 때, 하나님은 나이와 환경을 뛰어넘는 꿈과 환상, 그리고 능력을 부어 주십니다. 갈렙은 85세라는 노년의 나이에 "이 산지를 지금 내게 주소서"(수 14:12)라고 사자후를 토해냈습니다. 젊은이들도 두려워하던 거인들의 땅 헤브론을 향해, 그는 약속의 믿음을 갖고 나아가 결국 그 땅을 정복하였습니다.

사랑하는 성도 여러분, 이제 우리 차례입니다. 움츠러든 어깨를 펴고, 부활 신앙으로 무장하십시오. 주님께서 우리에게 주신 위대한 사명을 향해, 갈렙처럼 담대하게 나아가는 복된 주의 백성이 되시기를 간절히 축원합니다.

묵상 질문

1. 여러분은 '죽음 이후의 삶'에 대해 어떤 태도를 갖고 있습니까?

인류가 아무리 권세와 재물을 모아도 죽음을 피할 수 없다는 사실 앞에서, 나의 삶은 무엇을 붙들고 있는지 돌아봐야 합니다.

> 예수께서 이르시되 나는 부활이요 생명이니 나를 믿는 자는 죽어도 살겠고 무릇 살아서 나를 믿는 자는 영원히 죽지 아니하리니 이것을 네가 믿느냐 _요 11:25-26

2. 예수님의 부활 사건은 여러분의 믿음과 삶을 어떻게 변화시키고 있습니까?

제자들은 처음에 두려움 속에 도망쳤으나, 부활의 주님을 만나고 전인격적인 변화를 경험하여 복음 증거자가 되었습니다. 나 또한 예수님의 부활을 실제로 믿는다면, 나의 삶은 어떻게 달라져야 하는지 고민해 보아야 합니다.

> 그 때에야 무덤에 먼저 갔던 그 다른 제자도 들어가 보고 믿더라
> _요 20:8

3. 오늘 여러분은 '부활 신앙의 증인'으로 어디에서, 누구에게 복음을 전해야 합니까?

부활하신 주님을 만난 제자들은 목숨을 걸고 복음을 증거하였습니다. 오늘날 나도 부활 신앙을 붙들고 있다면, 나의 가정 · 직장 · 사회적 공동체에서 어떻게 그 믿음을 드러낼 것인가를 생각해 보아야 합니다.

그들이 서로 말하되 길에서 우리에게 말씀하시고 우리에게 성경을 풀어 주실 때에 우리 속에서 마음이 뜨겁지 아니하더냐 하고 _눅 24:32

암송구절

막달라 마리아가 가서 제자들에게 내가 주를 보았다 하고 또 주께서 자기에게 이렇게 말씀하셨다 이르니라 _요 20:18

요점 정리

1. 인류 최대의 비극과 예수 그리스도의 부활

인류가 직면한 가장 큰 비극은 죽음입니다. 누구도 죽음의 실체와 그림자로부터 벗어날 수 없으며, 이는 인생의 절망이자 허무입니다. 역사 속 권세자들은 죽음을 피하기 위해 부와 권력을 쏟아부었으나, 그 누구도 이를 극복하지 못하였습니다. 진시황제는 불로초를 찾으려 하였고, 흙으로 만든 병마용 군사들을 묻으며 사후에도 군림하려 하였으나 결국 죽음을 피하지 못하였습니다. 죽음은 인간의 한계를 분명히 드러내는 사건입니다. 그러나 인류 최대의 축복은 예수 그리스도의 부활입니다. 그분을 믿는 자는 죽어도 살겠고, 살아서 믿는 자는 영원히 죽지 않는다는 약속이 주어졌습니다(요 11:25-26). 예수님의 부활은 단순히 죽음을 넘어서는 사건이 아니라, 인류가 영생을 소망할 수 있는 길을 열어 준 구원의 증거입니다. 죽음을 이기신 주님의 부활은 모든 인생에게 참된 희망과 능력이 되며, 부활을 믿는 믿음을 통해 우리는 어떤 절망도 극복할 수 있는 도약대(跳躍臺)를 소유하게 됩니다.

2. 제자들의 의심과 부활 신앙의 확증

예수님은 십자가에서 "다 이루었다"(요 19:30)라고 선포하시며 운명하셨습니다. 이는 단순한 죽음이 아니라 부활로 완성될 구속 사역의 선언이었습니다. 제자들은 처음에는 두려움과 불신 속에 도망쳤으나, 결국 부활의 주님을 만나 확신과 변화를 경험하였습니다. 그들에게 부활 신앙이 자리 잡게 되는 데는 네 가지 사실을 확인하는 과정이 있었습니다. 첫째, 예수님의 죽으심을 직접 목도함으로써 주님 죽으심이 확정되었음을 알게 되었습니다. 둘째, 빈 무덤을 직접 목격함으로 시신의 부활을 의심할 수 없었습니다. 셋째, 부활하신 주님을 직접 만나 식사하며 교제하였습니다. 넷째, 이런 만남 이후 제자들의 삶이 전인격적으로 변화되었습니다. 요한은 빈 무덤에 있던 세마포와 수건을 세밀히 관찰하며(θεωρέω) 도둑의 소행이 아님을 깨달았고, 도마는 주님의 옆구리를 직접 만져보고 "나의 주, 나의 하나님"이라 고백하였습니다. 또한 막달라 마리아 역시 깊은 고통의 삶에서 주님의 은혜를 입은 자로서, 부활하신 주님을 가장 먼저 목격한 증인이 되었고, 부활을 전하는 사명을 받은 새로운 인생으로 변화되었습니다. 이같이 제자들과 증인들이 부활하신 예수님을 만난 사건은, 그들의 신앙이 의심에서 확신으로 전환되는 결정적 계기가 되었습니다.

3. 부활 신앙의 능력과 오늘의 적용

부활하신 주님을 만난 제자들은 목숨을 걸고 복음을 증거하다 순교에 이르렀습니다. 베드로는 로마에서 거꾸로 십자가에 달렸고, 바울은 튀르키예와 그리스, 이탈리아, 팔레스타인 전역을 다니며 복음을 전하다 순교하였습니다. 또한 안드레, 야고보, 도마 등 모든 제자가 각기 다른 자리에서 순교적 삶을 살았습니다. 이는 부활 신앙이 그들의 존재 자체를 바꾸어 놓았음을 보여 줍니다. 누가복음 24장에서 엠마오로 가던 제자들은 예수님과 동행하며 "우리 속에서 마음이 뜨겁지 아니하더냐"라고 고백하였습니다. 성령의 불덩이가 임하자 그들의 삶은 복음을 위한 열정으로 불타올랐습니다. 사도행전 2:17은 이 부활 신앙 안에서 성령이 임한 자들이 예언하고, 환상을 보고, 꿈을 꾸리라고 선포합니다. 갈렙이 85세에 "이 산지를 내게 주소서"라고 외치며 헤브론을 정복하였던 것처럼, 부활 신앙은 나이와 상황을 뛰어넘어 새로운 도전과 능력을 줍니다. 그러므로 오늘날 우리도 부활의 신앙으로 무장하여 하나님께 영광 돌리며, 삶의 자리에서 복음을 증거하는 증인으로 살아가야 합니다.

4. 결론: 누구도 피할 수 없는 죽음의 절망 앞에서 예수 그리스도의 부활

은 유일한 축복이자 소망입니다. 부활 신앙이 제자들을 변화시킨 것처럼 오늘날 우리의 삶도 능력 있게 변화시킵니다. 예수님께서 십자가를 지셨을 때 뿔뿔이 흩어졌던 제자들이 어떻게 주님의 부활을 확신하게 되었습니까?

첫째, 제자들은 예수님께서 십자가에서 실제로 운명하시고 창에 찔려 물과 피를 쏟으심으로 죽음이 확정된 것을 두 눈으로 똑똑히 목격하였습니다.

둘째, 제자들은 무덤을 막았던 큰 돌이 옮겨지고 세마포가 그대로 남겨진 빈 무덤을 직접 확인하며 부활의 물리적 증거를 얻었습니다.

셋째, 부활하신 주님께서 베드로, 도마 등에게 친히 나타나셔서 못 자국과 창 자국을 보이시며 직접 만나 주셨기에 제자들은 부활을 부인할 수 없었습니다.

넷째, 죽음이 두려워 도망쳤던 비겁한 제자들이 부활하신 주님을 만난 후 마음이 뜨거워져 목숨을 걸고 순교하기까지 복음을 전하는 전인격적인 삶의 변화를 보여 주었습니다. 제자들의 전인격적 변화야말로 예수 부활의 가장 강력한 증거라 할 수 있습니다.

2. 부활의 능력 (요 20:1-18)

확증 1: 명백한 죽음

부활은 실제 죽음이 전제될 때만 의미가 있기에, 예수의 죽음은 모두가 확인한 명백한 사실이었다.

확증 2: 빈 무덤

시신만 사라지고 정돈된 세마포는 도난이 아닌 부활의 강력한 증거가 되었다.

확증 3: 직접적인 만남

막달라 마리아부터 의심하던 도마까지, 제자들은 부활하신 예수를 직접 보고 대화했다.

확증 4: 삶의 완전한 변화

두려워 숨던 이들이 목숨을 걸고 복음을 전하는 증인으로 변화한 것이 부활 능력의 최종 증거이다.

슬라이드

설교 Youtube

3
부활의 주님께서 주시는 세 가지 선물

〈요 20:19-31〉

19 이 날 곧 안식 후 첫날 저녁 때에 제자들이 유대인들을 두려워하
여 모인 곳의 문들을 닫았더니 예수께서 오사 가운데 서서 이르
시되 너희에게 평강이 있을지어다
20 이 말씀을 하시고 손과 옆구리를 보이시니 제자들이 주를 보고
기뻐하더라
21 예수께서 또 이르시되 너희에게 평강이 있을지어다 아버지께서
나를 보내신 것 같이 나도 너희를 보내노라
22 이 말씀을 하시고 그들을 향하사 숨을 내쉬며 이르시되 성령을
받으라
23 너희가 누구의 죄든지 사하면 사하여질 것이요 누구의 죄든지 그
대로 두면 그대로 있으리라 하시니라
24 열두 제자 중의 하나로서 디두모라 불리는 도마는 예수께서 오셨
을 때에 함께 있지 아니한지라
25 다른 제자들이 그에게 이르되 우리가 주를 보았노라 하니 도마가
이르되 내가 그의 손의 못 자국을 보며 내 손가락을 그 못 자국에
넣으며 내 손을 그 옆구리에 넣어 보지 않고는 믿지 아니하겠노
라 하니라
26 여드레를 지나서 제자들이 다시 집 안에 있을 때에 도마도 함께
있고 문들이 닫혔는데 예수께서 오사 가운데 서서 이르시되 너희
에게 평강이 있을지어다 하시고
27 도마에게 이르시되 네 손가락을 이리 내밀어 내 손을 보고 네 손
을 내밀어 내 옆구리에 넣어 보라 그리하여 믿음 없는 자가 되지
말고 믿는 자가 되라
28 도마가 대답하여 이르되 나의 주님이시요 나의 하나님이시니이다

29 예수께서 이르시되 너는 나를 본 고로 믿느냐 보지 못하고 믿는
자들은 복되도다 하시니라
30 예수께서 제자들 앞에서 이 책에 기록되지 아니한 다른 표적도
많이 행하셨으나
31 오직 이것을 기록함은 너희로 예수께서 하나님의 아들 그리스도
이심을 믿게 하려 함이요 또 너희로 믿고 그 이름을 힘입어 생명
을 얻게 하려 함이니라

풍요 속의 빈곤과 인생의 허무

오늘날 대한민국은 단군 이래 역사상 유례를 찾아보기 힘들 만큼 풍요로운 시대를 살아가고 있습니다. 바야흐로 모든 것이 차고 넘치는 시대입니다. 대형 마트에 가보면 끝이 보이지 않을 정도로 진열된 수만 가지의 상품들이 우리를 압도합니다. 그러나 이 화려한 풍요의 이면에는 '풍요 속의 빈곤'이라는 또 다른 비극이 숨겨져 있습니다. 역설적이게도 모든 것이 너무 넉넉하다 보니, 우리는 진정한 만족을 잃어버렸습니다. 누군가에게 마음을 담아 선물을 하려 해도 무엇을 줘야 상대방이 기뻐할지, 도무지 판단이 서질 않는 '선물의 위기'를 맞이한 것입니다.

잠시 저의 어린 시절로 시계를 돌려봅니다. 그때는 지금과는 달라도 너무나 달랐습니다. 제가 초등학교를 다니던 시절, 어머니는 정성껏 도시락을 싸 주셨습니다. 번듯한 책가방도 귀하던 때라, 교과서와 양은도시락을 보자기에 둘둘 말아 허리춤이나 어깨에 둘러메고 학교로 향하였습니다. 도시락 뚜껑을 열면 으레 반찬통이 하나 얹혀져 있었는데, 짭조름한 콩자반이나 고소한 멸치볶음이라도 들어 있는 날은 횡재한 날이었습니다. 하지만 어머니는 늘 "우리 아들 김치라도 먹여야지" 하시며 김치를 꾹꾹 눌러 담아 주셨습니다. 문제는 그다음입니다. 뛰어놀다 보면 어느새 김치 국물이 줄줄 새어 나와 하얀 쌀밥을 붉게 적시고, 심지어 귀한 교과서 귀퉁이까지 벌겋게 물들이곤 하였습니다. 어린 마음에 그것이 얼마나 속상하고 창피하였는지 모릅니다. 그 시절, 우리 반에는 점심 도시락을 싸 오는 학생이 절반도 채 되지 않았습니다. 그나마 싸 온 도시락도 대부분 거무튀튀한 꽁보리밥이었습니다. 저는 아침마다 어머니께 이렇게 투정을 부렸습니다. "어머니, 제발 저도 꽁보리밥 싸 주세요. 그리고 도시락 밑에 계란 프라이 좀 숨기지 마세요." 혼자서 하얀 쌀밥에 계란을 먹는 것이, 굶거나 보리밥을 먹는 친구들에게 너무나 미안하고 부끄러웠기 때문입니다. 그래서 도시락 뚜껑을 여는 순간, 친구들이 우르르 달려들어 순식간에 밥을 뺏어 먹어도 저는 오히려 마음이 편하였습니다.

그러던 어느 날, 제게 평생 잊지 못할 사건이 일어났습니다. 미국에서 오신 친척분이 병에 담긴 커피를 선물로 가져오신 것입니다. 그 결과, 다 쓴 미제 커피병 몇 개가 제 손에 들어왔습니다. 두꺼운 유리에 튼튼한 뚜껑이 달린 그 빈 병이 당시에는 왜 그리도 귀하고 예뻐 보였는지요. 그것을 김치 담는 병으로 쓸 수 있다는 사실 하나만으로 세상을 다 가진 듯 행복하였습니다. 하지만 여러분, 오늘날 누군가에게 다 쓴 빈 커피병을 선물로 준다면 어떻게 될까요? 아마 모욕으로 느낄지도 모릅니다. 이처럼 세상이 많이 변하였습니다. 이제는 웬만한 선물로는 감동을 주기도 어렵고, 주는 이도 받는 이도 부담을 느끼는 시대가 되었습니다. 물질은 넘쳐나지만, 그 시절 커피병 하나에도 가슴 뛰던 '순수한 감격'은 사라져 버린 것입니다.

부활하신 주님께서 주시는 선물 – 성령

예수님께서 십자가에서 운명하신 시각은 금요일 오후 3시였습니다. 칠흑 같은 어둠과 절망의 안식일이 지나고, 주일 새벽 미명에 가장 먼저 무덤으로 달려간 이는 막달라 마리아였습니다. 부활의 아침이 밝았지만, 아직 제자들의 마음에는 여명이 트지 않았습니다. 그날 저녁, 요한복음 20:19은 당시의 긴박한 상황을 이렇게 묘사합니다.

> 이 날 곧 안식 후 첫날 저녁 때에 제자들이 유대인들을 두려워하여 모인 곳의 문들을 닫았더니 예수께서 오사 가운데 서서 이르시되 너희에게 평강이 있을지어다 _요 20:19

제자들은 공포에 질려 있었습니다. 유대 종교지도자들이 스승을 처형하였으니, 다음 차례는 자신들이 될지도 모른다는 생각에 사로잡혀 있었습니다. 그들은 한집에 모여 대문을 걸어 잠그고, 방문까지 굳게 닫은 채 숨죽이고 있었습니다. 바로 그 순간, 놀라운 일이 벌어졌습니다. 주님께서 홀연히 그들 한가운데 나타나신 것입니다. 부활하신 주님의 몸은 시공간의 제약을 받지 않는 신령한 몸이었습니다. 굳게 닫힌 문도, 단단한 잠금쇠도 전능하신 주님을 막을 수는 없었습니다. 두려움에 떨던 제자들에게 주님은 세 가지 귀한 선물을 주셨는데, 그 첫 번째가 바로 '성령'이었습니다.

> 이 말씀을 하시고 그들을 향하사 숨을 내쉬며 이르시되 성령을 받으라 너희가 누구의 죄든지 사하면 사하여질 것이요 누구의 죄든지 그대로 두면 그대로 있으리라 하시니라 _요 20:22-23

주목할 점은 주님께서 "숨을 내쉬며" 성령을 받으라 하셨다는 것입니다. 이는 마치 태초에 하나님께서 흙으로 빚은 사람에게 생기를 불어넣어 생령이 되게 하신 창조의 역사를 연상케 합니다. 주님은 영적으로 죽어 있던 제자들에게 새 생명을 불어넣으신 것입니다. 예수님은 십자가를 지시기 전, 최후의 만찬 자리에서 이미 이 성령을 약속하셨습니다.

> 그러나 내가 너희에게 실상을 말하노니 내가 떠나가는 것이 너희에게 유익이라 내가 떠나가지 아니하면 보혜사가 너희에게로 오시지 아니할 것이요 가면 내가 그를 너희에게로 보내리니 _요 16:7

여기서 말씀하신 보혜사(保惠師), 헬라어로 파라클레토스(παράκλητος)는 '곁으로 부름 받은 자', 즉 '곁에서 돕는 자'(Helper; Advocate)라는 뜻입니다. 성령은 하나님의 호흡이요, 하나님의 생명력입니다. 그러므로 성령이 임한다는 것은, 전능하신 하나님께서 우리 곁에 오셔서 구체적으로 돕고,

변호하며, 이끌어 주신다는 뜻입니다. 이 성령님께서 임하시면 놀라운 반전이 일어납니다. 차갑게 식어있던 심령 속에 불덩이 같은 뜨거움이 임합니다. 부활하신 주님을 만나 성령의 능력을 덧입은 자들은 더 이상 숨지 않습니다. 그들은 불타는 가슴을 안고 세상으로 나아가 복음을 증거하는 담대함을 얻게 됩니다.

성령의 불과 부활 신앙의 능력

주님께서 십자가에 처형되신 후, 예루살렘에는 짙은 절망이 감돌았습니다. 낙심한 두 제자는 슬픔을 안고 예루살렘을 떠나 엠마오라는 시골 마을로 내려가고 있었습니다. 도망치듯 떠나는 그 길 위에서, 부활하신 주님께서 그들에게 찾아오셨습니다. 하지만 그들은 영적인 눈이 가리어져 주님을 알아보지 못하였습니다. 주님은 그들과 동행하시며, 성경에 기록된 메시야에 관한 말씀을 하나하나 풀어 주셨습니다. 그러자 놀라운 일이 일어났습니다. 차갑게 식어있던 그들의 심령에 성령의 불이 붙기 시작한 것입니다. 누가복음 24:32은 그 감격을 이렇게 전합니다.

> 그들이 서로 말하되 길에서 우리에게 말씀하시고 우리에게 성경을 풀어 주실 때에 우리 속에서 마음이 뜨겁지 아니하더냐 하고 _눅 24:32

부활하신 주님을 만나 말씀을 깨닫는 순간, 그들의 가슴은 뜨겁게 타올랐습니다. 이것이 바로 성령의 역사입니다. 성령의 불은 냉랭하였던 가슴을 녹이고, 단순히 책 속에 갇혀 있던 활자(活字)를 살아서 역사하는 생명의 말씀으로 바꾸어 놓습니다. 이 불타는 심령을 소유하게 되면 인생이 바뀝니다. 하나님의 말씀이 가슴 깊이 새겨져 삶을 이끄는 강력한 동력이 되기 때문입니다. 절망의 감옥에 갇혀 있던 자는 소망의 문을 열고 나오게 됩니다. 부정적인 생각에 사로잡혔던 자는 긍정적인 사람으로 변화됩니다. 패배 의식에 젖어 있던 자는 승리의 확신으로 무장하게 됩니다. 낙심하던 자는 다시 일어설 희망을 얻고, 좌절하던 자는 독수리 같은 새 힘을 얻게 됩니다. 이 놀라운 변화의 약속을 사도 베드로는 사도행전 2:17에서 요엘 선지자의 글을 인용하며 이렇게 선포하였습니다.

> 하나님이 말씀하시기를 말세에 내가 내 영을 모든 육체에 부어 주리니 너희의 자녀들은 예언할 것이요 너희의 젊은이들은 환상을 보고 너희의 늙은이들은 꿈을 꾸리라 _행 2:17

그렇습니다. 부활의 주님을 만나 성령을 받으면, 인생은 근본적으로 변화됩니다. 나이가 많든 적든 상관없습니다. 성령의 능력이 임할 때, 우리 모두는 하나님 나라의 꿈을 꾸고 환상을 보는 위대한 증인으로 다시 태어나게 됩니다.

부활하신 주님께서 주시는 선물 - 평강과 사명

여호수아 14장에는 영원한 청년 갈렙이 등장합니다. 당시 이스라엘 백성은 하나님의 명령을 따라 가나안 땅을 정복해 나가고 있었습니다. 그러나 여전히 누구도 감히 넘보지 못하는 미개척지가 남아 있었으니, 바로 험준한 산악 지대인 헤브론이었습니다. 그곳에는 거인족인 아낙 자손들이 철옹성 같은 방어 태세를 갖춘 채 버티고 있었습니다. 그들의 위세에 눌려 20대, 30대의 혈기 왕성한 젊은 장수들조차 두려움에 떨며 감히 나아갈 엄두를 내지 못하였습니다. 바로 그때, 85세의 노장 갈렙이 여호수아 앞에 나아가 엎드리며 사자후를 토해내었습니다.

그 날에 여호와께서 말씀하신 이 산지를 지금 내게 주소서 당신도 그 날에 들으셨거니와 그 곳에는 아낙 사람이 있고 그 성읍들은 크고 견고할지라도 여호와께서 나와 함께 하시면 내가 여호와께서 말씀하신 대로 그들을 쫓아 내리이다 _수 14:12

그는 백발이 무성한 노인이었으나, 그 심령만은 성령의 능력으로 불타오르고 있었습니다. 결국 그는 젊은이들을 이끌고 적진 깊숙이 돌격하여, 마침내 난공불락의 요새 헤브론에 승리의 깃발을 꽂았습니다. '백세 인생'은 오늘날에만 있는 말이 아닙니다. 이미 여호수아 시대에 갈렙은 나이를 초월한 성령의 능력으로 최전방에서 승리를 쟁취하였습니다. 이 사건은 성령의 능력을 입은 자가 얼마나 강하게 쓰임 받는지를 보여 주는 예표입니다. 부활하신 주님을 만난 백성에게는 이처럼 시대를 거스르는 능력이 임합니다. 실제로 주님은 부활하신 날 밤, 두려움에 떠는 제자들에게 찾아오셔서 세 가지 위대한 선물을 주셨습니다.

첫 번째 선물은 '성령'입니다. 주님은 제자들을 향해 숨을 내쉬며 말씀하셨습니다. "성령을 받으라." 갈렙을 뜨겁게 했던 그 영, 죽음을 이기게 하는 하나님의 호흡이 제자들에게 임한 것입니다.

두 번째 선물은 '평강'입니다. 주님은 "너희에게 평강이 있을지어다"라고 선포하셨습니다. 부활의 주님을 만나면 세상이 알 수도, 줄 수도 없는 참된 평화가 심령에 깃들게 됩니다. 우리는 본래 죄로 인해 하나님과 원수된 자들이었습니다. 원수 관계에 평화란 있을 수 없습니다. 그러나 예수님께서 십자가에서 우리의 모든 죄를 대속하심으로, 막힌 담을 허무시고 하나님과의 화목을 이루어 주셨습니다. 이 평강의 능력을 가장 극적으로 보여 준 인물이 바로 막달라 마리아입니다. 그녀는 과거 일곱 귀신에 사로잡혀 철저히 파괴된 삶을 살았습니다. 주님을 만나 치유받고 인간의 존엄을 회복한 그녀였지만, 주님의 십자가 처형을 목격하며 그녀의 마음은 다시금 깊은 슬픔과 절망으로 무너져 내렸습니다. 안식일이 지난 주일 새벽,

그녀는 찢어지는 가슴을 안고 무덤으로 갔습니다. 시신에 향품이라도 바르려 하였으나, 무덤은 비어 있었고 주님은 보이지 않았습니다. 근심과 공포 속에 울고 있는 그녀에게 부활하신 주님께서 나타나 말씀하셨습니다.

여자여 어찌하여 울며 누구를 찾느냐 … 너는 내 형제들에게 가서 이르되 _요 20:15, 17

그 순간, 그녀를 짓누르던 불안과 슬픔은 눈 녹듯 사라지고, 형용할 수 없는 평강과 기쁨이 차올랐습니다. 솔로몬은 전도서에서 인생의 실존을 이렇게 고백하였습니다.

일평생에 근심하며 수고하는 것이 슬픔뿐이라 그의 마음이 밤에도 쉬지 못하나니 이것도 헛되도다 _전 2:23

이것이 주님 없는 인생의 현주소입니다. 밤낮없이 수고해도 남는 것은 괴로움뿐입니다. 그러나 죽음을 이기신 주님께서 찾아오셔서 "평강이 있을지어다"라고 선포하실 때, 우리 인생의 근심은 걷히고 영생의 평안이 시작됩니다.

세 번째 선물은 '사명'입니다. 요한복음 20:21은 주님의 명령을 이렇게 기록합니다.

예수께서 또 이르시되 너희에게 평강이 있을지어다 아버지께서 나를 보내신 것 같이 나도 너희를 보내노라 _요 20:21

부활하신 주님은 제자들을 세상으로 파송하셨습니다. 인생이 받을 수 있는 최고의 축복은 하나님께로부터 사명을 받는 것입니다. 사명이 없는 인생은 방황합니다. 그저 먹고사는 문제에 매몰되어 과거의 영광을 되씹거나 미래를 염려하며 허송세월하기 쉽습니다. 그러나 사도 바울을 보십시오. 부활하신 주님을 만난 그는 성령과 평강을 얻었고, 이방인을 위한 그릇이라는 위대한 사명을 붙들었습니다. 그는 고백합니다.

> **내가 달려갈 길과 주 예수께 받은 사명 곧 하나님의 은혜의 복음을 증언하는 일을 마치려 함에는 나의 생명조차 조금도 귀한 것으로 여기지 아니하노라**
>
> **_행 20:24**

로마 군인들은 제자들이 예수님의 시신을 도둑질할까 두려워 무덤을 철통같이 지켰습니다. 무거운 돌로 막아 두었지만, 전능하신 주님은 그 돌을 옮기시고 당당히 부활하셨습니다. 그리고 제자들에게 나타나셔서 성령과 평강을 주셨으며, 마침내 위대한 사명을 맡기셨습니다. 전능자의 권세로 주어진 이 사명은 곧 우리에게 주어진 최고의 축복인 것입니다.

사명을 따라 살아간 신앙인의 모범

미국의 제39대 대통령 지미 카터(Jimmy Carter)를 기억하시나요? 그는 『Why Not the Best』(왜 최선을 다하지 않았는가)라는 책을 저술하였습니다. 이 책에서 그는 이렇게 고백합니다.

"나는 교회의 전도 프로그램에 무려 14년 동안 참여하였습니다. 매년 열 가정씩 140가정을 직접 방문하며 전도하였습니다. 또한 나는 90세가 넘어서까지도 매 주일마다 주일학교에서 성경을 가르쳤습니다."

과연 그는 어떤 인물이었을까요? 그는 한때 미국 대통령으로 재임하였던 인물입니다. 미국 정부는 그의 별세를 애도하며 2025년 1월 9일을 국가 애도의 날로 선포하였고, 뉴욕 증시는 하루 동안 전면 폐장되었습니다. 뉴욕 증시는 전 세계 금융의 중심지이므로 웬만한 사유로는 결코 문을 닫지 않습니다. 그러나 그날은 카터 대통령의 장례식이 국장으로 치러지는 날이었기에 증시까지 폐장하였던 것입니다. 그는 재임 시절 국제 정세의 복잡한 문제를 해결함에 있어서 성경적 윤리를 최우선시하였기에 국민들의 지지를 크게 얻지 못하였습니다. 국민들은 세계 최강국으로서의 힘의 논리로 국제문제를 과감하게 척결해 나가기를 원하였던 것입니다. 결국 4년 임기를 마치고 그는 재선에 실패하였습니다. 하지만 그 이후 그는 전 세계적으로 질병 퇴치 운동과 난민 돕기 운동에 앞장섰으며, '해비타트' 운동을 통해 가난한 이들에게 집을 지어주는 일에 평생을 헌신하였습니다. 또한 그는 매 주일마다 성경을 가르치고 전도에 힘썼습니다. 이후에 그는 이런 고백도 남겼습니다.

"1966년 주지사에 출마하여 3개월 동안 선거운동을 하면서 무려 30만 명과 직접 악수하였습니다. 그런데 나는 14년 동안 고작 140가정을 전도한 것을 자랑스레 여겼으니, 이는 너무나 부끄러운 일이었습니다."

사랑하는 성도 여러분, 하나님께서 성도 여러분에게 맡기신 위대한 사명을 소중히 여기며 그 사명에 따라 살아가는 성도가 되시지 않겠습니까? 주님은 오늘도 말씀하십니다.

그런즉 너희는 먼저 그의 나라와 그의 의를 구하라 그리하면 이 모든 것을 너희에게 더하시리라 _마 6:33

묵상 질문

1. 여러분은 성령님께서 삶 속에 역사하시도록 얼마나 마음을 열고 있습니까?

부활의 주님은 제자들에게 첫 번째 선물로 성령을 주셨습니다. 성령은 단순한 힘이 아니라 우리 곁에서 돕고, 말씀을 깨닫게 하며, 인생을 변화시키는 하나님의 생명입니다.

> 이 말씀을 하시고 그들을 향하사 숨을 내쉬며 이르시되 성령을 받으라 _요 20:22

2. 여러분은 세상이 줄 수 없는 참된 평강을 주님 안에서 누리고 있습니까?

부활하신 주님은 두려움 속에 있던 제자들에게 "너희에게 평강이 있을지어다"라고 선포하셨습니다. 평강은 문제없는 상태가 아니라, 예수 그리스도와의 화목에서 오는 깊은 안식입니다.

> 이 날 곧 안식 후 첫날 저녁 때에 제자들이 유대인들을 두려워하여 모인 곳의 문들을 닫았더니 예수께서 오사 가운데 서서 이르시되 너희에게 평강이 있을지어다 _요 20:19

3. 여러분은 하나님께서 주신 사명을 어떻게 붙들며 살아가고 있습니까?

주님은 제자들에게 성령과 평강을 주신 후, "아버지께서 나를 보내신 것 같이 나도 너희를 보내노라"고 하셨습니다. 사명은 인생의 방향과 의미를 새롭게 정의하는 축복입니다. 사도 바울처럼 생명보다 귀히 여길 수 있는 사명은 무엇입니까?

예수께서 또 이르시되 너희에게 평강이 있을지어다 아버지께서 나를 보내신 것 같이 나도 너희를 보내노라 _요 20:21

암송구절

예수께서 이르시되 너는 나를 본 고로 믿느냐 보지 못하고 믿는 자들은 복되도다 하시니라 _요 20:29

요점 정리

1. 풍요 속의 빈곤과 인간의 갈망

오늘날 우리는 물질적으로 풍요로운 시대를 살아가지만, 아이러니하게도 그 속에서 더 깊은 공허와 만족의 결핍을 경험합니다. 어린 시절에는 보리밥 도시락조차 귀하게 여겨졌지만, 오늘날에는 웬만한 선물이 감동을 주지 못하는 세상이 되었습니다. 이는 인간이 단순히 물질로는 결코 충족될 수 없는 존재임을 보여 줍니다. 성경은 이런 현실 속에서 부활하신 주님을 만난 자만이 참된 만족과 기쁨을 누릴 수 있다고 증언합니다. 제자들은 주님께서 십자가에서 죽으심을 목격한 후 두려움 속에 문을 걸어 잠갔지만, 부활의 주님께서 찾아오심으로 전혀 새로운 삶의 전환점을 맞이하게 되었습니다. 풍요 속의 빈곤은 곧 영적 결핍의 다른 이름이며, 그것은 부활의 주님을 만날 때 풍성히 채워질 수 있습니다.

2. 부활하신 주님께서 주시는 세 가지 선물

예수님은 두려움에 휩싸여 있던 제자들에게 나타나셔서 세 가지 귀한 선물을 주셨습니다. 첫째는 '성령의 선물'입니다. 성령은 곁에서 돕는 자요 하나님의 생명력으로서, 제자들의 심령을 불태우고 복음을 전하는 능력을 주셨습니다. 둘째는 '평강의 선물'입니다. 죄와 두려움에 묶여 있던 자들이 예수 그리스도를 통해 하나님과 화목하게 되었고, 세상이 줄 수 없는 참된 평화를 누리게 되었습니다. 막달라 마리아가 절망 중에 부활하신 주님을 만나고 나서 평화를 누린 것처럼, 우리도 부활의 주님을 만날 때 평강을 선물로 받습니다. 셋째는 '사명의 선물'입니다. 아버지께서 예수님을 세상에 보내신 것처럼, 제자들은 이제 복음을 증거하는 사명을 위임받았습니다. 성령과 평강 위에 세워진 사명은 인생을 허무에서 건져 내고,

새로운 비전과 능력으로 채우는 축복의 길이 되었습니다.

3. 사명자의 삶과 오늘의 도전

부활의 주님께서 주시는 사명은 단순한 위탁이 아니라 인생 전체를 변화시키는 근본적인 부르심입니다. 갈렙은 85세의 나이에도 성령의 능력을 의지하여 험준한 산지를 정복하였고, 사도 바울은 자신의 생명보다 주님께 받은 사명을 귀히 여기며 복음 전파에 헌신하였습니다. 또한 지미 카터 전 미국 대통령 역시 재선 실패 이후에도 평생을 가르치는 일과 전도, 구제 사역에 헌신하며 사명자의 삶을 살아갔습니다. 이 예들은 사명을 붙드는 자의 삶이 얼마나 위대하고 의미 있는가를 잘 보여 줍니다. 결국 우리에게 주어진 진정한 축복은 성령과 평강의 선물을 받고 사명 안에서 살아가는 것입니다. 오늘날 우리는 풍요 속의 허무와 근심 가운데서 길을 잃기 쉽습니다. 하지만 부활의 주님께서 주시는 사명을 붙들 때, 인생은 헛됨을 넘어 참된 가치와 열매를 맺는 삶으로 변화됩니다.

4. 결론: 부활하신 예수님을 만날 때 우리는 성령과 평강, 그리고 사명이라는 위대한 선물을 받아 인생의 허무를 극복하고 하나님의 나라를 위해 헌신하는 능력 있는 삶을 살게 됩니다. 제자들은 부활의 주님을 만난 이후 삶에서 어떤 변화와 축복을 누리게 되었습니까? 우리 또한 부활의 주님을 만난 이후 어떤 변화와 축복을 누리게 되었습니까?

첫째, 제자들은 부활의 주님으로부터 보혜사 성령을 선물로 받았습니다. 이 성령의 불을 받은 자는 엠마오로 가던 제자들처럼 마음이 뜨거워져 절망이 소망으로, 패배 의식이 승리 의식으로 변화됩니다.

둘째, 85세의 갈렙이 성령의 능력으로 헤브론 산지를 정복한 것처럼, 부활 신앙을 가진 자는 나이와 한계를 뛰어넘어 꿈과 환상을 품고 하나님의 역사를 이루는 도구로 쓰임 받습니다. 즉, 부활 신앙을 가진 자는 성령의 불과 능력을 가지게 됩니다.

셋째, 예수님은 두려움에 떨던 제자들과 슬픔에 잠긴 막달라 마리아에게 세상이 줄 수 없는 참된 평강을 주셨으며, 이로써 믿는 자는 인생의 모든 고난과 근심을 이기는 은혜를 누리게 됩니다. 부활 신앙을 가진 자는 부활의 주님으로부터 평강을 선물로 받습니다.

넷째, 예수님은 "아버지께서 나를 보내신 것 같이 나도 너희를 보내노라"고 말씀하시며 사명을 선물로 주셨고, 이 사명을 받은 자는 지미 카터 전 미국 대통령이나 사도 바울처럼 생명보다 귀한 가치를 위해 헌신하는 위대한 인생을 살게 됩니다.

3. 부활의 주님께서 주시는 세 가지 선물

(요 20:19-31)

첫 번째 선물: 성령

냉랭한 마음을 뜨겁게 하고 말씀을 능력으로 경험하게 하는 하나님의 생명력입니다.

두 번째 선물: 평강

세상이 줄 수 없는 참된 평화로, 두려움과 슬픔을 이기는 하나님의 안식입니다.

세 번째 선물: 사명

인생의 방향과 의미를 새롭게 정의하여 허무함을 이기고 가치 있는 삶을 살게 하는 축복입니다.

슬라이드

설교 Youtube

4
성찬(盛饌)에의 초대

〈요 21:1-14〉

1 그 후에 예수께서 디베랴 호수에서 또 제자들에게 자기를 나타내
셨으니 나타내신 일은 이러하니라
2 시몬 베드로와 디두모라 하는 도마와 갈릴리 가나 사람 나다나엘
과 세베대의 아들들과 또 다른 제자 둘이 함께 있더니
3 시몬 베드로가 나는 물고기 잡으러 가노라 하니 그들이 우리도
함께 가겠다 하고 나가서 배에 올랐으나 그 날 밤에 아무 것도 잡
지 못하였더니
4 날이 새어갈 때에 예수께서 바닷가에 서셨으나 제자들이 예수이
신 줄 알지 못하는지라
5 예수께서 이르시되 얘들아 너희에게 고기가 있느냐 대답하되 없
나이다
6 이르시되 그물을 배 오른편에 던지라 그리하면 잡으리라 하시니
이에 던졌더니 물고기가 많아 그물을 들 수 없더라
7 예수께서 사랑하시는 그 제자가 베드로에게 이르되 주님이시라
하니 시몬 베드로가 벗고 있다가 주님이라 하는 말을 듣고 겉옷
을 두른 후에 바다로 뛰어 내리더라
8 다른 제자들은 육지에서 거리가 불과 한 오십 칸쯤 되므로 작은
배를 타고 물고기 든 그물을 끌고 와서
9 육지에 올라보니 숯불이 있는데 그 위에 생선이 놓였고 떡도 있
더라
10 예수께서 이르시되 지금 잡은 생선을 좀 가져오라 하시니
11 시몬 베드로가 올라가서 그물을 육지에 끌어 올리니 가득히 찬
큰 물고기가 백쉰세 마리라 이같이 많으나 그물이 찢어지지 아니
하였더라

12 예수께서 이르시되 와서 조반을 먹으라 하시니 제자들이 주님이
신 줄 아는 고로 당신이 누구냐 감히 묻는 자가 없더라
13 예수께서 가셔서 떡을 가져다가 그들에게 주시고 생선도 그와 같
이 하시니라
14 이것은 예수께서 죽은 자 가운데서 살아나신 후에 세 번째로 제
자들에게 나타나신 것이라

인간의 배신 & 제자들의 배신

1973년 4월, 대한민국 사회를 발칵 뒤집어 놓은 충격적인 사건이 발생하였습니다. 연세가 지긋하신 분들은 생생히 기억하실 것입니다. 바로 '윤필용 필화(筆禍) 사건'입니다.

당시 윤필용 장군은 수도경비사령관으로서, 박정희 대통령의 총애를 받는 막강한 실세였습니다. 그러나 그는 술자리에서 권력의 금기(禁忌)를 건드리고 말았습니다. 당시 중앙정보부장에게 "각하께서 연로하시니 이제 물러나게 하시고, 형님이 후계자가 되어야 하지 않겠습니까?"라는 취지의 발언을 한 것입니다. 절대 권력자가 시퍼렇게 살아있는데, 감히 후계자와 퇴진을 논한 이 발언은 곧바로 대통령의 귀에 들어갔습니다. 박정희 대통령은 대노(大怒)하였습니다. "내가 살아있는데 벌써 내 자리를 넘본단 말이냐?" 결국 윤 장군은 쿠데타 모의와 횡령 등의 혐의로 즉각 체포되어 숙청되었고, 그를 따르던 수많은 장교가 옷을 벗어야 하였습니다. 정치 세계에서 지도자의 신임을 잃고 배신자로 낙인찍히는 순간, 그 결말이 얼마나 비참한지를 보여 주는 서늘한 역사의 교훈입니다.

비단 정치뿐만이 아닙니다. 우리의 일터와 인간관계도 마찬가지입니다. 직장에서 "저 사람은 결정적인 순간에 상사를 배신하더라"는 꼬리표가 붙으면, 아무리 능력이 뛰어나도 그 사람은 조직에서 살아남기 어렵습니다. 일반적으로 대기업에서 가장 중요한 핵심 임원을 꼽으라면, 흔히 '인사(HR) 담당 임원'과 '재무(Finance) 담당 임원'을 듭니다. 이유는 명확합니다. 인사는 사람을 세우는 일이기에 조직의 흥망을 좌우하고, 재무는 돈의 흐름을 관리하기에 기업의 생존을 결정하기 때문입니다. 특히 자금 담당자는 막대한 자금을 운용하며 단돈 1원의 오차도 없는 정직함과 명석한 계산 능력이 필수적입니다. 즉, 가장 신뢰하는 사람에게만 맡기는 자리가 바로 돈궤를 맡는 자리입니다. 예수님은 당신의 전도단을 이끄실 때, 가룟 유다를 재정 담당자로 세우셨습니다. 이는 유다가 그만큼 머리가 비상하고 셈에 밝았으며, 초기에는 예수님의 신임을 받았음을 의미합니다. 유다는 제자들과 따르는 무리의 필요를 채우며 살림을 도맡았습니다. 그러나 아이러니하게도, 가장 신뢰받던 그 재정 담당자가 결정적인 순간에 스승을 배신하였습니다. 그는 예수님의 동선(動線)을 팔아넘기고, 은 30냥이라는 헐값에 스승을 죽음의 자리로 몰아넣었습니다.

배신은 유다만의 이야기가 아니었습니다. 수제자 베드로는 어떠하였습니까? 예수님께서 겟세마네 동산에서 체포되어 대제사장의 뜰로 끌려가셨을 때입니다. 아직 십자가 형벌이 확정되기 전, 삼엄한 심문이 진행되던 그 밤에 베드로는 멀찍이서 불을 쬐고 있었습니다. 그때 한 여종이 다가와 물었습니다. "당신도 저 갈릴리 사람 예수와 함께 있었지요?"

순간 덜컥 겁이 난 베드로는 부인하였습니다. "아니오, 나는 무슨 말인지 모르겠소." 다른 사람이 또 물었습니다. "당신은 그 도당이 분명하오." 베드로는 맹세코 아니라고 잡아뗐습니다. 마지막으로 또 다른 사람이 확신에 차서 말할 때, 베드로는 거칠게 부인하였습니다. "나는 그 사람을 알지 못한다!"

가장 사랑받던 제자가, 가장 위급한 순간에 스승을 완전히 모른 척하며 배신의 칼을 꽂은 것입니다. 이처럼 예수님은 철저히 홀로 남겨지셨고, 사랑하였던 모든 사람에게 버림받은 채 십자가에서 죽으셨습니다. 그러나 이야기는 비극으로 끝나지 않습니다. 주님은 죽음을 이기고 사흘 만에 부활하셨습니다. 그리고 배신하고 도망친 제자들을 정죄하러 오신 것이 아니라, 그들을 회복시키기 위해 다시 찾아오셨습니다. 성경은 그 장면을 이렇게 기록합니다.

이것은 예수께서 죽은 자 가운데서 살아나신 후에 세 번째로 제자들에게 나타나신 것이라 _요 21:14

빈 그물로 돌아온 제자들과 부활하신 주님의 아침 식탁

베드로는 예수님을 세 번이나 모른다고 부인하였습니다. 닭 울음소리가 들릴 때, 그는 가슴을 치며 통곡하였습니다. 부활하신 주님을 다시 만난 지금, 그의 가슴속에는 반가움보다 뼈아픈 죄책감이 더 크게 자리 잡고 있었을 것입니다. 예수님은 부활 후 제자들에게 "너희는 먼저 갈릴리로 가라. 내가 거기서 너희를 만나리라"고 약속하셨습니다. 제자들은 그 말씀에 순종하여 갈릴리에 모였습니다. 요한복음 21:2은 그 면면을 이렇게 기록합니다.

시몬 베드로와 디두모라 하는 도마와 갈릴리 가나 사람 나다나엘과 세베대의 아들들과 또 다른 제자 둘이 함께 있더니 _요 21:2

베드로, 도마, 나다나엘, 야고보와 요한, 그리고 이름 없는 두 제자까지 총 일곱 명이 모였습니다. 그들은 주님을 기다리고 또 기다렸습니다. 하지만 약속하신 주님은 좀처럼 나타나지 않으셨습니다. 무료함과 막막함이 깊어지던 그때, 베드로가 자리를 털고 일어났습니다. "나는 물고기나 잡으러 가노라." 그러자 다른 제자들도 "우리도 함께 가겠다"라며 배에 올랐습니다. 어떤 학자들은 베드로가 사명을 저버리고 옛 생활로 타락해 돌아간 것이라며 비판합니다. 하지만 꼭 그렇게만 볼 수는 없습니다. 이 일곱 명은 모두 건장한 청년 가장들입니다. 지난 3년 동안 예수님을 좇느라 생업을 전폐하였고, 가족 부양은 뒷전이었습니다. 이제 고향에 돌아왔으니, 당장 처자식을 먹여 살려야 할 가장의 책임감이 그들의 어깨를 짓눌렀을 것입니다.

1950-1970년대, 대한민국은 참으로 가난하였습니다. 자식들은 학비를 벌기 위해 신문 배달과 공장 일을 마다하지 않으며 악착같이 살아갔습니다. 그런데 정작 가장이 "힘들다"라는 핑계로 직장을 그만두고 매일 교

회만 맴돌며 “믿음 생활을 한다”라고 말한다면, 그것이 과연 온전한 신앙일까요? 아닙니다. 가족이 굶고 있다면, 나가서 땀 흘려 일하는 것이 가장의 거룩한 책무입니다. 아마 베드로도 그런 심정이었을 것입니다. “주님께서 언제 오실지 모르니, 일단 내 손으로 물고기라도 잡아 식구들을 건사하자.” 이는 비난받을 일이 아니라, 오히려 책임감 있는 가장의 모습이었습니다.

문제는 그날 밤의 결과였습니다. 그들은 갈릴리 바다의 베테랑 어부들이었지만, 밤이 새도록 피라미 한 마리 잡지 못하였습니다. 빈 그물질이 반복될수록 몸은 천근만근이요, 마음은 낙심으로 무너져 내렸습니다. ‘나는 제자로도 실패하였는데, 이제 어부로도 실패하는구나.’ 그들에게 깊은 패배감이 밀려왔을 것입니다. 그런데 동이 터오는 새벽녘, 짙은 안개 속에서 낯선 음성이 들려왔습니다. “얘들아, 너희에게 고기가 있느냐?” “없나이다.” 그들의 목소리엔 힘이 없었습니다. “그물을 배 오른편에 던지라. 그리하면 잡으리라.” 밑져야 본전이라는 심정으로 그물을 던진 순간, 놀라운 일이 벌어졌습니다. 묵직한 손맛과 함께 그물이 찢어질 듯 팽팽해졌습니다. 물고기가 어찌나 많은지 도저히 들어 올릴 수가 없었습니다.

그 순간, 예민한 영성을 가진 사도 요한의 뇌리에 스치는 것이 있었습니다. ‘이 상황, 3년 전과 똑같다! 빈 배였던 우리에게 만선을 주신 분!’ 요한은 즉시 베드로에게 외쳤습니다. “주님이시다!” 요한은 주님의 사랑을 확신하였기에 곧바로 알아보았습니다. 요한에게 예수님은 ‘사랑’ 그 자체였습니다.

그러나 베드로는 달랐습니다. “주님이시다”라는 말을 듣는 순간, 반가움보다 두려움과 부끄러움이 앞섰습니다. 그는 황급히 벗어두었던 겉옷을 챙겨 입고 바다로 뛰어들었습니다. 도망치고 싶었을까요, 아니면 한시라도 빨리 주님께 가고 싶었을까요? 어쨌든 죄인 된 모습 그대로는 감히 주님을 뵐 면목이 없었던 것입니다. 물에 젖은 채 오들오들 떨며 뭍으로 올라온 베드로. 그의 눈앞에 펼쳐진 광경은 뜻밖이었습니다. 꾸중이나 채찍이 아니었습니다. 주님은 이미 따뜻한 숯불을 피워 놓으시고, 그 위에 생선과 떡을 노릇노릇 굽고 계셨습니다. 주님은 젖은 몸으로 서 있는 제자들을 향해 부드러운 음성으로 말씀하셨습니다.

"와서 조반을 먹으라."

이 아침 식탁은 단순한 한 끼가 아니었습니다. 배신과 실패로 얼룩진 베드로를 향해 주님께서 베풀어 주신 무언(無言)의 용서였습니다. 주님은 "네가 왜 나를 배신하였느냐?" "네가 인간이냐?"라고 묻지 않으셨습니다. 따뜻한 밥 한 끼를 먹이시며 이렇게 말씀하시는 듯하였습니다. "베드로야, 춥고 배고프지? 괜찮다. 내가 다 안다. 너의 실패도, 너의 눈물도 내가 다 용서하였다. 이제 과거는 묻어두고 밥 먹고 힘을 내자."

주님께서 "지금 잡은 생선을 좀 가져오라" 하셨을 때, 가장 먼저 달려가 그물을 끌어 올린 사람도 베드로였습니다. 153마리의 물고기보다 더 큰 주님의 사랑을 확인하였기 때문입니다. 사랑하는 성도 여러분, 우리가 실수하고 넘어져 주님을 뵐 면목이 없을 때조차, 주님은 숯불을 피워 놓고 우리를 기다리십니다. 주님은 우리의 과거를 들춰 내지 않으십니다. 오히려 따뜻한 은혜의 밥상으로 우리를 회복시키시고, 다시 일어설 힘을 주십니다. 그 주님의 사랑이 오늘 저와 여러분의 마음을 따뜻하게 녹여주길 소망합니다.

죽음의 문턱에서 만난 주님, 작가 오혜령의 고백

여러분은 1970년대, 지성과 미모를 겸비한 당대 최고의 스타 오혜령(吳惠齡) 작가를 기억하시나요? 1941년생인 그녀는 연세대학교 영문과 교수였던 부친 오화섭 박사의 딸로, 아버지의 뒤를 이어 연세대를 졸업한 수

재였습니다. 이후 이화여고 교사로 재직하며 쓴 희곡 『성야』(聖夜)가 대성공을 거두며 단숨에 문단의 주목을 받았습니다. 그녀의 재능은 거기서 멈추지 않았습니다. 희곡 작가와 수필가로서의 명성은 물론, 방송인과 배우로도 활약하며 라디오 '별이 빛나는 밤에'의 DJ를 맡는 등 그야말로 시대를 풍미하는 인기 연예인이 되었습니다. 미션 스쿨을 다녔기에 그녀도 하나님을 알기는 하였습니다. 하지만 그것은 지식적인 앎일 뿐이었습니다. 젊음은 빛났고, 재능은 넘쳤으며, 세상의 성공은 달콤하였습니다. 그녀에게 신앙은 그저 악세서리에 불과하였습니다. 자신의 능력만으로도 충분히 세상을 호령할 수 있다고 믿었기 때문입니다.

그러나 1978년, 그녀의 나이 37세. 인생의 정점에서 날벼락이 떨어졌습니다. 병원 검진 결과는 충격적이었습니다. 위암, 십이지장암, 임파선암. 한 가지도 벅찬 암이 세 곳에서 동시에 발견된 것입니다. 의사들조차 고개를 저으며 치료를 포기하였고, 그녀에게는 '3개월 시한부'라는 사형선고가 내려졌습니다. 화려했던 조명은 꺼졌고, 남은 것은 차오르는 복수(腹水)의 고통과 죽음의 공포뿐이었습니다. 그녀는 달력의 날짜를 하나씩 지워가며, 다가오는 죽음을 기다리는 처참한 신세가 되었습니다. 그러던 어느 날이었습니다. 누군가가 그녀의 병실로 매주 꽃을 보내왔는데, 그날은 하얀 백합 50송이와 함께 작은 쪽지가 배달되었습니다.

"자매님, 결코 희망을 버리지 마십시오."

그 짧은 글귀를 읽는 순간, 설명할 수 없는 전율이 그녀를 감쌌습니다. 그녀는 백합꽃 더미에 얼굴을 묻고 하염없이 오열하였습니다. 마치 누군가가 자신의 뒷덜미를 강하게 붙잡는 듯한 영적 체험을 한 것입니다. 그녀는 방바닥을 구르며 외쳤습니다. "예수님께서 나를 만지셨다! 주님께서 이 비천한 나를 찾아오셨다!" 그날부터 그녀는 처절하게 회개하기 시작하였습니다. 자신의 교만과 오만, 하나님을 무시하였던 지난날을 눈물로 씻어내며, 켜놓은 양초가 다 녹아내릴 때까지 기도하고 또 기도하였습니다. 기적처럼 3개월을 넘기고 6개월을 버티던 어느 날, 온몸에 끔찍한 오한이 몰려왔습니다. '이제 정말 끝이구나' 싶었던 그 순간, 불덩이 같은 성령의 불이 그녀의 몸을 관통하였습니다.

놀랍게도 그 뜨거운 체험 이후, 겨드랑이에 잡히던 임파선 암 덩어리가 사라졌습니다. 어깨를 짓누르던 종양이 녹아내렸고, 남산만 하게 부어올랐던 복수가 거짓말처럼 빠져나갔습니다. 현대 의학으로는 설명할 수 없는 완전한 치유였습니다. 그녀는 고백하였습니다.

"살아 계신 부활의 주님께서 두 번째로 내 인생에 찾아오셨습니다."

죽음의 골짜기에서 건짐받은 오혜령 여사는 결단하였습니다.

"주님, 이제 세속의 명예를 좇던 글쓰기를 멈추겠습니다. 화려한 배우와 방송인의 삶도 내려놓겠습니다. 덤으로 주신 이 생명, 오직 주님의 영광과 버림받은 이웃을 위해 바치겠습니다."

그녀는 그 약속대로 경기도 파주의 작은 마을로 들어가 '평화의 집'을 세웠습니다. 그리고 지난 수십 년간 의지할 곳 없는 무의탁 노인과 청소년들의 어머니가 되어 그들을 돌보았습니다. 하루 9시간 이상을 무릎 꿇고 기도하며, 세상의 스타가 아닌 하나님의 종으로 살아온 것입니다. 팔순을 훌쩍 넘긴 지금도 오혜령 여사는 기도의 자리를 지키며, 생명의 주인 되신 하나님 앞에서 묵묵히 믿음의 길을 걸어가고 있습니다.

그녀가 당시 이런 시를 우리에게 남겼습니다.

> 당신 없는 인생은 빈 그물이오니
> 당신 없는 생의 호수에 그물을 던지고
> 물고기가 잡히기를 바랐던 지난 나날들은 죽은 시간이
> 었습니다.
>
> 오 주님,
> 이제 당신께서 그물을 채워 주소서. 그러면 저는 비로소
> 살 것입니다.

인생의 가장자리에 서 계신 부활의 주님,
당신 없이 한평생 수고해 보아야 우리 인생은 빈 그물이옵니다.

비록
저희 인생의 가장자리에 서 계신 당신을 지금 당장 알아차리지 못한다 하더라도
저희의 계획을 과감하게 포기하고 당신께 대한 신뢰 속에서 새로 시작하려는 각오가 설 때
저희 행위에 방향과 성취가 부여됩니다.

당신은 가장자리에 계시지만
늘 저희에게 그물을 이렇게 혹은 저렇게 던지라고 분부하고 계시기 때문이옵니다.
날마다 호숫가에서 저희를 기다리시는 당신만 바라보게 하옵소서.

과거를 딛고 일어서는 믿음과 '모나미 153'의 기적

주님께서 실패한 베드로를 위해 숯불을 피우고 조반상을 차려 주셨을 때, 주님은 과연 그에게 무엇을 기대하셨을까요?

첫째, '과거의 실패를 딛고 일어서라'는 것입니다. 주님은 베드로가 배신의 기억과 죄책감을 십자가에 묻어버리길 원하셨습니다. 따뜻한 밥을 먹고, 그 힘으로 과거를 청산하고, 오늘이라는 새로운 시간을 힘차게 살아가기를 바라신 것입니다.

둘째, '나와 동행함으로 다시 시작하라'는 것입니다. 주님께서 부활 후

처음 나타나셨을 때 베드로는 그분을 알아보지 못하였습니다. 그러나 영적으로 깨어 있던 요한이 "주님이시다!"라고 외치자, 베드로는 죄송함과 부끄러움을 견디지 못하고 호숫가 물속으로 뛰어들었습니다. 하지만 주님은 그런 베드로를 굳이 물 밖으로 불러내어 따뜻한 식탁에 앉히셨습니다. 베드로는 떡과 생선을 먹으며 깨달았을 것입니다. "아, 그렇구나. 주님께서 나의 허물을 온전히 용서하셨구나. 이제는 도망치지 말고 주님만 바라보자." 그 식탁은 단순한 식사가 아니라, 부활하신 주님의 능력을 먹고 마시는 '회복의 성찬'이었습니다.

이 요한복음 21장의 기적은 성경 속에만 머물지 않고, 현대의 역사 속에서도 생생하게 재현되었습니다. 우리에게 너무나 친숙한 '모나미 153 볼펜'의 탄생 이야기입니다.

모나미의 창업주 고(故) 송삼석 회장의 일화를 소개해 볼까요? 1960년대 초, 회사는 도산 위기에 처해 있었습니다. 기술력은 부족하였고 자금난은 심각하여 직원들의 월급조차 주기 힘든 절체절명의 상황이었습니다. 송 회장은 지푸라기라도 잡는 심정으로 기도원에 올라가 하나님께 매달렸습니다. 기도 가운데 그는 지난날을 깊이 회개하게 되었습니다. 사업을 핑계로 주일을 성수하지 못한 죄, 하나님의 것을 구별하여 드리는 십일조 생활을 소홀히 한 죄, 그리고 매일 말씀을 가까이하지 못한 죄를 눈물로 회개하였습니다. 그리고 서원 기도를 드렸습니다. "주님, 이 회사를 살려만 주신다면 앞으로 철저히 주일 성수를 하겠습니다. 십일조는 물론이고 십의 구조(十의 九條)까지 드리는 믿음의 기업인이 되겠습니다. 그리고 평생 성경을 사랑하며 살겠습니다." 그렇게 결단하고 성경을 읽어 내려가던 중, 요한복음 21장에 시선이 멈추었습니다. 베드로가 주님의 말씀에 순종하여 그물을 던졌을 때 일어난 기적의 현장이었습니다.

시몬 베드로가 올라가서 그물을 육지에 끌어 올리니 가득히 찬 큰 물고기가 백쉰세 마리라 이같이 많으나 그물이 찢어지지 아니하였더라 _요 21:11

그 순간, 전율과 함께 영감이 스쳤습니다. "그래, 바로 이거다! 하나님, 제가 '모나미 153'이라는 볼펜을 만들겠습니다. 베드로가 잡은 153마리의 물고기처럼, 이 볼펜이 전 세계 50억 인구의 손에 들리게 하옵소서!" 그렇게 탄생한 것이 바로 대한민국 국민 볼펜 '모나미 153'입니다. 이 볼펜을 보십시오. 외형이 화려합니까? 아닙니다. 첫째, 디자인이 투박합니다. 둘째, 지극히 평범한 육각형 막대기 모양입니다. 셋째, 구조가 단순하여 고장이 없습니다. 넷째, 누가 봐도 볼품이 없습니다. 시중에는 날씬하고 세련된 디자인에, 번쩍이는 금속 장식이 달린 고급 볼펜이 넘쳐납니다. 하지만 놀랍게도 지난 수십 년간 대한민국 판매 1위는 변함없이 이 투박한 '모나미 153'입니다. 출시 이후 지금까지 수십억 자루가 판매되며 송 회장의 기도대로 전 세계인의 손에 들려졌습니다. 우리 교회에서도 사무용품을 살 때면 굳이 다른 것을 찾지 않습니다. 이 하얀 육각 볼펜이면 충분합니다. 왜냐하면 이 작은 볼펜 속에 위기의 순간 하나님을 붙들었던 한 신앙인의 간절한 눈물과 기도가 담겨 있음을 알기 때문입니다. 송삼석 회장이 절망의 끝에서 부활의 주님을 만났을 때, 회사는 기적처럼 일어났습니다. 저는 믿습니다. 우리가 기도하고 시작하면, 우리가 믿음으로 만들면, 부활하신 주님께서 그물이 찢어질 만큼 충만한 만선(滿船)의 축복으로 채워 주실 것임을 믿습니다. 베드로의 빈 그물을 153마리의 물고기로 채우신 주님께서, 오늘 여러분의 삶과 일터에도 동일한 만선의 기적을 베풀어 주시기를 소망합니다.

실패를 넘어 부활의 능력으로 사는 삶으로의 초대

우리 주님은 사망 권세를 깨뜨리고 부활하셨습니다. 그 부활의 주님은 성공한 자들만의 하나님이 아니십니다. 오늘날 우리가 인생의 밤바다에서 실패하고 넘어졌다 할지라도, 주님은 여전히 우리를 찾아오십니다. 그리고 지친 우리를 위해 따뜻한 은혜의 식탁을 친히 차려 주십니다.

"와서 조반을 먹으라."

이 따뜻한 초청 속에 담긴 주님의 기대는 무엇입니까?

첫째, '과거의 실패에 머물지 말라'는 것입니다. 주님은 우리가 실패의 자리를 딛고 다시 일어서기를 원하십니다. 죽음조차 뚫고 부활하신 예수 그리스도의 능력이 우리 안에 있기 때문입니다. 넘어진 그 자리가 끝이 아니라, 새로운 시작의 출발점임을 믿으시기 바랍니다.

둘째, '부활의 능력을 덧입고 나와 동행하자'라는 것입니다. 내 힘으로는 할 수 없으나, 주님께서 함께하시면 능히 할 수 있습니다. 주님은 우리가 패배자의 의식이 아닌, 부활의 승리자 의식을 갖고 당당하게 살아가기를 원하십니다.

사랑하는 성도 여러분, 오늘 주님은 저와 여러분 모두를 대한민국, 아니 온 우주에서 가장 영광스러운 '회복과 찬양의 대잔치'로 초대하셨습니다. 이제 주님의 그 기대를 저버리지 마십시오. 과거의 실패와 상처를 십자가 앞에 모두 내려놓으십시오. 그리고 다시 한번 벌떡 일어나십시오. 부활의 능력을 온몸에 입고, 우리를 살리신 그 위대한 주님의 이름을 전심으로, 목청껏 찬양하는 여러분이 되시기를 주의 이름으로 축원합니다.

묵상 질문

1. 여러분은 인생의 문제 앞에서 경험과 노력을 의지합니까, 아니면 주님의 말씀에 순종합니까?

베드로와 제자들은 갈릴리 호수에서 잔뼈가 굵은 어부들이었지만, 그들의 경험과 노력에도 불구하고 밤새 아무것도 잡지 못하였습니다. 그러나 전문가가 아니신 예수님의 말씀대로 배 오른편에 그물을 던졌을 때, 그물이 찢어질 정도의 기적을 경험하였습니다. 나의 삶에서 내 힘으로 해결하려다 '빈 그물'만 거두고 있는 영역은 어디인지 돌아봅시다. 그 문제 앞에서 나의 계획을 내려놓고 주님의 인도하심을 구하며 순종할 때, 부활의 주님께서 채우시는 기적을 경험하게 될 것입니다.

> 이르시되 그물을 배 오른편에 던지라 그리하면 잡으리라 하시니 이에 던졌더니 물고기가 많아 그물을 들 수 없더라 _요 21:6

2. 여러분은 과거의 실패와 죄책감에 묶여 있습니까, 아니면 모든 것을 용서하고 새롭게 하시는 주님의 아침 식탁으로 나아가고 있습니까?

베드로는 예수님을 세 번이나 부인한 배신에 대한 죄책감에 사로잡혀 주님을 뵐 면목이 없었습니다. 그러나 주님은 베드로를 책망하지 않으시고, 오히려 바닷물에 젖은 그를 위해 따뜻한 숯불과 떡과 생선을 준비하여 초대하셨습니다. 이 아침 식탁은 그의 과거를 묻지 않고 모든 것을 용서하며 새로운 사명을 주시는 은혜의 자리였습니다. 혹시 나를 묶고 있는 과거의 실패나 실수가 있다면, 나를 위해 모든 것을 준비하시고 "와서 아침을 먹으라"고 부르시는 주님의 음성을 듣고 은혜의 자리로 나아갑시다.

> 그런즉 누구든지 그리스도 안에 있으면 새로운 피조물이라 이전 것은

지나갔으니 보라 새 것이 되었도다 _고후 5:17

3. 여러분은 부활의 능력이 오늘 여러분의 삶에도 동일하게 역사하심을 믿고 있습니까?

부활하신 주님은 제자들의 삶에 기적을 베푸셨을 뿐만 아니라, 오늘을 사는 우리들에게도 동일하게 역사하십니다. 작가 오혜령은 죽음의 문턱에서 부활의 주님을 만나 치유를 경험하였고, 고(故) 송삼석 회장은 도산 위기에서 주신 영감으로 '모나미 153'의 기적을 이루었습니다. 부활은 단순히 2,000년 전의 사건이 아니라, 오늘 나의 삶의 문제(질병, 재정, 관계 등) 속에서도 살아 역사하는 능력입니다. 부활의 주님께 나의 문제를 가져가 기도할 때, 주님은 우리를 위해 일하시고 기적을 베푸십니다.

예수 그리스도는 어제나 오늘이나 영원토록 동일하시니라 _히 13:8

암송구절

이르시되 그물을 배 오른편에 던지라 그리하면 잡으리라 하시니 이에 던졌더니 물고기가 많아 그물을 들 수 없더라

_요 21:6

요점 정리

1. 배신과 실패의 밤, 빈 그물을 마주한 제자들

인간관계에서 배신은 깊은 상처와 회복하기 어려운 결과를 낳습니다. 완전한 인간이셨던 예수님 역시 가장 가까웠던 제자들에게 배신을 경험하셨습니다. 재정을 담당하였던 가룟 유다는 은전 몇 닢에 스승을 팔아넘겼고, 수제자였던 베드로마저도 위기의 순간에 예수님을 세 번이나 부인하였습니다. 부활하신 주님께서 갈릴리에서 만나자고 약속하셨지만, 기다림에 지친 제자들은 베드로를 따라 다시 고기잡이의 삶으로 돌아갑니다. 이는 사명을 버리고 옛 생활로 돌아간 타락이라기보다는, 3년간 돌보지 못하였던 가족의 생계를 책임지려는 인간적인 몸부림이었습니다. 그러나 갈릴리 호수에서 물고기를 잡던 그들은 밤이 새도록 수고하였음에도 단 한 마리의 고기도 잡지 못하는 처참한 실패와 허탈감에 빠지게 됩니다. 이는 주님을 떠난 인생의 수고가 얼마나 허무한지를 상징적으로 보여 주는 장면입니다.

2. 부활의 주님과 함께한 아침 식사, 은혜로 채워진 그물

제자들이 절망적인 빈 그물 앞에서 새벽을 맞이하였을 때, 부활의 주님께서 찾아오셨습니다. 그분은 “그물을 배 오른편에 던지라”고 말씀하셨고, 제자들이 순종하였을 때 그물이 찢어질 정도로 많은 물고기, 정확히 표현하자면 153마리의 물고기가 잡히는 기적을 경험합니다. 이 기적을 통해 제자들은 비로소 그분이 주님이심을 깨닫게 됩니다. 자신의 배신이 떠올라 죄책감에 사로잡힌 베드로는 차마 주님을 뵐 면목이 없어 바다로 뛰어들지만, 주님은 그를 책망하지 않으셨습니다. 오히려 따뜻한 숯불을 피우고 떡과 생선을 구워 그를 위한 아침 식탁으로 초대하시며 과거의 모든 죄과를 용서하시고 품어주시는 사랑을 보여 주셨습니다. 이 같은 부활의 주님을 만나는 기적은 오늘날에도 동일하게 일어납니다. 당대 최고의 작가였던 오혜령 여사는 말기 암으로 죽음을 기다리던 중 살아계신 주님을 인격적으로 만나 회개하였고, 의학적으로 설명할 수 없는 완전한 치유를 경험하며 남은 생을 주님께 헌신하게 되었습니다.

3. 실패를 딛고 부활의 능력으로 사는 삶

주님께서 베드로를 위해 차려주신 아침 식탁은 단순한 음식이 아니라, 과거의 실패와 배신을 모두 용서하고 새로운 시작을 격려하는 은혜의 상징이었습니다. 식탁의 성찬을 통해 주님은 첫째로 우리 또한 과거의 실패에 얽매이지 않고 과거의 실패를 딛고 일어서기를 원하십니다. 둘째로 주님께서 죽음을 뚫고 부활하셨듯이, 주님은 우리가 주님의 부활의 능력을 믿고 주님과 동행하며 살아가기를 기대하십니다. 이 믿음의 역사는 현대에도 나타납니다. 모나미의 고(故) 송삼석 회장은 회사가 도산 위기에 처하였을 때, 간절히 기도하던 중 요한복음 21장에 나오는 153마리 물고기 이야기에서 영감을 얻었습니다. 그는 '모나미 153' 볼펜을 만들며 전 세계 50억 자루 판매를 목표로 기도하였고, 부활의 주님은 그의 기도에 응답하시어 기적적인 성공을 이루게 하셨습니다. 이처럼 부활의 주님은 지금도 실패한 우리를 찾아와 성찬의 자리로 초대하시며, 과거를 딛고 일어나 부활의 능력을 힘입어 살아갈 것을 명하십니다.

4. 결론: 부활하신 주님은 우리의 과거 실패와 배신을 묻지 않으시고, 다시 일어설 기회와 능력을 주시어 기적과 같은 새로운 인생을 살게 하십니다. 부활의 주님은 왜 우리를 성찬의 식탁에 초대하십니까?

첫째, 예수님은 당신을 세 번이나 부인하고 배신한 베드로를 찾아오셔서 책망 대신 따뜻한 아침 식사를 차려 주시며, 과거의 실패를 딛고 일어설 수 있도록 완전한 용서와 사랑을 베푸셨습니다.

둘째, 오혜령 작가는 말기 암 선고를 받고 죽음을 기다리던 중 부활하신 주님을 만나 기적적인 치유를 경험하고, 세속적인 성공을 뒤로한 채 평생 기도로 헌신하는 삶으로 변화되었습니다.

셋째, 모나미 볼펜의 송삼석 회장은 도산 위기에서 요한복음 21장의 '153마리 물고기' 기적을 붙들고 회개하며 기도하여, 전 세계에 50억 자루를 판매하는 놀라운 부활의 역사를 체험하였습니다.

넷째, 밤새 수고하였으나 빈 그물이었던 제자들이 주님의 말씀에 순종하여 만선을 이룬 것처럼, 우리 인생도 부활하신 주님을 신뢰하고 그분께 맡길 때 비로소 참된 성취와 기쁨을 누릴 수 있습니다. 주님은 오늘도 실패의 쓴잔을 마시며 고통하는 우리를 성찬의 식탁으로 초대하십니다. 여러분은 주님의 이 초대에 기꺼이 응하시겠습니까?

4. 성찬(盛饌)에의 초대 (요 21:1-14)

인간의 수고: 빈 그물

갈릴리 바다의 전문가였던 제자들은
밤새도록 애썼지만, 주님 없이는
단 한 마리의 고기도 잡지 못했습니다.

주님의 말씀: 153마리의 기적

"그물을 배 오른편에 던지라"는 주님의
말씀에 순종했을 때, 그물이 찢어질 듯한
기적적인 수확을 거두었습니다.

용서의 식탁: 따뜻한 아침 식사

주님은 실패하고 배신했던 제자들을
책망하지 않고, 숯불에 구운 떡과 생선으로
그들의 과거를 덮고 위로하셨습니다.

오늘날의 기적: 부활의 능력

부활의 능력은 오늘날에도
오혜령 작가의 치유, '모나미 153'의 성공처럼
우리의 절망을 기적으로 바꾸십니다.

슬라이드

설교 Youtube

5
복되도다

〈요 20:24-31〉

24 열두 제자 중의 하나로서 디두모라 불리는 도마는 예수께서 오셨
을 때에 함께 있지 아니한지라
25 다른 제자들이 그에게 이르되 우리가 주를 보았노라 하니 도마가
이르되 내가 그의 손의 못 자국을 보며 내 손가락을 그 못 자국에
넣으며 내 손을 그 옆구리에 넣어 보지 않고는 믿지 아니하겠노
라 하니라
26 여드레를 지나서 제자들이 다시 집 안에 있을 때에 도마도 함께
있고 문들이 닫혔는데 예수께서 오사 가운데 서서 이르시되 너희
에게 평강이 있을지어다 하시고
27 도마에게 이르시되 네 손가락을 이리 내밀어 내 손을 보고 네 손
을 내밀어 내 옆구리에 넣어 보라 그리하여 믿음 없는 자가 되지
말고 믿는 자가 되라
28 도마가 대답하여 이르되 나의 주님이시요 나의 하나님이시니이다
29 예수께서 이르시되 너는 나를 본 고로 믿느냐 보지 못하고 믿는
자들은 복되도다 하시니라
30 예수께서 제자들 앞에서 이 책에 기록되지 아니한 다른 표적도
많이 행하셨으나
31 오직 이것을 기록함은 너희로 예수께서 하나님의 아들 그리스도
이심을 믿게 하려 함이요 또 너희로 믿고 그 이름을 힘입어 생명
을 얻게 하려 함이니라

회의론자의 변화: 『벤허』 작가 루 월리스의 이야기

여러분 가운데 영화 「벤허」(Ben-Hur)를 보지 않으신 분은 거의 없으실 것입니다. 1959년에 개봉된 이 영화는 아카데미 11개 부문을 석권한 세기의 걸작입니다. 최근 리메이크작이 나오기도 하였지만, 컴퓨터 그래픽(CG) 하나 없던 시절에 제작된 1959년 원작이 주는 웅장함과 전율은 시대를 초월하여 깊은 감동을 줍니다. 이 위대한 작품의 원작자는 루 월리스(Lew Wallace) 장군입니다. 그는 미국 남북전쟁 당시 북군의 최연소 소장으로 활약한 전쟁 영웅이자, 훗날 뉴멕시코 주지사와 오스만 제국(튀르키예) 대사를 역임한 저명한 정치가였습니다. 지적이고 냉철하였던 그는 본래 독실한 신자가 아니었습니다. 오히려 기독교에 회의적인 불가지론자에 가까웠습니다. 어느 날, 그는 친구인 무신론자 로버트 잉거솔(Robert Ingersoll)과 대화를 나누던 중 도전을 받게 됩니다. "예수라는 인물이 물 위를 걷고 죽은 자 가운데서 부활하였다니, 이게 말이 되는가? 우리가 이 허구성을 밝혀내어 인류를 맹목적인 미신에서 해방시키세."

월리스는 기독교의 허구성을 증명하겠다는 일념으로 펜을 들었습니다. 그는 장군 출신답게 치밀하고 과학적인 방법으로 자료를 수집하였습니다. 미국 의회 도서관을 뒤지고, 유럽과 중동의 방대한 역사 문헌을 탐독하며 예수의 부활이 거짓임을 밝혀낼 증거를 찾기 시작하였습니다. 그러나 역설적이게도, 그가 연구를 거듭하면 할수록 상황은 반대로 흘러갔습니다. 성경의 기록과 역사적 정황이 너무나 정교하게 일치하였기 때문입니다. 결정적으로 그는 마태복음의 산상수훈을 읽으며 무너져 내렸습니다. "이것은 인간의 지혜에서 나올 수 있는 말이 아니다. 이것은 천상(天上)에 계신 하나님의 음성이다!" 그는 결국 펜을 던지고 예수님 앞에 무릎을 꿇었습니다. "나의 주, 나의 하나님이여!" 기독교를 파헤치려던 그의 칼날은 십자가의 사랑 앞에 녹아내렸습니다. 그는 예수가 단순한 인간이 아니라, 사망 권세를 이기고 부활하신 구세주임을 고백하게 되었습니다. 그

후 월리스는 예수 그리스도의 부활을 증거하기 위해 자신의 생애 유일한 소설을 집필하였으니, 그것이 바로 불후의 명작 『벤허』입니다. 이 소설의 주인공 '유다 벤허'의 삶은 작가 루 월리스의 회심을 그대로 투영하고 있습니다. 유대 귀족이었던 벤허는 어린 시절 친구였던 로마 귀족 출신인 메셀라에게 처절한 배신을 당합니다. 메셀라의 음모로 가문은 풍비박산 나고, 어머니와 누이는 감옥에 갇혀 나병 환자가 되었으며, 자신은 노예선으로 끌려가 짐승만도 못한 삶을 살게 됩니다. 지옥 같은 노예선에서 그를 버티게 한 힘은 단 하나, 메셀라를 향한 복수였습니다.

그러나 벤허의 인생에 모든 것을 바꾸는 결정적인 전환점이 옵니다. 골고다 언덕에서 십자가를 지고 가시는 예수님을 만나는 시점이었습니다. 과거 목마른 자신에게 물을 주셨던 그분이 십자가 위에서 "아버지, 저들을 사하여 주시옵소서"라고 기도하시는 모습을 보며, 벤허의 심장에 박혀 있던 복수의 칼날이 빠져나갔습니다. 그는 부활하신 주님을 통해 깨달았습니다. 진정한 승리는 원수를 갚는 것이 아니라, 원수를 사랑하는 것임을 말입니다. 벤허는 복수의 화신에서 사랑의 사도로 거듭났습니다.

이 이야기가 우리에게 주는 메시지는 분명합니다. 루 월리스가 그러하였고, 벤허가 그러하였듯이, 부활하신 주님을 인격적으로 만난 사람은 반드시 변합니다. 절망이 소망으로, 증오가 용서로, 복수가 사랑으로 바뀌는 전인격적인 변화, 이것이 바로 부활의 주님께서 주시는 축복입니다.

슬픔이 기쁨으로: 막달라 마리아의 증언

막달라 마리아, 그녀는 본래 일곱 귀신에 사로잡혀 철저히 파괴된 영혼이었습니다. 도덕과 윤리가 강한 사회일수록, 정상적인 범주를 벗어난 이들에 대한 차별은 냉혹합니다. 마치 조선 시대의 유교 사회가 예의와 법도를 벗어난 자를 사람 취급하지 않았던 것처럼, 당시 엄격한 유대 사회에서도 귀신 들린 그녀는 짐승만도 못한 존재였습니다. 마을 사람들은 그녀를 피했고, 가족조차 그녀를 버렸습니다. 그녀의 삶은 칠흑 같은 어둠이었습니다. 그러나 예수님을 만난 순간, 그녀의 운명은 송두리째 바뀌었습니다. 주님은 더럽혀진 영혼을 불쌍히 여기사 귀신을 쫓아내시고, 잃어버린 인간의 존엄을 회복시켜 주셨습니다. 마리아에게 예수님은 단순한 스승을 넘어, 생명의 은인이자 유일한 태양이요 희망이었습니다. 그런데 그토록 의지하던 주님께서 어느 날 피투성이가 되셨습니다. 채찍에 맞아 살점이 뜯겨 나간 몸으로, 저주받은 십자가를 지고 골고다 언덕을 오르고 계셨습니다. 누가복음 23:27은 그 비통한 현장을 이렇게 전합니다.

백성과 및 그를 위하여 가슴을 치며 슬피 우는 여자의 큰 무리가 따라오는지라
_눅 23:27

그 통곡의 행렬 속에 막달라 마리아도 있었습니다. 인생의 슬픔이 감당할 수 없을 만큼 클 때, 사람은 말을 잃고 가슴을 칩니다. 그녀는 찢어지는 가슴을 부여잡고, 자신이 가장 사랑하고 존경하였던 분의 처참한 죽음을 끝까지 지켜봐야 하였습니다. 금요일 오후 3시, 주님은 운명하셨고 무덤에 묻히셨습니다. 그리고 토요 안식일이 지난 주일 새벽, 그녀는 잠들지 못한 채 무덤을 찾았습니다. 주님의 시신이라도 한 번 더 보고 싶었기 때문입니다. 하지만 무덤은 비어 있었고, 그녀는 깊은 상실감에 빠져 하염없이 울었습니다. 그때, 등 뒤에서 한 음성이 들려왔습니다.

"여자여, 어찌하여 울며 누구를 찾느냐?"

그녀는 동산지기인 줄 알았으나, 이어진 말에 영혼이 전율하였습니다.

"마리아야."

그것은 너무나 익숙하고 따뜻한, 결코 잊을 수 없는 목소리였습니다. 그녀가 눈을 들어 보았을 때, 그곳에는 죽음을 이기신 부활의 주님께서 서 계셨습니다. 그 순간 마리아의 입에서 감격에 젖은 외침이 터져 나왔습니다.

"랍오니여!"

이는 히브리어로 '나의 위대하신 선생님'이라는 최고의 존칭입니다. 주님의 음성을 듣는 그 짧은 순간, 그녀의 심연에 깔려있던 슬픔과 절망, 죽음의 공포는 아침 안개처럼 순식간에 사라졌습니다. 대신 그 자리에 말할 수 없는 기쁨과 소망이 차올랐습니다.

사랑하는 성도 여러분, 이것이 부활 신앙의 능력입니다. 부활하신 주님을 만난다는 것은 무엇인가요? 이사야 선지자의 예언처럼, '재를 대신하여 화관을 쓰고, 슬픔을 대신하여 기쁨의 기름을 바르는'(사 61:3) 놀라운 반전(反轉)입니다. 부활의 주님을 만난 자는 어떤 절망의 밤에도 다시 노래할 수 있습니다. 슬픔이 변하여 기쁨이 되는 이 기적 같은 은혜가 저와 여러분에게도 충만하기를 소망합니다.

슬픔의 골짜기를 이기는 부활의 소망

우리네 인생이란 과연 무엇일까요? 온갖 영화와 풍파를 겪어봤던 지혜의 왕 솔로몬은 전도서 2:23에서 인생의 실존을 이렇게 정의합니다.

> 일평생에 근심하며 수고하는 것이 슬픔뿐이라 그의 마음이 밤에도 쉬지 못하나니 이것도 헛되도다 _전 2:23

그렇습니다. 인생은 수고와 근심의 연속이며, 밤잠을 설치게 하는 슬픔이 가득한 곳입니다. 우리가 사랑하는 부모님이나 배우자를 먼저 떠나보낼 때, 우리는 가슴이 찢어지는 이별의 아픔을 겪습니다. 하물며 눈에 넣어도 아프지 않을 사랑하는 자녀를 먼저 앞세워 보내야 한다면, 그 슬픔은 '단장(斷腸)의 비통함'이라 하여 창자가 끊어지는 고통에 비유되곤 합니다.

1994년 10월 21일 아침, 저는 그 비극의 순간을 생생히 기억합니다.

당시 저는 미국 테네시주 채터누가(Chattanooga)에 있는 프리셉트성경연구원 본부에서 유학하며 근무하고 있었습니다. 여느 때처럼 출근해 책상에 앉아 있는데, 갑자기 미국인 동료들이 제 주변으로 모여들더니 다짜고짜 저를 끌어안고 손을 잡으며 위로하는 것이었습니다. 영문을 몰라 어리둥절해하는 제게 그들은 지역 신문인 『채터누가 타임스』(The Chattanooga Times)를 내밀었습니다. 신문 1면 헤드라인을 보는 순간, 제 눈을 의심하였습니다. 「SEOUL BRIDGE COLLAPSE」(서울의 다리가 붕괴되다). 성수대교의 10번과 11번 교각 상판이 무너져 내려, 등교하던 학생들과 출근길 직장인들을 태운 차량들이 추락하였고, 32명의 귀한 목숨이 희생되었다는 충격적인 기사였습니다. 가슴 아픈 것은, 그 희생자 명단에 제가 남서울교회에서 함께 동역했던 김영순 전도사님의 사랑하는 딸, 고(故) 이승영 양이 있었다는 사실입니다. 그녀는 서울교육대학교에 재학하며 미래 세대의 교육을 꿈꾸던 인재였습니다. 또한 주일학교 교사로 헌신하며 누구보다 아이들을 사랑하고 주님을 섬기던 믿음의 자매였습니다. 하루아침에 금쪽같은 딸을 잃은 어머니의 심정이 오죽하였을까요? 하늘이 무너지는 듯한 절망이었을 것입니다. 하지만 그 어머니는 슬픔의 자리에 주저앉지 않았습니다. 그녀는 부활의 주님을 붙들고 다시 일어섰습니다.

김영순 전도사님은 딸의 죽음을 헛되이 하지 않기 위해 결단하였습니다. 국가에서 받은 위로금과 시민들이 보내준 성금, 그리고 자신의 사재(私財)를 모두 털어 '승영장학회'를 설립하였습니다. 그녀는 눈물로 기도하며 이렇게 물었습니다. "만일 내 딸 승영이가 살아 있었다면 어떻게 살았을까? 분명 아이들을 가르치고 섬기는 삶을 살았을 것이다." 어머니는 딸의 못다 이룬 꿈을 대신 이루기로 하였습니다. 서울교대 후배들을 위해 장학금을 조성하여 학업 우수자뿐만 아니라 생계가 어려운 학생, 신실한 믿음의 학생들을 지원하였습니다. 더 나아가 멘토링과 진로 상담 등 전인적 성장 프로그램을 통해 제2의 '승영', 제3의 '승영'이들을 길러내는 생명의 사역을 시작하였습니다.

이 세상은 어떤 곳인가요? 솔로몬의 고백처럼 피할 수 없는 슬픔의 골짜기입니다. 누구도 예고 없이 찾아오는 이별과 고통을 피할 수는 없습니다. 그러나 우리에게는 소망이 있습니다. 죽음을 이기고 부활하신 예수 그리스도가 계시기 때문입니다. 부활하신 주님을 심령으로 만날 때, 우리는 더 이상 슬픔에 갇혀 있지 않게 됩니다. 십자가의 능력이 우리의 절망을 희망으로 바꾸고, 우리의 눈물을 사명으로 바꾸어 주시기 때문입니다. 사랑하는 성도 여러분, 부활 신앙은 슬픔을 이깁니다. 그리고 그 슬픔을 가장 아름다운 사랑의 열매로 승화시킵니다.

두려움이 평강으로: 제자들에게 임한 주님의 평화

그렇다면, 우리가 부활의 주님을 체험할 때 누리는 구체적인 축복은 무엇인가요? 첫째는 '슬픔의 치유'입니다. 처절하였던 슬픔의 재가 변해 화관이 되고, 절망의 통곡이 기쁨의 찬송으로 바뀌는 역전의 은혜입니다. 나아가 두 번째 축복이 있습니다. 바로 '세상이 줄 수 없는 평강'입니다. 요한복음 20:19은 부활하신 주님과 제자들의 첫 만남을 이렇게 묘사합니다.

> **이 날 곧 안식 후 첫날 저녁 때에 제자들이 유대인들을 두려워하여 모인 곳의 문들을 닫았더니 예수께서 오사 가운데 서서 이르시되 너희에게 평강이 있을지어다 _요 20:19**

그날은 안식 후 첫날, 곧 주일 저녁이었습니다. 여기저기서 "예수님께서 부활하셨다"라는 소문이 들려왔지만, 한곳에 모인 제자들을 지배하고 있던 감정은 기쁨이 아니라 전율하는 공포였습니다. 스승을 잔혹하게 십자가에 못 박은 저들이, 이제 그 추종자인 자신들마저 잡아 죽일 것이라는 죽음의 공포가 그들을 엄습하였습니다. 그래서 그들은 이중 삼중으로 문을 걸어 잠갔습니다. 대문도, 방문도, 마음의 문까지도 굳게 닫아걸었습니다. 그들의 내면은 혼돈 그 자체였습니다. 한편으로는 "정말 주님께서 살아나셨을까?" 하는 실낱같은 기대가 있었지만, 다른 한편으로는 언제 체포될지 모른다는 불안감이 그들을 짓눌렀습니다.

바로 그 긴장 속에, 주님께서 찾아오셨습니다. 닫힌 문을 뚫고 들어오신 주님의 첫마디는 "너희에게 평강이 있을지어다"(Shalom)였습니다. 주님은 이 말씀을 한 번으로 끝내지 않으셨습니다. 요한복음 20:19, 21에서, 그리고 여드레 뒤 도마와 있을 때(요한복음 20:26) 또다시 선포하셨습니다.

"너희에게 평강이 있을지어다."

왜 거듭 말씀하셨을까요? 제자들에게 있던 두려움을 몰아내기 위해서는, 주님의 평강이 계속 제자들의 영혼을 감싸안아야 하였기 때문입니다.

공생애 동안 제자들은 당당하였습니다. 스승인 주님께서 위대하셨기 때문입니다. 예수님의 사역은 경이로움 그 자체였습니다. 말씀 한마디에 수천 명이 몰려들었고, 맹인이 눈을 뜨며, 손 마른 자가 회복되었습니다. 38년 된 병자가 자리를 들고일어났고, 심지어 썩은 냄새가 나던 나사로가 무덤에서 살아서 걸어 나왔습니다. 그 영광의 현장에 늘 함께하였던 제자들은 어깨가 으쓱하였을 것입니다. 그러나 그 영광이 사라지고, 주님께서 피투성이가 되어 십자가에서 처참하게 죽으시자 상황은 돌변하였습니다. 영웅의 제자에서 사형수의 잔당으로 전락한 그들의 삶은 공포 그 자체였습니다. 바로 이 두려움에 떠는 자들에게 평강의 왕이신 주님께서 찾아오셔서, 세상이 빼앗을 수 없는 하늘의 평안을 선물하신 것입니다.

사랑하는 성도 여러분, 이 세상은 어떤 곳인가요? 슬픔의 골짜기이자, 공포의 도가니입니다. 인류 역사를 보십시오. 인간이 인간에게 얼마나 잔혹하였나요? 러시아 혁명 당시 스탈린(Stalin) 치하에서 6,000여 만 명이 숙청되었고, 중국의 문화대혁명과 공산화 과정에서도 2,000여 만 명이 희생되었습니다. 우리 민족도 예외가 아닙니다. 북한 정권의 폭정 하에, 그리고 6 · 25 전쟁이라는 동족상잔의 비극 속에서 남북을 합쳐 수백만 명이 목숨을 잃거나 다쳤고, 1,000만 이산가족이 피눈물을 흘렸습니다. 이 땅에서 가장 무서운 존재는 맹수가 아니라, 바로 죄성을 가진 인간입니다.

미국의 유명한 인생 상담 칼럼니스트인 앤 랜더스(Ann Landers)의 일화가 있습니다. 그녀는 수십 년간 신문에 상담 칼럼을 연재하며 하루에도 수천 통의 편지를 받았습니다. 어느 날 한 기자가 물었습니다. "수많은 사람의 고민을 들어보셨는데, 인간이 가진 가장 큰, 공통적인 문제는 무엇입니까?" 그녀는 주저 없이 대답하였습니다. "그것은 바로 두려움, 공포입니다."

오늘날 우리는 전쟁터에 살지 않아도 여전히 두려움과 싸웁니다. 특히 우리 청년들의 어깨를 짓누르는 짐을 보십시오. "과연 내가 사랑하는 사람을 만나 결혼할 수 있을까?" "이 치열한 경쟁 사회에서 취업하고 살아남을 수 있을까?" "내 자녀를 책임지고 키울 수 있을까?" 불확실한 미래에 대한 공포가 그림자처럼 우리를 따라다닙니다.

그러나 사랑하는 성도 여러분, 해답은 있습니다. 죽음을 이기고 부활하신 주님을 심령으로 체험하면, 이 모든 공포는 아침 햇살에 안개가 걷히듯 사라집니다. 부활의 주님을 만날 때 슬픔은 기쁨이 되고, 공포는 평강이 되며, 의심은 확신으로 변합니다. 우리 자녀들이 아직 어릴 때, 세상의 냉혹함을 알기 전에 줄 수 있는 최고의 유산은 무엇일까요? 그것은 바로 부활의 주님을 만나는 믿음입니다. 일찍이 주님을 알고 그 평강을 소유한 자녀는, 세상이 아무리 흔들려도 결코 무너지지 않는 위대한 승리자가 될 것입니다.

의심이 확신으로: 도마의 위대한 고백

우리는 흔히 도마를 가리켜 '의심 많은 도마'라고 부릅니다. 그는 동료 제자들이 "우리가 부활하신 주님을 만났다"라고 흥분하며 전할 때, 찬물을 끼얹듯 이렇게 말하였습니다. "나는 내 눈으로 그 손의 못 자국을 보고, 내 손가락을 그 못 자국에 넣어 보며, 내 손을 그 옆구리에 넣어 보지 않고는 믿지 아니하겠노라." 이 말만 들으면 도마는 매사에 부정적이고 까다로운 사람처럼 보입니다. 그러나 성경 전체를 깊이 들여다보면, 도마는 결코 비겁하거나 소심한 인물이 아니었습니다. 오히려 누구보다 용기 있고 충성스러운 제자였습니다. 마태복음 16:21을 보면, 예수님은 공생애 후반부에 접어드신 후 제자들에게 선언하셨습니다. "내가 예루살렘에 올라가면 장로들과 대제사장들에게 고난을 받고 죽임을 당하리라." 당시 예루살렘은 예수님을 죽이려는 살기가 등등한 곳이었습니다. 제자들은 두려움에 떨며 주님의 말씀을 회피하고 싶어 하였습니다. 바로 그때, 침묵을 깨고 결연히 앞장서서 외친 사람이 누구였나요? 바로 도마였습니다.

우리도 주와 함께 죽으러 가자 _요 11:16

모두가 죽음의 공포 앞에 주춤거릴 때, 도마는 주님과 함께라면 죽음도 불사하겠다고 나선 '의리파'였습니다. 그랬던 그였기에, 주님의 허망한 죽음은 더 큰 충격과 상처로 다가왔을 것입니다. "그토록 믿고 따랐는데, 결국 이렇게 끝나는가?" 그의 의심은 단순한 불신이 아니라, 너무나 믿고 싶었기에 확인하고 싶었던 '사랑의 역설'이었을지도 모릅니다.

도마의 발언 이후 8일이 지났습니다. 제자들이 다시 집 안에 모였을 때, 이번에는 도마도 함께 있었습니다. 그들은 유대인들이 두려워 문들을 굳게 닫아걸었지만, 부활하신 주님은 그 닫힌 문을 통과하여 제자들 가운데 서셨습니다. "너희에게 평강이 있을지어다." 그리고 주님은 곧장 도마에게 다가가셨습니다. 그리고 놀랍게도, 일주일 전 도마가 제자들에게 했던 말을 토씨 하나 틀리지 않고 그대로 말씀하셨습니다.

도마에게 이르시되 네 손가락을 이리 내밀어 내 손을 보고 네 손을 내밀어 내 옆구리에 넣어 보라 그리하여 믿음 없는 자가 되지 말고 믿는 자가 되라 _요 20:27

그 순간, 도마는 전율하였습니다. 주님은 그 자리에 계시지 않았지만, 도마의 탄식과 의심 섞인 독백을 다 듣고 계셨던 것입니다. 주님은 우리의 작은 신음조차 놓치지 않으시는 전지전능한 하나님이십니다. 압도적인 사랑과 임재 앞에 도마의 의심은 눈 녹듯 사라졌습니다. 그는 그 자리에 엎드려 신약 성경에서 가장 위대한 신앙 고백을 바칩니다.

나의 주님이시요 나의 하나님이시니이다 _요 20:28

이에 예수님께서 말씀하셨습니다.

너는 나를 본 고로 믿느냐 보지 못하고 믿는 자들은 복되도다 _요 20:29

사랑하는 성도 여러분, 부활의 주님을 만난다는 것은 이런 것입니다. 우리가 온 심령으로 부활의 주님을 만날 때, 우리 인생에는 반드시 놀라운 변화가 일어납니다. 어떤 슬픔도 이길 수 있는 기쁨이 찾아옵니다. 어떤 공포도 잠재우는 평강이 임합니다. 그리고 집요하게 우리를 괴롭히던 의심의 안개가 걷히고, 흔들리지 않는 확신의 반석 위에 서게 됩니다. 부활의 주님은 지금도 우리 곁에 계십니다. 의심을 확신으로 바꾸시는 이 놀라운 부활의 축복을 날마다 누리며 살아가는 여러분이 되시기를 주의 이름으로 축원합니다.

묵상 질문

1. 인생의 가장 깊은 슬픔의 골짜기에서, 여러분은 무엇을 붙잡고 있습니까?

하나님 없는 인생이 살아가는 세상은 본질적으로 슬픔과 근심이 가득한 곳입니다. 막달라 마리아는 예수님의 죽음 앞에서 가장 처절한 슬픔을 경험하였지만, 부활하신 주님을 만나는 순간 그 모든 슬픔이 기쁨과 소망으로 변하였습니다. 또한 성수대교 붕괴로 딸을 잃은 어머니는 부활 신앙을 통해 슬픔을 이겨 내고 '승영장학회'를 세워 소망의 유산을 만들었습니다. 나는 삶에 있는 크고 작은 슬픔 앞에서, 절망에 머무르지 않고 부활의 주님을 만나 슬픔을 기쁨으로 바꾸는 은혜를 구하고 있는지 돌아봅시다.

> 사람이 해 아래에서 행하는 모든 수고와 마음에 애쓰는 것이 무슨 소득이 있으랴 _전 2:22

2. 세상의 염려와 불안이 여러분을 사로잡을 때, 여러분은 어디에서 참된 평안을 찾고 있습니까?

예수님의 제자들은 스승이 십자가에 못 박히고 자신들도 죽을지 모른다는 극심한 두려움에 사로잡혀 문을 굳게 닫고 숨어 있었습니다. 바로 그 두려움의 한복판에 부활하신 주님께서 찾아오셔서 반복적으로 "너희에게 평강이 있을지어다"라고 선포하셨습니다. 이 세상은 우리를 두렵게 하는 일들로 가득하지만, 부활의 주님을 만날 때 세상이 줄 수 없는 참된 평강을 누리게 됩니다. 나의 마음을 닫게 만드는 두려움은 무엇이며, 그 문제 한가운데로 찾아오시는 주님의 평강을 구하고 있는지 묵상해 봅시다.

> 이 날 곧 안식 후 첫날 저녁 때에 제자들이 유대인들을 두려워하여 모

인 곳의 문들을 닫았더니 예수께서 오사 가운데 서서 이르시되 너희에게 평강이 있을지어다 _요 20:19

3. 여러분의 이성적인 의심이 신앙의 확신으로 나아가는 것을 가로막고 있지는 않습니까?

『벤허』의 작가 루 월리스는 기독교의 허구를 증명하려다 부활의 주님을 만났고, 예수님의 제자 도마는 직접 보고 만져봐야 믿겠다며 의심하였지만, 주님은 그의 의심을 책망하지 않으시고 친히 찾아와 만나 주셨습니다. 그 만남을 통해 도마는 "나의 주님이시요 나의 하나님이시니이다"라는 위대한 신앙을 고백하였습니다. 주님은 우리의 솔직한 의심과 질문을 외면하지 않으시고 인격적으로 만나 주시는 분입니다. 나의 의심을 주님 앞에 정직하게 내려놓고, 그 의심이 더 깊은 확신으로 변화되는 만남을 구하고 있는지 돌아봅시다.

도마가 대답하여 이르되 나의 주님이시요 나의 하나님이시니이다 _요 20:28

암송구절

도마가 대답하여 이르되 나의 주님이시요 나의 하나님이시니이다 _요 20:28

요점 정리

1. 변화의 시작: 회의를 넘어선 믿음

영화 『벤허』의 원작 소설가 루 월리스는 남북전쟁 당시 북군의 장군이자 저명한 정치인이었습니다. 그는 주변 지성인들이 비과학적으로 보이는 기독교를 믿는 것을 이해하지 못하였고, 기독교의 허구성을 증명하여 그들을 계몽하겠다는 목표를 세웠습니다. 이를 위해, 그는 이탈리아 로마와 예루살렘의 도서관까지 찾아가며 철저한 역사 연구에 매진하였습니다. 그러나 연구를 거듭하며 마주한 예수님의 위대한 인격과 산상수훈의 탁월한 가르침은 인간의 한계를 초월한 신적 영역임을 깨닫게 하였습니다. 결국 그는 예수님 앞에 무릎 꿇고 부활의 예수님을 구세주로 영접하였으며, 이 위대한 변화의 체험은 그의 유일한 작품인 『벤허』를 탄생시키는 계기가 되었습니다. 이처럼 부활의 주님을 만나는 경험은 한 인간의 가장 깊은 회의마저도 강력한 믿음으로 변화시키는 능력이 있습니다. 우리가 부활의 주님을 체험할 때 어떤 영혼의 축복을 누리게 됩니까?

2. 슬픔의 극복: 절망을 기쁨으로 바꾸는 부활의 능력

솔로몬의 고백처럼, 인생은 근심과 슬픔으로 가득 찬 골짜기와 같습니다. 일곱 귀신 들림으로 깊은 고통을 겪었던 막달라 마리아의 삶이 바로 그 슬픔의 증거였습니다. 그녀는 예수님을 만나 죄 사함을 받고 새로운 삶을 얻었지만, 예수님의 처참한 죽음을 목도하며 다시 깊은 절망에 빠졌습니다. 그러나 무덤가에서 부활하신 주님을 만나는 순간, 그녀의 모든 슬픔은 순식간에 사라지고 감격적인 기쁨과 희망으로 바뀌었습니다. 이 부활의 능력은 오늘날에도 동일하게 역사합니다. 1994년 성수대교 붕괴 사고로 딸을 잃은 한 어머니는 부활 신앙을 통해 개인적인 비극을 이겨 냈고, 딸의 이름으로 '승영장학회'를 설립하여 슬픔을 사회적 소망으로 승화시켰습니다.

3. 어둠을 이긴 빛: 두려움과 의심을 넘어선 평강과 확신

부활의 주님을 만나는 체험은 슬픔뿐 아니라 인간의 근원적인 두려움과 의심을 이기게 합니다. 예수님의 제자들은 스승이 십자가에서 죽자, 예수님을 처형한 유대 종교지도자들을 두려워하며 문을 걸어 잠근 채 숨어 있었습니다. 바로 그 공포의 한복판에 나타나신 주님은 "너희에게 평강이 있을지어다"라고 반복해서 선포하시며 세상이 줄 수 없는 신적인 평안을 주셨습니다. 한편, 용감한 제자였던 도마는 직접 두 눈과 두 손으로 확인하기 전에는 예수님의 부활을 믿을 수 없다며 선포하였습니다. 주님은 그런 그의 의심을 책망하지 않으시고 친히 그의 앞에 나타나 상처를 보여 주시며 "믿음 없는 자가 되지 말고 믿는 자가 되라"고 말씀하셨습니다. 이 인격적인 만남을 통해 도마의 의심은 "나의 주님이시요 나의 하나님이시니이다"라는 위대한 확신으로 변화하였습니다. 이처럼 부활 신앙은 우리를 얽매는 공포를 평강으로, 의심을 확신으로 바꾸는 능력이 있습니다.

4. 결론: 인생의 슬픔, 공포, 의심은 오직 부활하신 예수 그리스도를 인격적으로 만날 때 기쁨, 평강, 확신으로 변화됩니다. 여러분은 부활의 주님을 성령 안에서 온몸과 온 마음으로 체험해 보셨습니까?

첫째, 기독교를 부정하려던 루 월리스는 성경과 고문서 등을 연구한 끝에 부활의 주님을 만나 회심하여 걸작 『벤허』를 남겼고, 소설 속 주인공처럼 원수를 용서하는 인격적 변화를 체험하였습니다. 부활의 주님을 체험하면 용서의 권능을 얻습니다.

둘째, 일곱 귀신 들려 고통받던 막달라 마리아는 부활하신 주님을 만나 존귀한 인간으로 회복되었습니다. 주님의 죽음 앞에서 마리아는 절망하고 통곡하였지만, 부활을 목격한 후 영원한 기쁨을 소유하게 되었습니다. 부활의 주님을 체험하면 슬픔을 이기고 기쁨이 넘치는 삶을 영위하게 됩니다.

셋째, 성수대교 붕괴 사고로 딸을 잃은 어머니는 처절한 슬픔과 절망 속에서도 부활 신앙으로 다시 일어서, 딸의 이름으로 장학회를 설립하고 수많은 후학을 돕는 승리의 삶을 살게 되었습니다.

넷째, 유대인들을 두려워하여 문을 걸어 잠갔던 제자들에게 부활하신 예수님은 "너희에게 평강이 있을지어다"라고 거듭 말씀하시며, 세상이 줄 수 없는 참된 평안으로 공포를 이기게 하셨습니다. 부활의 예수님을 만나면 공포를 이기고 평강을 누리는 삶을 살게 됩니다.

다섯째, 직접 보지 않고는 믿지 않겠다던 도마에게 주님은 친히 나타나 손과 옆구리를 내어주시며 의심을 확신으로 바꾸셨고, 보지 못하고 믿는 자들이 복되다는 진리를 선포하셨습니다. 부활의 주님을 체험하면 의심을 물리치고 확신에 찬 인생을 살게 됩니다.

5. 복되도다 (요 20:24-31)

부활의 주님을 체험하면 슬픔, 공포, 의심이 사라지고
영혼의 변화를 맛보게 됩니다.

슬픔이 기쁨으로

슬픔

기쁨

막달라 마리아의 깊은 절망은
부활하신 주님을 만나는 순간
감격적인 희망으로 바뀌었습니다.

두려움이 평강으로

두려움

평강

죽음의 공포에 갇혔던
제자들에게
주님은 세상이 줄 수 없는
참된 평안을 선포하셨습니다.

의심이 확신으로

의심

확신

도마의 이성적 의심은
"나의 주님이시요
나의 하나님이시니이다"라는
위대한 고백으로 변화되었습니다.

보지 못하고 믿는 자들은 복되도다

예수께서 이르시되 너는 나를 본 고로 믿느냐
보지 못하고 믿는 자들은 복되도다 하시니라 (요20:29)

슬라이드

설교 Youtube

6
천국을 바라보자

〈계 21:1-7, 24-27〉

1 또 내가 새 하늘과 새 땅을 보니 처음 하늘과 처음 땅이 없어졌고
바다도 다시 있지 않더라
2 또 내가 보매 거룩한 성 새 예루살렘이 하나님께로부터 하늘에서
내려오니 그 준비한 것이 신부가 남편을 위하여 단장한 것 같더라
3 내가 들으니 보좌에서 큰 음성이 나서 이르되 보라 하나님의 장
막이 사람들과 함께 있으매 하나님이 그들과 함께 계시리니 그들
은 하나님의 백성이 되고 하나님은 친히 그들과 함께 계셔서
4 모든 눈물을 그 눈에서 닦아 주시니 다시는 사망이 없고 애통하
는 것이나 곡하는 것이나 아픈 것이 다시 있지 아니하리니 처음
것들이 다 지나갔음이러라
5 보좌에 앉으신 이가 이르시되 보라 내가 만물을 새롭게 하노라
하시고 또 이르시되 이 말은 신실하고 참되니 기록하라 하시고
6 또 내게 말씀하시되 이루었도다 나는 알파와 오메가요 처음과 마
지막이라 내가 생명수 샘물을 목마른 자에게 값없이 주리니
7 이기는 자는 이것들을 상속으로 받으리라 나는 그의 하나님이 되
고 그는 내 아들이 되리라

24 만국이 그 빛 가운데로 다니고 땅의 왕들이 자기 영광을 가지고
그리로 들어가리라
25 낮에 성문들을 도무지 닫지 아니하리니 거기에는 밤이 없음이라
26 사람들이 만국의 영광과 존귀를 가지고 그리로 들어가겠고
27 무엇이든지 속된 것이나 가증한 일 또는 거짓말하는 자는 결코
그리로 들어가지 못하되 오직 어린 양의 생명책에 기록된 자들만
들어가리라

메멘토 모리: 죽음의 필연성을 기억하라

1996년 12월 27일, 오리역 부근의 작은 '토마토 레스토랑'에서 첫 예배를 드렸던 그날이 엊그제 일처럼 생생합니다. 흔히 한 세대를 30년으로 셈하는데, 어느덧 우리 교회가 그 한 세대의 시간을 넘어선 것입니다. 개척 초기부터 오늘에 이르기까지, 교회를 위해 피땀을 흘리신 수많은 분이 계셨습니다. 해군 장교 출신이셨던 홍 장로님은 진정한 사나이 중의 사나이셨습니다. 그분의 결단력과 충성심은 교회의 든든한 버팀목이었습니다. 또한 양 장로님은 신사 중의 신사셨습니다. 성도 한 분 한 분의 영혼을 세밀하게 살피며 마음을 어루만져 주셨던, 참으로 위대한 하나님의 사람이셨습니다. 이분들뿐일까요? 지난 세월 하나님께 충성하신 어르신들의 이야기를 하나하나 기록하자면, 인물 열전만으로도 책 한 권이 부족할 것입니다. 그러나 세월은 흘러, 그 귀한 분들이 하나둘 하나님의 부르심을 받고 천국으로 떠나셨습니다.

저 개인적으로도 이별의 아픔을 겪었습니다. 2009년에는 전주에서 권사로 섬기셨던 어머니를, 2019년에는 집사셨던 아버지를 천국으로 환송해 드렸습니다. 두 분의 삶은 결이 조금 달랐습니다. 특히 어머니는 예수님을 영접한 바로 다음 날부터 소천하시는 그날까지, 육신이 허락하는 한 하루도 빠짐없이 새벽 제단을 쌓으며 아들의 목회를 위해 눈물로 기도하셨습니다. 우리 교회가 오늘날 든든히 서기까지 어머니의 기도가 밑거름이 되었음을 저는 압니다. 이제 부모님을 모두 떠나보내고 나니, 저도 영락없는 고아가 되었습니다.

지난주에는 초창기 개척 멤버이신 민 권사님께서 향년 70세를 일기로, 긴 암 투병 끝에 하나님 품에 안기셨습니다. 1998년부터 오리역 벽산단지에 거주하시며, 비가 오나 눈이 오나 교회를 위해 헌신하셨던 그 충성스러운 모습을 우리는 잊지 못합니다.

사랑하는 성도 여러분, 이 땅에 태어난 이상 누구도 죽음을 피할 수는 없습니다. 죽음이 그토록 슬프고 고통스러운 까닭은, 사랑하는 이를 이 땅에서 다시는 볼 수 없기 때문입니다. 장례 절차 중 가장 가슴 미어지는 순간은 입관식입니다. 육신으로는 고인(故人)의 얼굴을 지상에서 마지막으로 대면하는 시간이기에, 누구나 입관식에서는 슬픔에 겨워 울고 또 웁니다. 육신의 마지막 모습을 눈에 담은 그 순간을 아무리 기억하려 애써도, 시간이 지나면 어머니의 얼굴이 온전하게 그려지지 않을 때가 있습니다. 사진을 보면 선명하지만 마음속 기억은 흐릿해지는 것, 그것이 남겨진 자의 슬픔입니다.

미국 건국의 아버지 벤자민 프랭클린(Benjamin Franklin)은 이런 명언을 남겼습니다.

"이 세상에서 피할 수 없는 확실한 것이 두 가지 있다. 하나는 세금(Tax)이고, 다른 하나는 죽음(Death)이다."

물론 사업을 하시는 분들은 유능한 세무사를 만나면 합법적으로 절세(節稅)할 길을 찾을 수도 있다고 합니다. 그러나 그 어떤 유능한 의사나 권력자를 만난다 해도, 이 땅에서 죽음 자체를 피할 길은 없습니다.

과거 중세의 트래피스트(Trappist) 수도사들은 철저한 침묵과 규율 속에서 생활하였습니다. 그들은 복도에서 마주치거나 식사할 때, 오직 이 한 마디의 인사만을 나누었다고 합니다. "메멘토 모리"(Memento Mori). 이는 "자신의 죽음을 기억하십시오"라는 뜻입니다. 이 인사의 유래는 고대 로마로 거슬러 올라갑니다. 로마 황제나 장군이 전쟁에서 승리하고 돌아오면, 로마 시가지에서는 성대한 개선식이 열립니다. 개선장군은 네 마리의 백마가 끄는 화려한 전차를 타고 입성하며, 수십만 군중의 열광적인 환호와 꽃비 세례를 받습니다. 그런데 그 영광의 절정인 순간, 전차에 함께 탄 비천한 노예가 황제의 귀에 끊임없이 이렇게 속삭이도록 규정되어 있었습니다. "메멘토 모리!" 그 의미는 엄중합니다.

“황제여, 오늘의 이 환호와 영광에 취하지 마십시오. 당신 또한 언젠가는 죽어야 할 인간임을 기억하십시오. 오늘은 개선장군이지만, 내일은 한 줌의 재로 돌아갈 수 있음을 잊지 마십시오.”

저는 한때 한국 현대사에 깊이 빠져 지낸 적이 있습니다. 우리 교회에도 정치계에 몸담은 분들이 계셨는데, 제가 정치적 식견이 부족해 깊은 대화를 나누지 못하는 것이 아쉬웠습니다. 그래서 30여 년 전, 청계천 헌책방 거리를 뒤져 한국 정당사와 야당사, 정치 비사(秘史)에 관한 책 십여 권을 사다가 밤을 새워 탐독하였습니다. 민주당 신파와 구파의 계보를 그리고, 인물들의 관계를 연구하였습니다. 그러자 비로소 정치인들과 말이 통하기 시작하였습니다. 이승만 대통령 이후의 권력사를 연구하며 깨달은 진리가 하나 있습니다. 여당이든 야당이든, 권력을 쥐려는 사람들은 하나같이 목숨을 걸고 덤벼든다는 것입니다. 권력에는 치명적인 마력이 있어, 사람을 목숨 걸게 만듭니다. 재벌들도 마찬가지입니다. 정주영, 이병철 같은 거상들이 돈을 벌 때, 단순히 운이 좋아 번 것이 아닙니다. 그들 역시 목숨을 걸고 기업을 일구었습니다. 하지만 결과는 어떠한가요? 천하를 호령하던 황제도 죽었고, 이승만과 김대중 같은 대통령들도 떠났으며, 한국 경제를 이끌던 재벌 총수들도 결국 흙으로 돌아갔습니다. 권력자도, 재벌도, 평범한 시민도 죽음 앞에서는 평등합니다. 죽음은 모든 인간이 반드시 통과해야 할 관문입니다. 그러나 인류 최대의 비극은, 역사상 그 어떤 위대한 인간도 이 죽음 이후의 문제에 대해 완벽한 해법을 내놓지 못하였다는 사실입니다.

천국의 약속 (1): 눈물을 닦아 주시는 곳

그러나 절망이 끝이 아닙니다. 하나님의 아들 예수 그리스도께서 이 땅에 오셨기 때문입니다. 주님은 죽음 앞에 서 있는 우리에게 이렇게 선포하셨습니다.

> **예수께서 이르시되 나는 부활이요 생명이니 나를 믿는 자는 죽어도 살겠고 무릇 살아서 나를 믿는 자는 영원히 죽지 아니하리니 이것을 네가 믿느냐**
>
> **_요 11:25-26**

천국 백성이란 누구인가요? 바로 '영생'(The Eternal Life)을 아는 사람입니다. 그는 육신의 죽음이 끝이 아니라, 영원한 삶으로 들어가는 관문임을 알기에 세상의 권력이나 재물에 휘둘리지 않습니다. 이 땅의 것과는 비교조차 할 수 없는 영원한 영광의 세계가 실재함을 믿기 때문입니다. 우리 주님은 십자가에서 우리의 모든 죄를 짊어지고 죽으셨으며, 사흘 만에 사망 권세를 깨뜨리고 부활하셨습니다. 이로써 믿는 자들에게 '영생'이라는 최고의 선물을 주셨습니다. 그래서 초대교회 성도들은 성도의 죽음을 '죽었다'라고 말하지 않고, '잠잔다'라고 표현하였습니다. 우리가 이 땅에서 생을 마감하는 것은, 마치 고단한 하루를 마치고 편안히 잠자리에 드는 것과 같습니다. 그리고 다시 눈을 뜨는 순간, 우리는 새 하늘과 새 땅, 곧 영원한 낙원에서 깨어나게 될 것입니다. 그렇다면 우리가 눈을 뜨게 될 그곳, 천국은 과연 어떤 곳일까요? 요한계시록 21:4은 그 영광스러운 광경을 이처럼 증언합니다.

> **모든 눈물을 그 눈에서 닦아 주시니 다시는 사망이 없고 애통하는 것이나 곡하는 것이나 아픈 것이 다시 있지 아니하리니 처음 것들이 다 지나갔음이러라**
>
> **_계 21:4**

천국에 가면 누가 우리의 눈물을 닦아 주십니까? 전능하신 하나님께서 친히 닦아 주십니다. 그 눈물은 어떤 눈물입니까? 이 거친 세상에서 믿음을 지키며 흘렸던 인내의 눈물, 남몰래 삼켰던 고통과 서러움의 눈물입니다. 하나님은 그 모든 눈물을 기억하시고, 당신의 손길로 어루만져 주십니다.

언젠가 장례식에 참석하였을 때의 일입니다. 모든 절차가 끝난 후, 한 자매님이 텅 빈 눈빛으로 홀로 장례식장에 앉아 있었습니다. 저는 그녀의 삶을 잘 알고 있었습니다. 그녀는 소위 모태 신앙인으로, 신앙이 독실하고 도덕적인 부모님 슬하에서 자랐습니다. 사랑하는 성도 여러분, 신앙심 깊고 엄격한 부모 밑에서 자란 자녀들의 고충을 아시나요? 목회자 자녀(PK)나 중직자 자녀들이 겪는 남모를 아픔이 있습니다. 아이들은 자라면서 말썽도 피우고 실수도 하기 마련입니다. 하지만 부모가 교회 중직자라는 이유로, 그 자녀에게는 유독 가혹하고 엄격한 잣대가 적용되곤 합니다. "장로님 딸이 왜 저래?" "권사님 아들이 그러면 되나?"라는 주변의 시선 때문에, 아이들은 감정을 억누르고 착한 아이를 연기하며 살아가게 됩니다. 일종의 유리 상자 안에 갇혀 사는 셈이지요. 이 자매님도 그러하였습니다. 숨 막히는 엄격함 속에서 자랐고, 결혼 후에도 신앙심 강한 시댁에서 15년 동안 시집살이를 하며 가슴속에 억울함과 응어리가 겹겹이 쌓여 있었습니다. 겉으로는 평온해 보였지만, 속은 곪아 터지기 일보 직전이었습니다. 저는 조용히 다가가 그녀의 손을 잡고 이렇게 말하였습니다. "집사님, 이제는 눈치 보지 마세요. 집사님은 이제 성인입니다. 죄를 짓는 것이 아니라면, 하나님 안에서 무엇이든 자유롭게 하십시오. 하나님께서 우리에게 주신 것은 억압이 아니라 해방과 자유입니다. 이제는 집사님 하고 싶은 대로 하며 사셔도 됩니다." 그 말이 떨어지기가 무섭게, 그녀는 고개를 떨구더니 아이처럼 펑펑 울기 시작하였습니다. 평생 눌러왔던 설움, 아무도 알아주지 않았던 그 마음의 빗장이 풀리는 순간이었습니다.

사랑하는 성도 여러분, 천국은 바로 이런 곳입니다. 우리가 천국에 이르면, 이 땅에서 가슴앓이하며 견뎌야 하였던 모든 세월, 누구에게도 말 못한 아픔과 억울함을 주님께서 다 아시고 위로해 주십니다.

"수고하였다, 내가 다 안다."

천국에는 더 이상 사망도, 애통도, 곡하는 것도, 질병도 없습니다. 그래서 우리는 종종 이런 기도를 드립니다.

"하나님, 제 마지막 순간에 병상에서 몇 년씩 고통받지 않게 하시고, 잠시 앓다가 평안히 주님의 품에 안기게 하옵소서."

왜인가요? 눈을 감으면 곧바로 천국에서 눈뜰 것을 믿기 때문입니다. 저는 이미 가족들에게 사전연명의료의향서(연명치료 거부 서약)를 이야기해 두었습니다. "억지로 산소호흡기를 끼워 생명을 연장하지 말라. 나는 고통 없이 천국으로 직행하고 싶다"라고 말입니다.

이 땅에서 무조건 오래 사는 것만이 복은 아닙니다. 건강하게 주님을 섬기다가, 부르시는 그날 기쁨으로 천국에 입성하는 것이야말로 성도가 누릴 수 있는 최고의 축복입니다. 천국은 우리의 모든 눈물을 닦아 주시는 위로의 나라, 모든 상처가 별처럼 빛나는 영광의 나라입니다.

천국의 약속 (2): 하나님과 온전히 동행하는 곳

그렇다면 우리가 돌아갈 본향, 천국은 과연 어떤 곳인가요? 요한계시록 21:3은 천국의 본질을 이렇게 선포합니다.

내가 들으니 보좌에서 큰 음성이 나서 이르되 보라 하나님의 장막이 사람들과 함께 있으매 하나님이 그들과 함께 계시리니 그들은 하나님의 백성이 되고 하나님은 친히 그들과 함께 계셔서 _계 21:3

이 말씀은 천국이 어떤 장소인지 명확히 보여 줍니다. 천국은 화려한 보석으로 치장된 곳이기 이전에, '하나님께서 우리와 친히 함께 거하시는 곳', 즉 하나님의 임재가 충만한 곳입니다. 그러나 우리가 발붙이고 사는 이 세상은 다릅니다. 예배당에서 뜨겁게 찬양하고 은혜로운 말씀을 들을 때는 하나님께서 내 바로 곁에 계신 것처럼 느껴집니다. 하지만 예배당 문을 나서서 치열한 삶의 현장으로, 고단한 직장으로 돌아가면 어떤가요? 언제 그랬냐는 듯 하나님은 저 멀리 계신 것 같고, 나는 홀로 버려진 듯한 고독을 느낄 때가 많습니다. 즉, 지상에서 우리가 느끼는 하나님의 임재는 일시적이고, 부분적이며, 우리의 감각에 따라 수시로 변하는 가변적인 것입니다. 사도 바울은 이런 우리의 한계를 고린도전서 13:12에서 기막힌 비유로 설명하였습니다.

> **우리가 지금은 거울로 보는 것 같이 희미하나 그 때에는 얼굴과 얼굴을 대하여 볼 것이요 지금은 내가 부분적으로 아나 그 때에는 주께서 나를 아신 것 같이 내가 온전히 알리라 _고전 13:12**

여기서 바울이 말한 거울을 이해하려면 2,000년 전의 역사적 배경을 알아야 합니다. 오늘날 우리가 쓰는 유리 거울은 있는 그대로를 선명하게 비춰 줍니다. 하지만 바울 당시 고린도 지역에서 사용하던 거울은 유리가 아니라 청동(Bronze)이나 구리를 매끄럽게 연마해 만든 청동 거울이었습니다. 아무리 잘 닦아도 금세 산화되어 뿌옇게 흐려졌고, 표면이 고르지 않아 사물이 찌그러지거나 희미하게 보였습니다. 바울은 바로 이 점을 지적한 것입니다.

"우리가 이 땅에서 하나님을 안다고 하는 것은, 마치 녹슨 청동 거울을 보는 것처럼 희미하고 불완전하다."

우리가 은혜 충만할 때는 주님의 얼굴이 보이는 듯하다가도, 은혜가 식으면 금세 희미해지는 이유가 바로 여기에 있습니다. 그러나 천국은 다릅니다. 그곳에는 더 이상 희미한 거울이 필요 없습니다. 우리는 하나님을 '얼굴과 얼굴을 맞대고'(Face to Face) 뵙게 될 것입니다. 주님께서 나를 속속들이 아시는 것처럼, 나 또한 주님을 온전히 알게 되는 '완전한 지식'과 '영원한 동행'이 이루어지는 곳, 그곳이 바로 천국입니다.

사랑하는 성도 여러분, 우리는 장차 그곳에서 전능하신 하나님과 영원히 동행할 사람들입니다. 그렇다면, 우리는 이 땅에서 어떤 삶을 살아야 할까요? 천국에서의 동행을 연습해야 하지 않을까요? 비록 지금은 거울을 보는 것처럼 희미할지라도, 날마다 주님을 찾고 체험하며, 주님과 동행하는 삶을 훈련하십시오. 그것이 바로 천국을 소유한 백성의 마땅한 삶입니다.

천국을 향한 삶: 한 권사님의 충성된 믿음

얼마 전, 우리 교회는 개척 초기부터 눈물과 기도로 제단을 쌓아 오셨던 민 권사님을 하나님 품으로 떠나보냈습니다. 향년 70세. 요즘을 백세 시대라 하지만, 하나님의 부르심에는 인간의 계산이 통하지 않음을 다시금 느낍니다. 너무나 이른 이별이기에 그 빈자리가 더욱 크게만 느껴집니다. 권사님은 우리 교회의 역사 그 자체셨습니다. 지금도 교회 복도를 걸으면, 그분의 자상하고 활기찬 음성이 귓가에 들려오는 듯합니다. 저는 그 한 주간, 그분의 치열하였던 믿음의 여정을 곰곰이 되짚어 보았습니다.

첫째, 권사님은 충성(Loyalty)이라는 단어가 참으로 어울리는 분이셨습니다. 교회 바로 앞에 거주하시면서, 비가 억수같이 쏟아지든지 눈보라가 치든지 관계없이, 살을 에는 추위나 숨 막히는 더위에도 아랑곳하지 않고 한결같이 예배의 자리를 지키셨습니다. 그분의 자리는 언제나 채워져 있었습니다.

둘째, 산을 옮기는 우직한 믿음의 소유자셨습니다. 주 안에서 한 번 뜻을 정하면, 어떤 난관에도 쉽게 굴하지 않는 거룩한 믿음과 뚝심이 있으셨습니다. 사실 권사님의 신앙 환경은 가시밭길 그 자체였습니다. 남편은 불신자였고, 시댁은 독실하다 못해 대단한 불교 집안이었습니다. 시아버님께서 수십억 원을 들여 큰 사찰을 지어 헌납하실 정도였으니, 그 집안에서 며느리가 교회를 다닌다는 것은 목숨을 건 영적 전쟁이었습니다. 대부분의 사람은 이런 환경이면 신앙을 포기하거나 타협합니다. 하지만 민 권사님은 달랐습니다. 1970-80년대, 그 엄격하였던 가부장적 사회 속에서 권사님은 지혜로운 게릴라 작전을 펼치셨습니다. 휴대전화도 없던 시절, 권사님은 성경책을 신문지에 꽁꽁 싸서 장바구니 맨 밑바닥에 숨겼습니다. 그리고 남편에게는 "여보, 시장 좀 다녀오리다"라고 말하고 집을 나섰습니다. 일단 대문을 나서면 그곳은 해방구였습니다. 평일에는 눈치 보느라 못하였던 기도를 주일 그 짧은 두세 시간 동안 몽땅 쏟아부으셨습니다. 실컷 울고, 실컷 찬양하고 나서야 부랴부랴 장을 봐서 귀가하셨습니다. 시어머니께서 "집안에 종교가 둘이면 망한다"라며 성경책을 갈기갈기 찢어발기실 때도, 몸이 아파 끙끙 앓을 때도 권사님은 결코 굴복하지 않으셨습니다. 그 모진 핍박 속에서도 신앙의 절개를 지킨 그분이야말로, 우리 시대가 잃어버린 순교적 신앙의 본보기셨습니다.

셋째, 한 영혼을 위해 끝까지 포기하지 않는 눈물의 기도자셨습니다. 권사님의 남편분은 건장한 사업가셨습니다. 사업상 접대와 술자리가 잦았고, 세상의 즐거움을 누리던 분이셨습니다. 그러나 민 권사님은 눈물의 기도와 더불어, 때로는 아내로서의 단호한 권위로 남편을 교회로 이끌었습니다. 처음에 남편분은 가정의 평화를 위해 교회에 나오셨습니다. 그래서 늘 남들 눈에 띄지 않는 기둥 뒤에 숨어서 예배를 드렸습니다. (우리 교회 본당에 유독 기둥이 많은 것은 바로 이런 분들이 편안히 숨을 곳을 마련해 주신 하나님의 배려가 아닐까 싶습니다.) 그렇게 콩나물시루에 물 주듯, 가랑비에 옷 젖듯 남편분의 영혼에도 은혜가 스며들기 시작하였습니다. 그런데 결정적인 사건이 하나 일어났습니다. 어느 날, 교우들과의 야유회 자리에서 일부 남성 성도들이 고기를 먹으며 반주(飯酒)를 곁들인 것입니다. 이제 막 신앙의 걸음마를 떼기 시작한 남편분은 교우들과 함께 한잔 걸치고 귀가하셨습니다. "교회 다니는 사람들도 별수 없구나." 이 사실을 알게 된 민 권사님은 대노(大怒)하셨습니다.

"어떻게 신앙의 선배라는 사람들이 초신자 앞에서 본이 되지 못하고 술잔을 기울일 수 있습니까!"

그 서슬 퍼런 일갈(一喝)은 교회를 향한 거룩한 분노였습니다. 과거 분당의 모 교회에서는 안수집사들이 반주를 하였다는 이유로 일곱 명을 출교 조치한 강력한 사례도 있었습니다. 민 권사님은 그만큼 강력한 조치를 요구하셨습니다. 이에 우리 교회는 한 영혼을 실족지 않게 하기 위해 중대한 결정을 내렸습니다.

"앞으로 우리 교회의 성찬식에는 포도주 대신 포도즙을 사용한다."

술을 끊고자 애쓰는 초신자들이 성찬의 알코올 향 때문에 다시 유혹에 빠지지 않도록, 그리고 거룩한 성례의 의미를 지키도록 하기 위해 교회법을 바꾼 것입니다. 이것은 한 영혼을 천하보다 귀하게 여기는 권사님의 사랑이 만들어 낸 아름다운 변화였습니다.

사랑하는 성도 여러분, 하나님은 민 권사님처럼 우직하고 충성스러운 성도 한 사람, 한 사람을 통해 교회를 든든히 세워 가십니다. 비록 그분의 육신은 떠났지만, 그분이 남기신 절대 신앙과 한 영혼을 향한 열정은 우리 교회 역사 속에 영원히 살아 숨 쉴 것입니다.

천국의 약속 (3): 영광과 거룩함이 가득한 곳

사랑하는 민 권사님이 가신 그곳, 우리 믿음의 부모님들이 먼저 가 계신 그곳, 그리고 장차 우리 모두가 들어가게 될 천국은 과연 어떤 곳일까요? 앞서 말씀드린 대로 천국은 눈물의 치유가 있는 위로의 장소이며, 하나님과 얼굴을 대면하는 영광의 장소입니다. 사도 요한은 성령에 이끌려 그 거룩한 도성(都城)을 직접 목격하였습니다. 요한계시록 21:10-12은 그 찬란한 광경을 이렇게 묘사합니다.

> 성령으로 나를 데리고 크고 높은 산으로 올라가 하나님께로부터 하늘에서 내려오는 거룩한 성 예루살렘을 보이니 하나님의 영광이 있어 그 성의 빛이 지극히 귀한 보석 같고 벽옥과 수정 같이 맑더라 크고 높은 성곽이 있고 열두 문이 있는데 문에 열두 천사가 있고 그 문들 위에 이름을 썼으니 이스라엘 자손 열두 지파의 이름들이라 _계 21:10-12

상상해 보십시오. 하나님의 영광이 가득 차 있는 천상의 예루살렘 성을 말입니다. 그 빛은 세상의 인공적인 조명이 아닙니다. 하나님의 임재 자체에서 뿜어져 나오는 쉐키나(Shekinah; 하나님의 영광이 머무는 가시적 임재)의 영광입니다. 그 빛이 얼마나 찬란하고 투명한지, 성경은 "지극히 귀한 보석 같고 벽옥과 수정 같이 맑더라"고 표현합니다. 이는 천국이 인간의 언어로는 다 형용할 수 없는, 완전한 아름다움과 거룩함으로 충만한 곳임을 보여 줍니다. 또한 요한계시록 21:26은 "사람들이 만국의 영광과 존귀를 가지고 그리로 들어가겠고"라고 기록합니다. 천국은 이 세상의 가장 가치 있고 존귀한 것들이 모여 완성된 곳입니다. 그렇다면, 이토록 거룩하고 영광스러운 천국에는 누가 들어갈 수 있나요? 아무나 들어갈 수 있는 곳이 아닙니다. 요한계시록 21:27은 그 엄중한 자격을 선포합니다.

> 무엇이든지 속된 것이나 가증한 일 또는 거짓말하는 자는 결코 그리로 들어가지 못하되 오직 어린 양의 생명책에 기록된 자들만 들어가리라 _계 21:27

천국은 완전한 순결(Purity)의 장소입니다. 그곳에는 속된 것이 없습니다. 가증한 위선, 추악한 범죄, 남을 속이는 거짓말, 서로를 해치는 불의

가 티끌만큼도 존재할 수 없습니다. 죄악의 그림자가 조금도 틈탈 수 없는 완전무결한 하나님의 나라입니다. 그러므로 죄를 가진 채로는 결코 그 거룩한 땅을 밟을 수 없습니다. 오직 예수 그리스도의 보혈로 죄 씻음을 받고, 그 이름이 '어린 양의 생명책'(The Lamb's Book of Life)에 또렷이 기록된 자들만이 그 영광의 성문에 들어설 수 있습니다.

사랑하는 성도 여러분, 민 권사님은 그 이름이 생명책에 기록되었기에 지금 그 수정 같은 유리 바다 위에서 주님을 찬양하고 계실 것입니다. 우리 또한 그 소망을 붙들어야 합니다. 이 땅의 혼탁함에 물들지 않고 거룩한 신부로서 믿음을 지키며 살다가, 훗날 저 천성에서 기쁨으로 다시 만나는 저와 여러분이 되기를 소망합니다.

거룩한 성을 향한 노래: 회개와 소망의 찬양

1911년, 한 유명한 오페라 가수가 법정에 서게 되었습니다. 그는 당대 최고의 목소리를 가졌으나, 사업 실패와 재정 관리의 부실로 인해 사기 혐의를 받고 체포된 것입니다. 재판을 기다리는 대기실, 그곳은 절망의 도가니였습니다. 알코올 중독자, 마약 사범 등 온갖 죄수들이 섞여 있었습니다. 그들의 얼굴에는 삶에 대한 포기와 비참함, 그리고 세상에 대한 원망만이 가득하였습니다. 차가운 철창 안에 갇혀 지내던 그들의 퀭한 눈동자를 본 가수의 마음속에 불현듯 뜨거운 긍휼함이 솟아올랐습니다.

'이 절망적인 곳에 필요한 것은 희망이다. 하나님께서 계시는 저 거룩한 성을 보여 주고 싶다.'

그는 자리에서 벌떡 일어났습니다. 그리고 자신의 장기인 스티븐 아담스(Stephen Adams)의 명곡, 「거룩한 성」(The Holy City)을 부르기 시작하였습니다. 웅장하면서도 청아한 그의 목소리가 울려 퍼지자, 삭막하던 대기실의 공기가 갈라지는 듯하였습니다.

나 어제 밤에 잘 때 한 꿈을 꾸었네.
그 옛날 예루살렘 성의 곁에 섰더니
허다한 아이들이 그 묘한 소리로
주 찬미하는 소리 참 청아하도다.
천군과 천사들이 화답함과 같이
예루살렘, 예루살렘, 그 거룩한 성아.
호산나 노래하자, 호산나 부르자.

활기찬 호산나의 찬양이 끝나자, 노래는 2절로 넘어가며 십자가의 고난과 침묵의 분위기로 바뀌었습니다.

그 꿈이 다시 변하여 그 길은 고요하고
호산나 찬미 소리 들리지 않는다.
햇빛은 아주 어둡고 그 광경 참담해
이는 십자가에 달리신 그 때의 일이라.
예루살렘, 예루살렘, 그 거룩한 성아.
호산나 노래하자, 호산나 부르자.

노래가 이어지는 동안, 놀라운 일이 벌어졌습니다. 거칠기 짝이 없던 죄수들의 어깨가 들썩이기 시작하였습니다. 십자가의 고난과 자신의 비참한 처지가 겹쳐지면서, 여기저기서 흐느끼는 소리가 터져 나왔습니다. 그들은 하나둘 무릎을 꿇고, 회개하며 두 손을 모았습니다. 이 소란에 법정에 있던 판사와 간수들이 달려왔습니다. 그러나 그 장엄한 광경에 압도된 판사는 노래를 제지하는 대신, "멈추지 말고 끝까지 부르시오"라고 요청하였습니다. 가수는 눈물을 머금고 마지막 클라이맥스인 3절, 새 예루살렘의 영광을 노래하였습니다.

그 꿈이 다시 변하여 이 세상 다가고
그 땅을 내가 보니 그 유리 바다와
그 후에 환한 영광이 다 창에 비치니
그 성에 들어가는 자 참 영광이로다.
밤이나 낮이 없으니 영광뿐이라.
그 영광 예루살렘 성, 영원한 곳일세.
이 영광 예루살렘 성, 참 빛난 곳일세.
예루살렘, 예루살렘, 그 거룩한 성아.
호산나, 호산나, 호산나 부르자.
호산나 노래하자, 호산나 호산나.

노래가 끝났을 때, 대기실은 더 이상 감옥이 아니었습니다. 그곳은 하나님을 찬양하는 거룩한 성전이 되어 있었습니다. 죄수들은 통곡하며 회개하였고, 그 자리에 있던 모든 사람이 전율하였습니다. 이에 깊은 감동을 받은 판사는 이례적으로 관대한 판결을 내렸습니다. 그리고 마지막으로 죄수들을 향해 이렇게 짧지만 강력한 메시지를 전하였습니다.

"여러분, 우리는 방금 노래를 통해 거룩한 성을 보았습니다. 이 시간, 우리 모두 주 예수를 구주로 영접합시다. 그리고 오늘 이후, 다시는 죄의 자리에 서지 말고, 저 거룩한 성에 들어갈 천국 백성답게 당당하고 부끄러움 없이 살아갑시다."

묵상 질문

1. 여러분은 "메멘토 모리"라는 말처럼, 유한한 삶의 끝을 인식하며 살아가고 있습니까?

황제나 권력자, 재벌도 죽음을 피할 수 없으며, 이 땅의 것은 영원하지 않습니다. 로마 황제는 승리의 순간에도 "메멘토 모리"라는 외침을 들으며 교만하지 않으려 하였습니다. 나는 매일의 삶 속에서 무엇을 위해 목숨을 걸고 있습니까? 언젠가 사라질 세상의 것들입니까, 아니면 예수 그리스도께서 약속하신 영원한 생명과 천국의 소망입니까? 나의 시간과 열정이 진정으로 영원한 가치를 향하고 있는지 돌아봅시다.

> 예수께서 이르시되 나는 부활이요 생명이니 나를 믿는 자는 죽어도 살겠고 무릇 살아서 나를 믿는 자는 영원히 죽지 아니하리니 이것을 네가 믿느냐 _요 11:25-26

2. 여러분은 지금 겪고 있는 고통과 슬픔의 눈물을 장차 주님께서 친히 닦아 주실 것을 믿고 있습니까?

천국은 하나님께서 우리의 모든 눈물을 닦아 주시고, 다시는 애통이나 아픔이 없는 곳이라고 약속합니다. 이 땅에서의 삶은 억눌린 감정과 가슴앓이로 눈물 흘리는 순간들로 가득 차 있습니다. 억압된 삶의 고통을 터뜨리며 울었던 한 자매처럼, 나에게도 남몰래 흘리는 눈물이 있을 것입니다. 그 모든 아픔을 주님께서 기억하시고, 천국에서 완전한 위로와 치유를 주실 것이라는 소망이 오늘 나에게 얼마나 큰 힘이 되는지 묵상해 봅시다.

> 모든 눈물을 그 눈에서 닦아 주시니 다시는 사망이 없고 애통하는 것이나 곡하는 것이나 아픈 것이 다시 있지 아니하리니 처음 것들이 다

지나갔음이러라 _계 21:4

3. 여러분의 신앙생활은 천국에서 주님과 '얼굴과 얼굴을 대하여' 볼 것을 준비하는 과정이 되고 있습니까?

이 땅에서 우리가 경험하는 하나님의 임재는 때로 거울로 보는 것과 같이 희미할 수 있습니다. 그러나 천국에서는 하나님과 온전히 동행하며 그분의 얼굴을 직접 뵙게 될 것입니다. 민 권사님은 시댁의 극심한 핍박 속에서도 예배와 기도를 포기하지 않으시며, 이 땅에서부터 주님과 동행하는 삶을 치열하게 살아 내셨습니다. 나의 신앙은 단지 부분적이고 감각적인 체험에 머물러 있습니까, 아니면 어떤 상황 속에서도 주님과 동행하기를 힘쓰며 장차 올 영원한 나라를 준비하고 있습니까?

무엇이든지 속된 것이나 가증한 일 또는 거짓말하는 자는 결코 그리로 들어가지 못하되 오직 어린 양의 생명책에 기록된 자들만 들어가리라 _계 21:27

암송구절

모든 눈물을 그 눈에서 닦아 주시니 다시는 사망이 없고 애통하는 것이나 곡하는 것이나 아픈 것이 다시 있지 아니하리니 처음 것들이 다 지나갔음이러라 _계 21:4

요점 정리

1. 죽음의 필연성과 영생의 약속

우리 모두는 이 땅에서 죽음을 피할 수 없으며, 이는 황제나 재벌 등 그 누구에게도 예외가 아닙니다. 고대 로마인들이 "메멘토 모리"를 외쳤던 것처럼, 인생의 유한함은 모든 인간이 마주해야 하는 현실입니다. 역사상 어떤 인간도 죽음의 문제에 대한 완벽한 해법을 제시하지 못하였습니다. 하지만 오직 하나님의 아들 예수 그리스도는 "나는 부활이요 생명이니 나를 믿는 자는 죽어도 살겠고 무릇 살아서 나를 믿는 자는 영원히 죽지 아니하리니 이것을 네가 믿느냐"(요 11:25-26)라고 선언하셨습니다. 성도에게 죽음이란 생애의 끝이 아니라 영원한 천국에서 다시 눈을 뜨는 '잠'과 같습니다. 이 땅의 유한한 가치에 얽매이지 않는 자, 그리고 영생의 소망을 아는 자는 진정한 하나님의 백성으로 살아갈 수 있습니다.

2. 천국의 본질: 위로와 임재의 장소

성경이 증언하는 천국은 첫째로, 이 땅에서 흘린 모든 눈물을 하나님께서 친히 닦아 주시는 완전한 위로와 치유의 장소입니다. 그곳에는 영원히 사망이나 애통, 아픔이 존재하지 않으며, 억압과 고통 속에서 살아온 이들의 모든 상처가 회복됩니다. 둘째로, 천국은 하나님께서 자기 백성과 온전히 함께 거하시는 임재의 장소입니다. 이 땅에서는 마치 희미한 거울로 보는 것처럼 하나님의 임재를 부분적으로 경험하지만, 천국에서는 '얼굴과 얼굴을 대하여' 보듯 주님을 온전히 알고 동행하는 삶을 살게 됩니다. 이처럼 천국은 모든 슬픔이 사라지고 하나님의 임재가 충만한 영원한 본향입니다.

3. 천국을 향한 삶: 충성과 거룩함

천국은 하나님의 영광과 거룩함이 가득한 곳으로, 오직 어린 양의 생명책에 기록된 자들만이 들어갈 수 있습니다. 이 땅에서의 삶은 그 영원한 나라를 준비하는 과정입니다. 민 권사님은 불신자 남편과 불교 집안이라는 극심한 핍박 속에서도 예배와 기도를 포기하지 않는 충성스러운 믿음을 보여 주셨습니다. 그녀의 끈질긴 기도는 결국 남편을 교회로 인도하였고, 그녀의 삶은 천국을 소망하는 성도가 어떻게 살아야 하는지를 보여 주는 본보기가 되었습니다. 이처럼 천국 백성은 이 땅에서 겪는 고난에 굴하지 않고, 거룩한 성에 들어갈 소망을 품고 믿음의 경주를 끝까지 달려가는 사람들입니다.

4. 결론: **성도란 피할 수 없는 죽음 앞에서도 부활이요 생명이신 예수 그리스도를 믿음으로, 눈물과 아픔이 없는 영광스러운 천국을 소망하며 천국 백성으로 살아가는 자입니다. 그렇다면, 천국은 과연 어떤 곳입니까?**

첫째, 로마 황제의 곁에서 한 노예가 외쳤던 "메멘토 모리"의 사건을 기억할 때, 그리고 권력자와 재벌조차 죽음에 이르는 것을 확인할 때, 죽음은 그 누구도 피할 수 없는 인생의 정해진 이치이자 비극입니다. 천국이 없는 인생의 죽음은 인생 최대의 비극입니다.

둘째, 그러나 예수 그리스도는 "나는 부활이요 생명이니"라고 선언하심으로 인류의 난제인 죽음의 문제를 해결하셨습니다. 믿는 자에게 있어서 죽음이란 단지 천국에서 눈뜨기 위해 잠시 눈을 붙이는 잠에 불과함을 보여 주셨습니다.

셋째, 천국은 이 땅에서 겪은 모든 고통과 슬픔 그리고 억울함의 눈물을 하나님께서 친히 닦아 주시는 완전한 위로와 치유의 장소입니다.

넷째, 희미하게 보던 이 땅과 달리, 천국은 하나님과 얼굴을 대하여 보고 24시간 온전히 동행하는 영광스러운 임재의 처소입니다.

다섯째, 천국은 보석처럼 빛나는 거룩한 성 예루살렘으로서, 속된 것이나 거짓이 없고 오직 어린 양의 생명책에 기록된 자들만 들어가는 영광의 나라입니다.

따라서 천국을 소망하는 믿음의 자녀들은 장차 들어갈 거룩한 성을 바라보며 오늘을 부끄러움 없는 천국 백성으로 살아야 합니다.

6. 천국을 바라보자 (계 21:1-7, 24-27)

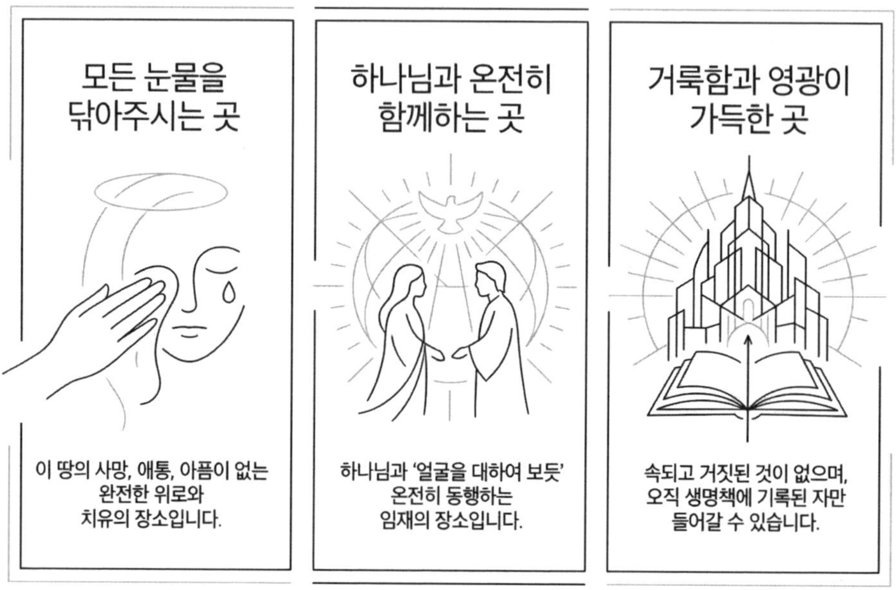

슬라이드

설교 Youtube

7

네가 나를 더 사랑하느냐?

〈요 21:15-25〉

15 그들이 조반 먹은 후에 예수께서 시몬 베드로에게 이르시되 요한
의 아들 시몬아 네가 이 사람들보다 나를 더 사랑하느냐 하시니
이르되 주님 그러하나이다 내가 주님을 사랑하는 줄 주님께서 아
시나이다 이르시되 내 어린 양을 먹이라 하시고
16 또 두 번째 이르시되 요한의 아들 시몬아 네가 나를 사랑하느냐
하시니 이르되 주님 그러하나이다 내가 주님을 사랑하는 줄 주님
께서 아시나이다 이르시되 내 양을 치라 하시고
17 세 번째 이르시되 요한의 아들 시몬아 네가 나를 사랑하느냐 하
시니 주께서 세 번째 네가 나를 사랑하느냐 하시므로 베드로가
근심하여 이르되 주님 모든 것을 아시오매 내가 주님을 사랑하는
줄을 주님께서 아시나이다 예수께서 이르시되 내 양을 먹이라
18 내가 진실로 진실로 네게 이르노니 네가 젊어서는 스스로 띠 띠
고 원하는 곳으로 다녔거니와 늙어서는 네 팔을 벌리리니 남이
네게 띠 띠우고 원하지 아니하는 곳으로 데려가리라
19 이 말씀을 하심은 베드로가 어떠한 죽음으로 하나님께 영광을 돌
릴 것을 가리키심이러라 이 말씀을 하시고 베드로에게 이르시되
나를 따르라 하시니
20 베드로가 돌이켜 예수께서 사랑하시는 그 제자가 따르는 것을 보
니 그는 만찬석에서 예수의 품에 의지하여 주님 주님을 파는 자
가 누구오니이까 묻던 자더라
21 이에 베드로가 그를 보고 예수께 여짜오되 주님 이 사람은 어떻
게 되겠사옵나이까
22 예수께서 이르시되 내가 올 때까지 그를 머물게 하고자 할지라도
네게 무슨 상관이냐 너는 나를 따르라 하시더라

23 이 말씀이 형제들에게 나가서 그 제자는 죽지 아니하겠다 하였으
나 예수의 말씀은 그가 죽지 않겠다 하신 것이 아니라 내가 올 때
까지 그를 머물게 하고자 할지라도 네게 무슨 상관이냐 하신 것
이러라
24 이 일들을 증언하고 이 일들을 기록한 제자가 이 사람이라 우리
는 그의 증언이 참된 줄 아노라
25 예수께서 행하신 일이 이 외에도 많으니 만일 낱낱이 기록된다면
이 세상이라도 이 기록된 책을 두기에 부족할 줄 아노라

제자들의 부르심과 오늘날의 신앙생활

오늘날 대부분의 그리스도인은 가정과 직장이라는 일상의 터전 위에서 신앙생활을 영위합니다. 교회 시스템 또한 성도들이 사회생활에 지장을 받지 않도록 배려되어 있습니다. 주일 예배는 휴일인 일요일 오전에 드리고, 금요 기도회는 퇴근 후인 금요일 밤에, 새벽 기도는 출근 전 시간을 활용하도록 짜여 있습니다. 심지어 전업주부들을 위해 수요일 오전 예배가 따로 마련되기도 합니다. 이처럼 현대의 신앙생활은 우리 삶의 스케줄 안에 조화롭게 배치되어 있습니다.

그러나 2,000년 전, 예수님께서 처음 제자들을 부르실 때의 상황은 지금과는 천지 차이였습니다. 주님께서 갈릴리 해변에서 베드로에게 "나를 따르라"고 하셨을 때, 그 부르심은 단순히 "예배에 참석하라"는 초대가 아니었습니다. 그것은 "너의 직업, 네가 의지하던 배와 그물, 생계 수단을 모두 버리고 나를 따르라"는 전적인 포기와 헌신을 요구하는 부르심이었습니다. 실제로 제자들은 배와 그물을 버려두고, 자신의 생업을 완전히 청산한 채 예수님과 동고동락하는 공동체 생활에 뛰어들었습니다. 그들이 이렇게 할 수 있었던 이유는 무엇일까요? 그들에게는 야망이 있었습니다. 장차 예수님께서 로마를 뒤엎고 지상 왕국을 건설하실 때, 한 사람은 국무총리가 되고 다른 한 사람은 장관이 되리라는 세속적인 기대에 부풀어 있었던 것입니다. 그렇기에 충격은 더 컸습니다. 어느 날 예수님께서 "나는 곧 십자가에서 죽고, 사흘 만에 부활하리라"고 말씀하셨을 때, 제자들은 그 말을 도무지 이해할 수도 받아들일 수도 없었습니다. 결국 그들의 기대와 달리 예수님께서 체포되시고 십자가에 처형되시자, 그들의 야망은 산산조각이 났습니다. 두려움에 사로잡힌 그들은 십자가 곁을 지키기는커녕 뿔뿔이 흩어져 도망치고 말았습니다.

그러던 그들에게 믿을 수 없는 소식이 들려왔습니다. "주님께서 부활하셨다!" 그리고 마침내 부활하신 주님께서 갈릴리 호숫가로 그들을 찾아오셨습니다. 요한복음 21장은 바로 그 감동적인 재회의 현장입니다. 제자들은 밤새 그물질을 하였으나 결국 피라미 한 마리 잡지 못한 채, 허기와 패배감에 젖어 있었습니다. 그들이 배고픔과 허기 속에 지쳐 있을 때, 주님께서 제자들에게 친히 찾아오셔서 따뜻한 조반을 차려 주셨습니다. 식사가 끝난 후, 예수님은 수제자 베드로를 따로 부르시어 말씀하셨습니다.

"시몬아, 내가 너에게 물을 말이 있다."

그리고 주님은 동일한 질문을 그에게 세 번 던지셨습니다. 이는 베드로가 주님을 세 번 부인하였던 그 아픈 기억을 치유하시기 위한 주님의 세심한 배려였습니다.

그들이 조반 먹은 후에 예수께서 시몬 베드로에게 이르시되 요한의 아들 시몬아 네가 이 사람들보다 나를 더 사랑하느냐 하시니 이르되 주님 그러하나이다 내가 주님을 사랑하는 줄 주님께서 아시나이다 이르시되 내 어린 양을 먹이라 하시고 _요 21:15

주님의 질문은 집요하고도 깊었습니다.

요한의 아들 시몬아 네가 이 사람들보다 나를 더 사랑하느냐 _요 21:15

요한의 아들 시몬아 네가 나를 사랑하느냐 _요 21:16

요한의 아들 시몬아 네가 나를 사랑하느냐 _요 21:17

세 번의 질문 앞에 베드로는 자신의 진심을 담아, 그러나 떨리는 목소리로 동일하게 대답하였습니다.

주님 그러하나이다 내가 주님을 사랑하는 줄 주님께서 아시나이다

_요 21:16

이 진실한 고백을 받으신 후, 주님은 비로소 그에게 새로운 사명을 맡기셨습니다.

내 양을 먹이라 _요 21:17

이것은 단순한 대화가 아니었습니다. 실패한 베드로를 다시 일으켜 세우시고, 그에게 천하보다 귀한 영혼들을 맡기시는 거룩한 위임식이었습니다.

베드로의 맹세와 쓰라린 배신

그렇다면, 주님은 왜 하필 베드로에게 "네가 나를 사랑하느냐"라고 세 번이나 거듭 물으셨을까요? 이미 다 아시는 주님께서 굳이 그의 사랑을 확인하려 하신 이유는 무엇일까요? 이를 이해하기 위해서는 베드로의 지난 행적, 특히 그가 겪었던 참담한 실패를 들여다보아야 합니다. 베드로는 예수님의 공생애 3년 동안, 제자들 중 가장 용맹하고 충성스러운 수제자였습니다. 그는 잃을 것이 없는 빈털터리가 아니었습니다. 그는 갈릴리 호수에서 자기 배를 소유하고, 동업자들을 거느리며 어업을 하던 건실한 사업가였습니다. 당시의 가치로 환산하면 꽤 안정적인 수익을 올리던 중산층 이상의 가장이었습니다. 그러나 주님께서 부르셨을 때, 그는 배와 그물, 안정된 미래를 모두 배설물처럼 버리고 주님을 따랐습니다. 그만큼 그의 헌신은 진심이었습니다.

그런데 운명의 그날 밤, 주님께서 청천벽력 같은 경고를 하셨습니다.

오늘 밤에 너희가 다 나를 버리리라 기록된 바 내가 목자를 치리니 양의 떼가 흩어지리라 _마 26:31

제자들은 충격에 빠졌습니다. 모든 것을 버리고 따랐는데, 버린다니요? 배신을 한다고요? 주님께서 죽으신다니요? 도저히 받아들일 수 없었습니다. 그때 침묵을 깨고 가장 먼저 그리고 가장 격렬하게 반발한 사람이 베드로였습니다. 그는 분기탱천(憤氣撑天)하여 외쳤습니다.

"주님, 무슨 말씀을 하십니까? 다 주를 버릴지라도 저는 결코 버리지 않겠나이다! 저는 베드로입니다!"

누가복음 22:33은 그의 자신감을 이렇게 기록합니다.

주여 내가 주와 함께 옥에도, 죽는 데에도 가기를 각오하였나이다 _눅 22:33

그는 당당하였고, 자기 확신에 차 있었으며, 자신의 의지(意志)를 맹신하였습니다. 하지만 현실은 냉혹하였습니다. 그날 밤, 예수님은 체포되셨고 대제사장의 뜰로 끌려가셨습니다. 그 거룩하신 분이 조롱당하고, 뺨을 맞고, 침 뱉음을 당하셨습니다. 그때 그 호언장담하던 베드로는 어디에 있었습니까? 성경은 그가 "멀찍이 따라갔다"라고 기록합니다. 그는 주님께 감히 맹세하였던 것처럼 앞장서서 주님을 보호하지 못하였습니다. 그저 군중 틈에 숨어 비겁한 구경꾼이 되어 떨고 있을 뿐이었습니다. 그때 한 여종이 베드로를 알아보고 쏘아붙였습니다. "당신, 저 갈릴리 사람 예수와 함께 있었지요?" 베드로는 화들짝 놀라 부인하였습니다. "아니오, 나는 그를 모르오."

조금 후 다른 사람이 또 지목하였습니다. "이 사람은 분명 나사렛 예수와 한패다." 베드로는 정색하며 부인하였습니다. "나는 그 사람을 알지 못한다니까요!”

잠시 후, 또 다른 사람들이 다가와 결정타를 날렸습니다. “네 말씨를 보니 갈릴리 사람이 분명하다. 너도 그 도당이 맞다!” 궁지에 몰린 베드로는 세 번째로 주님을 부인하였습니다.

나는 그 사람을 알지 못하노라 _마 26:74

가장 사랑했던 스승이 가장 고통스럽게 심문받는 바로 그 시각, 수제자 베드로는 스승을 철저히 모른 척하며 세 번이나 배신의 칼을 꽂았습니다. 닭 울음소리가 들려왔을 때, 그는 깨달았습니다. 자신이 얼마나 무력하고 비겁한 존재인지를. 그는 어둠 속으로 도망쳤고, 주님의 십자가 곁을 끝까지 지키지 못하였습니다. 그는 완전한 실패자였습니다. 주님께서 “네가 나를 사랑하느냐”라고 세 번 물으신 것은, 바로 이 세 번의 처절한 부인(否認)으로 인해 무너져버린 베드로의 영혼을 치유하시기 위함이었습니다.

절망 속에서 만난 부활의 주님

그러나 주님은 사망의 권세를 깨뜨리고 부활하셨습니다. 그리고 도망친 패배자, 베드로를 친히 찾아오셨습니다. 보통 사람의 감정이라면 배신자를 만났을 때 어떻게 반응할까요? 멱살이라도 잡고 흔들며 소리쳤을 것입니다. “네가 나한테 어떻게 그럴 수 있느냐? 내가 가장 힘들 때 곁을 떠나지 않겠다며 호언장담하던 너는 어디 갔더냐? 이 배은망덕한 놈아!” 그렇게 퍼붓고 꾸짖어야 속이 시원하였을지도 모릅니다. 그러나 주님은 그렇게 하지 않으셨습니다. 주님은 아셨기 때문입니다. 지금 베드로의 영혼이 이미 산산조각 나 있다는 것을 말입니다.

당시 베드로는 영적 파산자였습니다. 자신감, 용기, 수제자로서의 자부심은 온데간데없고, 스스로에 대한 실망과 죄책감으로 벼랑 끝에 몰린 상태였습니다. "나는 구제 불능이야. 나는 스승을 팔아먹은 배신자야." 그는 깊은 자기혐오의 늪에 빠져 있었습니다. 바로 그때, 주님께서 다가오셨습니다. 책망의 회초리 대신, 따뜻한 숯불을 피우고 생선을 구워 조반상을 차려 주셨습니다. 그리고 밥을 먹이신 후, 사랑과 연민이 가득한 눈동자로 그를 바라보며 물으셨습니다.

"요한의 아들 시몬아, 네가 나를 사랑하느냐?"

이 질문은 심문이 아니었습니다. "네가 왜 그랬느냐?"라고 묻는 '과거형의 추궁'이 아니라, "지금 나를 사랑하느냐?"라고 묻는 '현재형의 초청'이었습니다. 이 질문 속에는 주님의 깊은 마음이 담겨 있습니다. "베드로야, 나는 너를 정죄하지 않는다. 나는 너를 포기하지 않았다. 너의 실패보다 나의 사랑이 더 크단다."

그 따뜻한 음성과 시선 앞에서 베드로의 얼어붙은 마음이 녹아내렸습니다. 그는 깨달았습니다. "아! 주님은 여전히 못난 나를 사랑하시는구나." "아! 주님은 참으로 부활하셨구나." "아! 주님은 나를 버리지 않고 다시 사명을 맡겨 주시는구나."

그 순간, 베드로의 심령에 꺼졌던 불씨가 다시 타오르기 시작하였습니다. 이제 그는 더 이상 과거의 실패와 부끄러움 속에 머물 이유가 없어졌습니다. 왜인가요? 주님의 확고한 용서를 귀로 듣고 눈으로 보았기 때문입니다. 왜인가요? 십자가의 사랑 앞에 자신의 모든 실패를 내려놓았기 때문입니다. 왜인가요? 찢어진 상처가 주님의 은혜로 온전히 아물었기 때문입니다. 그리하여 그는 배신의 멍에를 벗어 던지고, 다시 위대한 사도로 일어설 수 있었습니다.

사랑하는 성도 여러분, 이제 눈을 돌려 우리의 모습을 봅시다. 여러분

중에도 세상이라는 거친 바다에서 생존하기 위해, 직장에서 살아남기 위해, 혹은 사업의 위기 앞에서 버티기 위해 어쩔 수 없이 베드로처럼 주님을 모른 체 한 적은 없나요? 세속의 유혹에 흔들려 허우적거리거나, 권력과 재물의 욕망에 눈이 멀어 주님을 뒷전으로 미루어둔 적은 없습니까? 그렇게 살다 보니 어느새 영혼은 공허해지고, 신앙은 빈 껍데기만 남아 영적 파산 상태에 이르지는 않았나요? 베드로처럼 죄책감과 패배 의식, 깊은 상처 속에 신음하고 계시는 분은 없나요?

기억하십시오. 부활하신 주님은 우리의 영적 상태가 어떠하든 상관없이, 이미 모든 것을 용서하시고 찾아오십니다. 오늘 이 시간, 주님은 지친 우리를 위해 은혜의 식탁을 차려놓으시고, 그 따뜻한 눈길로 우리를 바라보며 조용히 물으십니다.

"사랑하는 아들아, 사랑하는 딸아. 네가 나를 사랑하느냐?"

그렇습니다, 주님. 우리가 어찌 주님을 떠날 수 있을까요? 십자가에서 물과 피를 쏟기까지 나를 사랑하신 주님을, 우리가 어찌 사랑하지 않을 수 있을까요?

이 질문은 우리를 향한 완전한 용서의 선언입니다. 이 질문은 상한 심령을 치유하고 다시 일으키는 능력의 주문입니다. 오늘 주님의 이 음성을 듣고, 베드로처럼 다시 일어서는 저와 여러분이 되기를 소망합니다.

목자의 사명: "내 양을 먹이라"

주님께서 실패한 베드로에게 "네가 나를 사랑하느냐"라고 물으셨을 때, 그 질문 안에는 두 가지 깊은 기대가 담겨 있었습니다. 첫째는 베드로의 온전한 치유와 회복이요, 둘째는 그 회복된 사랑으로 위대한 사명을 감당하라는 것입니다. 그 사명이 무엇인가요? 주님은 세 번에 걸쳐 명하셨습니다. "내 어린 양을 먹이라. 내 양을 치라. 내 양을 먹이라."

이 명령의 핵심은 분명합니다. "네가 진정 나를 사랑한다면, 나의 양 떼, 곧 영혼들을 돌보는 '목양'(牧羊)의 삶을 살라"는 것입니다. 그런데 양치기의 사명은 결코 낭만적이거나 쉽지 않습니다. 우리는 종종 목자의 수고를 과소평가하곤 합니다. 잠시 우리네 농사일을 예로 들어보겠습니다. 과거 우리 어르신들은 소를 몰고 쟁기질하며 뼈 빠지게 농사를 지으셨습니다. 하지만 오늘날의 논농사는 어떻습니까? 과학 문명의 발달로 과거와는 비교할 수 없을 만큼 간편해졌습니다. 제 장인어른께서 농사지으시는 모습을 곁에서 지켜보면 격세지감을 느낍니다. 요즘 농사는 소위 '전화 농사'라 해도 과언이 아닙니다. 모내기 철이 되면 장인어른은 전화기를 드십니다. "어이, 김 사장! 우리 논 모내기 좀 해 줄 텐가? 이양기 갖고 언제 올 수 있나?" 약속된 날짜가 되면 김 사장이 이양기를 몰고 와서 순식간에 모내기를 끝내버립니다.

추수할 때도 마찬가지입니다. 누렇게 벼가 익으면 다시 전화를 거십니다. "김 사장, 벼 베야겠네. 콤바인 갖고 오게." 수요일쯤 거대한 타작 기계가 논을 한번 훑고 지나가면, 볏단은 볏단대로 묶이고 나락은 가마니에 착착 담겨 나옵니다. 그것을 트럭에 실어 정미소에 맡기면 도정된 쌀이 집으로 배달됩니다. 땀 흘리는 노동 대신, 전화 몇 통과 기계의 힘으로 농사가 마무리되는 시대입니다.

그러나 주님께서 말씀하신 목자의 일은 다릅니다. 이는 기계로 대신할 수 없는, 전인격적인 헌신과 24시간의 돌봄이 필요한 고된 노동입니다. 목축이 생업이었던 야곱의 고백을 들어보십시오. 그는 외삼촌 라반의 집에서 20년간 양을 치며 겪은 고초를 창세기 31:40에서 이렇게 토로합니다.

> 내가 이와 같이 낮에는 더위와 밤에는 추위를 무릅쓰고 눈 붙일 겨를도 없이 지냈나이다 _창 31:40

팔레스타인의 광야는 낮에는 살인적인 폭염이, 밤에는 뼈를 깎는 추위가 몰아칩니다. 목자는 그 극단적인 환경 속에서, 밤잠을 설쳐가며 양 떼를 지켜야 합니다. 양은 참으로 손이 많이 가는 동물입니다. 지독한 근시안이라 바로 눈앞에 보이는 풀만 뜯습니다. 목자가 인도하지 않으면 한자리에서 풀뿌리까지 파먹고, 결국 흙까지 삼키다 병이 듭니다. 때문에 목자는 끊임없이 새로운 푸른 초장을 찾아 양몰이 작업을 해야 합니다. 양의 털은 또 얼마나 빨리 자랍니까? 제때 깎아주지 않으면 위생 문제로 양들이 괴로워합니다. 겨울이 오기 전에는 건초를 미리 비축해야 하고, 호시탐탐 노리는 맹수들로부터 양을 지키기 위해 늘 긴장의 끈을 놓을 수 없습니다. 목동 출신이었던 다윗왕의 생생한 증언을 살펴보십시오. 사무엘상 17장에서 그는 사울 왕 앞에서 자신의 목동 시절을 이렇게 회고합니다.

> **주의 종이 아버지의 양을 지킬 때에 사자나 곰이 와서 양 떼에서 새끼를 물어가면 내가 따라가서 그것을 치고 그 입에서 새끼를 건져내었고 그것이 일어나 나를 해하고자 하면 내가 그 수염을 잡고 그것을 쳐죽였나이다**
>
> **_삼상 17:34-35**

다윗이 돌보던 양이 100마리라고 가정해 봅시다. 맹수는 교활합니다. 멀리서 지켜보다가 가장 약하고 뒤처진 어린 양을 표적으로 삼습니다. 사자가 전속력으로 달려와 새끼 양을 물고 달아날 때, 다윗은 도망치지 않았습니다. 오히려 맹수를 향해 전속력으로 달려들었습니다. 몽둥이로 사자를 가격하여 입을 벌리고 새끼를 꺼내었습니다. 성난 사자가 덤벼들면, 다윗은 물러서지 않고 사자의 갈기 수염을 휘어잡고 손으로 급소를 쳐서 죽였습니다. 이것은 단순한 의무감이 아닙니다. 죽기를 각오한 사랑(필사(必殺)의 사랑)이 없이는 불가능한 행동입니다. 양 떼 속에는 질병에 걸린 양, 다리가 부러진 양, 심지어 동료를 들이받는 못된 양도 섞여 있습니다. 이 모든 양을 먹이고, 싸매고, 맹수로부터 지켜 내는 일. 그것이 바로 목자의 삶입니다.

주님께서 베드로에게 "내 양을 먹이라"고 하신 것은, 바로 이 '다윗의 헌신', '야곱의 수고'를 감당하라는 엄중한 명령이었습니다. 편안한 방법으로는 결코 영혼을 살릴 수 없기에, 주님은 사랑하느냐고 물으신 뒤 이 고단하지만 영광스러운 십자가를 맡기신 것입니다.

사역자로서 목양에의 부르심

주님께서 베드로에게 "네가 나를 사랑하느냐"라고 물으신 뒤, 곧바로 "내 양을 치라"고 명하셨습니다. 이 말씀은 단순히 "좋은 말씀을 가르치라"는 의미만 함의(含意)하는 것이 아닙니다. 이것은 "온갖 상처와 죄성을 가진 인간 군상 속으로 들어가, 고통을 감내하며 그 영혼들을 끝까지 책임지라"는 실로 엄중하고 고단한 부르심입니다.

제가 수십 년간 목회 현장에서 뼈저리게 느낀 진실이 하나 있습니다. '세상에서 일어나는 모든 일은, 교회 안에서도 똑같이 일어난다'라는 것입니다. 왜 그럴까요? 교회는 '완성된 의인들의 박물관'이 아니라, '치유받아야 할 죄인들의 병원'이기 때문입니다. 그 안에는 신실한 성도도 있지만, 믿음이 연약한 자도 있고, 때로는 양의 탈을 쓴 이리도 섞여 있습니다. 특히 금전 문제는 교회를 무너뜨리는 가장 흔한 사탄의 도구입니다. 교회 안에는 사기꾼들이 노리기 딱 좋은 먹잇감이 많습니다. 그들은 누가 재력이 있는지 귀신같이 파악하고 은밀히 접근합니다. 그리고 최고급 식당에서 밥을 사며 속삭입니다.

"김 집사님, 이건 정말 집사님께만 드리는 특급 정보입니다. 제가 추진하는 이 사업, 딱 3개월이면 두 배로 뜁니다. 3억만 투자하세요. 원금 보장에 수익금까지 확실히 챙겨드립니다. 아, 그리고 이건 절대 목사님께는 비밀로 해 주세요. 목사님들이야 세상 물정, 비즈니스 세계를 뭘 아시겠습니까? 괜히 걱정만 하십니다."

그 달콤한 유혹에 넘어가 덜컥 돈을 맡깁니다. 한두 명이 아닙니다. 나중에 사건이 터지고 나면 피해 규모가 20억, 50억에 이릅니다. 사기꾼은 이미 돈을 챙겨 흔적도 없이 사라진 뒤입니다. 그래서 저는 우리 교회에 철칙(鐵則)을 세웠습니다. "성도 간에는 동업하지 말라. 돈을 빌려주지도 말고 꾸지도 말라." 돈이 필요하면 은행을 이용하십시오. 만일 정말 급박한 사정이 있어 거래해야 한다면, 반드시 교회의 대표자인 저와 상의하십시오. 왜냐하면 목회자는 영적인 흐름뿐 아니라 성도들의 신용 상태도 파악하고 있기 때문입니다. "목사님, 이분이 3억 투자하면 6억 준다는데 어떡할까요?"라고 물으신다면, 저는 단호하게 말씀드릴 것입니다. "집사님, 그분은 이미 다른 성도 일곱 명에게 5억을 빌려서 돌려막기 하고 있습니다. 정 주고 싶으시면 돌려받을 생각 말고 그냥 기부하십시오. 하지만 빌려주는 건 절대로 안 됩니다." 이것이 냉정해 보이지만, 성도를 시험에서 건지는 목양의 길입니다.

금전 문제뿐만이 아닙니다. 정치판의 모략과 다툼도 교회 안에 존재합니다. 제가 미국 유학 시절, 테네시주 채터누가에서 겪은 충격적인 사건을 잊을 수 없습니다. 당시 그곳은 미국인 인구가 약 60만 명 정도였고, 한인 교포가 200-300명 남짓하였습니다. 어느 날, 그 지역의 한인 교회가 두 파로 갈라져 극심한 분쟁에 휘말렸습니다. 그런데 그 싸움의 클라이맥스는 평일이 아닌 거룩한 주일에 터졌습니다. 왜 하필 주일일까요? 주일에 사람들이 제일 많이 모이기 때문입니다. 이민 사회에서 교회는 단순한 종교 기관이 아닙니다. 외로운 이민자들이 모여 한국말을 사용하고, 예배 후에는 김치와 불고기와 같은 고향 음식을 먹으며 향수를 달래는 유일한 한인들의 커뮤니티입니다. 그래서 신앙이 없어도 주일 11시만 되면 교회로 몰려옵니다. 교회가 싸운다는 소문이 나자, 오히려 출석 인원이 폭발적으로 늘었습니다. 양쪽 파벌이 세를 과시하기 위해 사람들을 끌어모았기 때문입니다. 평소 주말이면 트럭에 옷을 싣고 미국 전역을 돌며 장사하던 분들까지, 주일에는 "우리 편 지키러 가자"라며 비장하게 교회로 모여들었습니다. 그때 교회에 새로 등록한 한 태권도 사범이 있었습니다. 그는 현지 경찰 수십 명을 제자로 두고, 시 행사 때마다 공중 격파 시범을 보일 정도로 지역 사회의 유력 인사였습니다. 정의감이 투철하였던 그는 교회 안의 진흙탕 싸움을 지켜보다가 분노가 폭발하였습니다. "거룩해야 할 교회가 세상 양아치들보다 더하구나! 악한 교회 평신도 지도자들이 저 순진해 빠진 목사님을 저렇게 괴롭히다니!" 예배가 끝난 후, 그는 목사님을 반대하던 주동자 안수집사를 조용히 골방으로 불렀습니다. "내가 누군지 알지? 나 태권도 사범이야. 좋은 말로 할 때 목사님 그만 괴롭혀." 그리고는 품에서 권총을 꺼내 집사님의 이마에 들이댔습니다. 이 사건은 다음 날 지역 신문인『채터누가 타임스』에 대서특필되었습니다.「교회 내에서의 살인 미수 및 협박 사건」. 한인 사회 전체가 얼굴을 들 수 없는 큰 수치를 당하였습니다. 정의를 구현하겠다던 그의 방법은 세상보다 더 악한 폭력이었고, 결국 교회는 웃음거리가 되고 말았습니다.

이것이 우리가 마주한 현실입니다. 세상의 모든 악과 유혹, 정치와 폭력은 교회 문턱을 넘어 언제든 들어올 수 있습니다. 그렇기에 주님은 베드로에게, 그리고 오늘 우리에게 그토록 간절하게 부탁하신 것입니다.

"내 양을 먹이라. 이리 떼가 득실거리는 이 험한 세상에서, 목숨 걸고 내 양을 지키라."

목양은 낭만이 아닙니다. 영적 전쟁입니다. 목회자는 말씀의 검을 들고 깨어 있어야 하며, 여러분 또한 영적 분별력을 갖고 교회를 거룩하게 지켜나가야 합니다.

모두를 향한 목양의 부르심

두 번째로 기억해야 할 사실이 있습니다. 주님께서 "내 양을 먹이라"고 하신 이 엄중한 명령은 단지 목회자들만을 향한 것이 아닙니다. 이는 예수 그리스도를 따르는 모든 믿음의 백성에게 주신 거룩한 초청입니다.

매년 5월이 되면 우리는 '스승의 날'을 기념하며 가르치는 분들의 수고를 기립니다. 이 자리를 빌려 우리 교회 학교의 영유아부, 유치부, 초등부, 중고등부, 청년부를 섬기시는 선생님들께 그리고 성경 교사들에게 깊은 감사를 드립니다. 여러분이 흘린 눈물과 땀방울이 바로 "내 어린 양을 먹이라"는 주님의 명령에 대한 순종이었습니다. 여러분의 수고 덕분에 우리 어린이들과 청소년들의 영혼과 성인 교우들의 영혼이 말씀의 꼴을 먹고 자라날 수 있었습니다. 또한 보이지 않는 곳에서 성도들을 돌보시는 각 팀장님, 구역장님, 목자님, 셀 리더님 역시 주님께서 세우신 귀한 목자들입니다. 여러분의 섬김이 교회를 지탱하는 힘입니다.

무엇보다 가정에 계신 부모님과 조부모님들을 기억하십시오. 하나님께서 왜 여러분을 부모로, 할아버지 · 할머니로 세우셨을까요? 이유는 분명합니다. 가정이라는 울타리 안에 있는 주님의 어린 양, 곧 자녀들을 말씀과 사랑으로 먹이라고 세우신 것입니다. 부모는 가정에 파송된 제1의 목회자입니다. 이제 우리 모두 한목소리로, 주님의 이 명령을 나의 사명으로 받아 고백해 봅시다.

"내 어린 양을 먹이라! 내 양을 치라! 내 양을 먹이라!"

우리가 이 말씀에 순종하여 부지런히 사랑으로 양 떼를 먹일 때, 우리의 자녀들과 이웃들은 비로소 푸른 초장과 쉴 만한 물가에서 평안을 누리게 될 것입니다.

사랑하는 성도 여러분, 이제 눈을 들어 여러분 곁에 있는 영혼들을 바라보십시오. 직장에서, 사회에서, 그리고 교회에서 여러분의 손길을 기다리는 사람들이 있습니다. 거창한 것이 아닙니다. 지친 어깨를 감싸 주는 따뜻한 손길 한 번, 낙심한 자에게 건네는 위로의 말 한마디, 정성을 담아 건네는 작은 선물 하나가 그들에게는 생명을 살리는 목자의 손길이 됩니다. 주님께서 "네가 나를 사랑하느냐?"라고 물으실 때, 우리가 "주님, 제가 주님을 사랑합니다"라고 고백할 수만 있다면, 우리는 이미 그분의 양을 돌볼 자격이 있습니다. 사랑만이 유일한 자격 조건이기 때문입니다.

죽음을 이기고 부활하신 주님은 실패한 베드로를 찾아오셨습니다. 책망 대신 따뜻한 밥상을 차려 주셨고, 정죄 대신 사랑 가득한 눈빛으로 바라보셨습니다. 그리고 오직 한 가지만 물으셨습니다.

"네가 지금도 나를 사랑하느냐?"

주님은 우리 능력이나 업적을 묻지 않으십니다. 오직 사랑만을 확인하십니다. 그 사랑이 확인되는 순간, 우리의 상처 입은 영혼은 치유되고, 우리는 다시 사명의 자리로 나아갈 힘을 얻습니다. 영혼을 사랑하고 돌보는 이 위대한 목자의 축복이, 부활하신 주님을 사랑하는 여러분의 생애 가운데 충만히 임하시기를 주 예수 그리스도의 이름으로 축원합니다.

묵상 질문

1. 여러분의 삶에서 베드로처럼 예수님을 외면하거나 부인하였던 순간은 없었습니까?

베드로는 예수님을 위해 목숨까지 바치겠다고 자신하였지만, 결정적인 순간에 주님을 세 번이나 부인하였습니다. 우리 역시 직장에서의 생존, 세속의 유혹, 명예와 재물에 대한 욕망 때문에 예수님을 부인하였을 수 있습니다. 나의 신앙이 가장 크게 흔들렸던 때는 언제였는지, 그리고 그 이유는 무엇이었는지 솔직하게 돌아봅시다.

> 그가 말하되 주여 내가 주와 함께 옥에도, 죽는 데에도 가기를 각오하였나이다 _눅 22:33

2. 실패와 죄책감 속에 있을 때에 주님께서 "네가 나를 사랑하느냐"라고 물으신다면, 여러분은 어떻게 고백하시겠습니까?

주님은 배신감에 절망하던 베드로를 찾아오셔서 책망하지 않으시고 따뜻한 조반을 차려 주시며 사랑으로 물으셨습니다. 이 질문에는 꾸짖음이 아닌 완전한 용서와 회복의 능력이 담겨 있습니다. 나의 가장 큰 실패와 상처의 자리로 찾아오시는 주님의 사랑을 묵상하며, 그 사랑 앞에서 어떤 대답을 드릴 수 있을지 생각해 봅시다.

> 그들이 조반 먹은 후에 예수께서 시몬 베드로에게 이르시되 요한의 아들 시몬아 네가 이 사람들보다 나를 더 사랑하느냐 하시니 이르되 주님 그러하나이다 내가 주님을 사랑하는 줄 주님께서 아시나이다 이르시되 내 어린 양을 먹이라 하시고 _요 21:15

3. 주님께서 여러분에게 맡기신 '어린 양'은 누구입니까? 여러분은 그들을 위해 무엇을 할 수 있습니까?

주님은 베드로의 사랑을 확인하신 후 "내 양을 먹이라"는 위대한 사명을 맡기셨습니다. 이 사명은 목회자뿐 아니라 모든 성도에게 주신 부르심입니다. 부모에게는 자녀가, 교사에게는 학생이, 직장인에게는 직장 동료가, 소그룹 인도자에게는 소그룹 회원이 내가 돌봐야 할 영혼입니다. 주님께서 내 곁에 두신 영혼들을 돌아보고, 그들을 위로하고 섬기기 위해 내가 실천할 수 있는 구체적인 행동은 무엇인지 결단해 봅시다.

내 어린 양을 먹이라 하시고 _요 21:15b

암송구절

세 번째 이르시되 요한의 아들 시몬아 네가 나를 사랑하느냐 하시니 주께서 세 번째 네가 나를 사랑하느냐 하시므로 베드로가 근심하여 이르되 주님 모든 것을 아시오매 내가 주님을 사랑하는 줄을 주님께서 아시나이다 예수께서 이르시되 내 양을 먹이라 _요 21:17

요점 정리

1. 베드로의 실패와 회복

예수님의 수제자였던 베드로는 다른 모든 이가 주님을 버릴지라도 자신만은 목숨까지 바쳐 따르겠다고 맹세할 만큼 용맹하고 충성스러운 인물이었습니다. 그러나 그의 자신감과 확신은 예수님께서 체포되어 고난받으시는 처참한 현실 앞에서 무너져 내렸습니다. 그는 멀리서 그저 구경꾼처럼 머물렀고, 결국 자신을 알아본 사람들 앞에서 세 번이나 예수님을 모른다고 부인하였습니다. 이 뼈아픈 배신으로 인해 베드로는 돌이킬 수 없는 실패자가 되었고, 깊은 죄책감과 절망감 속에서 그의 믿음은 완전히 파산하고 말았습니다. 하지만 부활하신 주님은 그런 그를 찾아와 꾸짖거나 책망하지 않으셨습니다. 오히려 따뜻한 조반을 차려주시고 사랑의 눈길로 바라보시며 "네가 이 사람들보다 나를 더 사랑하느냐"라고 물으셨습니다. 이 질문은 그의 과거를 묻는 것이 아니라, 그의 중심에 있는 사랑을 확인하고 실패의 상처를 온전히 치유하며 무너진 자존감을 회복시켜 주시는 완전한 용서의 표현이었습니다.

2. 사역자로서 목양에의 부르심

예수님은 베드로의 사랑을 세 번 확인하신 후, "내 어린 양을 먹이라"는 위대한 사명을 부여하셨습니다. 여기서 '양을 먹인다'라는 말은 영혼을 돌보는 목양의 사명을 의미하며, 이는 결코 가볍거나 쉬운 일이 아닙니다. 야곱은 양 떼를 위해 밤에는 추위와, 낮에는 더위와 싸우며 눈 붙일 겨를도 없이 지냈다고 고백하였습니다. 다윗 또한 양 한 마리를 구하기 위해 사자와 곰의 입을 찢으며 목숨을 걸고 싸웠습니다. 이는 양 떼를 향한 깊은 사랑 없이는 불가능한 헌신입니다. 이처럼 주님께서 맡기신 영혼들을 돌보는 일은 때로는 밤낮없는 수고와 희생, 그리고 영적인 싸움까지 감당해야 하는 고통의 길입니다. 하지만 이 사명은 주님을 향한 우리의 사랑을 가장 확실하게 증명하는 길이며, 그분의 치유와 회복을 경험한 자만이 누릴 수 있는 가장 영광스러운 축복의 부르심이기도 합니다. 주님은 영혼들을 양육하고 교회를 반석 위에 굳건히 세우기 위해 목자들을 부르셨습니다.

3. 모든 성도를 향한 목자의 부르심

"내 양을 먹이라"는 주님의 명령은 특별한 직분을 가진 목회자에게만 국한된 것이 아니라, 예수님을 사랑하는 모든 성도를 향한 보편적인 요청입니다. 우리가 살아가는 교회 공동체 역시 죄성을 가진 인간들이 모인 곳이기에, 세상에서 일어나는 모함, 거짓, 분열과 같은 모든 죄성(罪性)이 동일하게 발현(發現)될 수 있습니다. 그럼에도 주님은 우리 각자의 삶의 자리에서 목자의 사명을 감당하라고 명하십니다. 주일학교 교사, 소그룹 인도자는 물론, 자녀를 양육하는 부모와 손자녀를 돌보는 조부모 모두가 하나님께서 맡기신 귀한 영혼들을 돌보는 목자들입니다. 거창한 일이 아니더라도 직장, 사회, 교회에서 만나는 이들의 손을 잠시 잡아 주고, 따뜻한 위로의 말을 건네며, 작은 선물로 마음을 전하는 것 모두가 이 사명을 실천하는 과정입니다. 주님께서 우리의 사랑을 확인하실 때, 우리는 그 사랑으로 주변의 영혼들을 돌보는 축복의 통로가 되며 이를 통해 주님의 위대한 소명을 이루어가는 삶을 살게 됩니다.

4. 결론: 부활하신 예수님은 우리의 실패와 배신을 용서하시고 오직 사랑을 확인하심으로써, 치유된 영혼이 다시 일어나 주님의 양 떼를 돌보는 목자의 사명을 감당하게 하십니다. 주님께서 체포되셔서 고난 당하실 때 주님을 배신하였던 베드로는 어떤 과정을 통해 변화되었습니까?

첫째, 제자들은 모든 것을 버리고 주님을 따랐으나 십자가 죽음 앞에서 두려움에 도망쳤습니다. 수제자 베드로는 세 번이나 주님을 부인하며 영적으로 파산한 실패자가 되었습니다.

둘째, 부활하신 주님은 배신한 베드로를 책망하는 대신 따뜻한 조반을 차려 주시고, "네가 나를 사랑하느냐"라는 질문으로 그를 용서하고 치유하셨습니다.

셋째, 주님은 회복된 베드로에게 "내 양을 먹이라"는 사명을 주셨습니다. 이는 다윗이 사자로부터 양을 지켰던 것처럼 고단한 수고와 헌신을 요구하는 목양의 명령입니다. "내 양을 먹이라"는 명령은 목회자뿐만 아니라 교사, 부모, 직장인 등 모든 성도에게 주신 것으로, 우리는 삶의 현장에서 영혼을 돌보고 위로하는 작은 목자가 되어야 합니다.

7. 네가 나를 더 사랑하느냐? (요 21:15-25)

베드로의 실패: 세 번의 부인

"죽기까지 따르겠다" 맹세했지만, 결정적 순간에
예수님을 세 번 부인하며 깊은 절망과 죄책감에 빠졌다.

"네가 나를 사랑하느냐?"

주님은 책망 대신 사랑을 물으셨다. 이 질문에는
그의 과거를 묻지 않는 완전한 용서와 치유의 능력
이 담겨있다.

"내 양을 먹이라."

주님을 향한 회복된 사랑은 영혼을 돌보는
목자의 사명으로 이어진다.
이는 모든 성도를 향한 부르심이다.

슬라이드

설교 Youtube

8

부활 인생은 선한 싸움을 싸운다

〈딤후 4:6-8〉

6 전제와 같이 내가 벌써 부어지고 나의 떠날 시각이 가까웠도다
7 나는 선한 싸움을 싸우고 나의 달려갈 길을 마치고 믿음을 지켰으니
8 이제 후로는 나를 위하여 의의 면류관이 예비되었으므로 주 곧 의로우신 재판장이 그 날에 내게 주실 것이며 내게만 아니라 주의 나타나심을 사모하는 모든 자에게도니라

스포츠를 이용한 우민화 정책

1980년대, 전두환 군사정권 시절을 기억하시나요? 당시 대학가는 민주화를 열망하는 뜨거운 함성과 매캐한 최루탄 연기로 뒤덮여 있었습니다. 그 시절 저는 서울 숭실대학교 정문 앞 주택가에 살고 있었습니다. 매년 3월부터 5월, 시위 시즌이 되면 정문 앞은 그야말로 전쟁터를 방불케 하였습니다. 수백 명의 전투 경찰과 학생들이 대치하며 쏘아대는 최루탄 가스는 인근 주택가까지 스며들어, 창문을 닫아도 눈을 뜰 수 없고 숨조차 쉬기 힘들었습니다. 언론은 통제되었고, 정치적 자유는 억압받았습니다. 정통성이 부족하였던 군사 정권은 국민들의 불만과 저항 의지를 잠재울 묘책이 필요하였습니다. 그때 한 참모의 건의로 '3S 정책'이 시작되었습니다. 국민의 관심을 정치에서 다른 곳으로 돌리기 위한 우민화(愚民化) 정책, 즉 성(Sex), 스크린(Screen), 스포츠(Sports) 육성 정책이었습니다.

첫째, 성(Sex) 풍조의 개방입니다. 정권은 야간 통행금지를 해제하고, 유흥업소와 숙박업소에 대한 규제를 대폭 완화하였습니다. 곳곳에 나이트클럽과 카바레가 우후죽순 들어섰고, 퇴폐 향락 산업이 음성적으로, 또 양성적으로 번창하도록 방조하였습니다.

둘째, 스크린(Screen), 곧 영상 산업의 육성입니다. 1980년 말부터 컬러 TV 방송이 시작되면서 대중의 눈은 화려한 화면에 고정되었습니다. 정부는 영화법을 개정하여 에로티시즘을 강조한 영화들이 극장가를 점령하게 만들었습니다. 소위 벗기기 영화들이 범람하며 국민들의 말초신경을 자극하고 정치적 비판 의식을 마비시키려 하였습니다.

셋째, 스포츠(Sports) 산업의 국가적 차원의 육성 지원 정책입니다. 어쩌면 이것이 가장 강력한 수단이었습니다. 1981년, 정권은 정주영 회장을 비롯한 재계 총수들을 서독 바덴바덴(Baden-Baden)으로 파견하여 IOC 총회에서 총력전을 펼쳤고, 기적처럼 '1988 서울 올림픽'을 유치해 냈습니다. 이어 1982년에는 프로야구가 출범하였고, 1983년에는 프로축구 슈퍼

리그와 민속 씨름판이 열렸습니다. 이후 잠실 올림픽 주경기장을 비롯한 거대한 체육 시설들이 속속 들어섰습니다. 국민들은 정치 뉴스를 보는 대신 야구장에서 소리 지르고, 올림픽 금메달에 환호하며 시름을 잊었습니다. 분명 80년대의 스포츠 정책은 정치적 불순함을 내포하고 있었습니다. 그러나 역사의 주관자이신 하나님은 악을 선으로 바꾸시는 분입니다. 비록 시작은 국민의 눈을 가리는 수단이었을지 모르나, 하나님은 육체를 가진 인간에게 운동이라는 선물을 허락하셨습니다. 본래 하나님은 우리를 영적인 존재로 만드셨을 뿐만 아니라, 육체를 가진 존재로 창조하셨습니다. 우리의 몸은 성령님께서 거하시는 거룩한 전(殿)입니다. 그러므로 건강을 관리하고 체력을 기르는 것은 단순한 취미가 아니라, 사명을 감당하기 위한 필수 조건입니다. 체력이 뒷받침되어야 기도도 할 수 있고, 봉사도 할 수 있으며, 땅끝까지 복음을 전할 수 있지 않을까요?

필자는 두 곳에 예배당을 둔 교회를 섬기고 있습니다. 그중 한 교회인 '광교안디옥교회'는 이름에서 알 수 있듯이, 광교에 위치해 있습니다. 여러분은 '광교'라는 이름에 참으로 귀한 뜻이 담겨 있음을 아시나요? '빛 광(光)' 자에 '가르칠 교(敎)' 자, 영적으로 해석하면 '세상에 진리의 빛을 비추며 진리를 가르치는 교회'라는 뜻이 아닐까요? 우리는 세상의 쾌락(Sex)이나 헛된 영상(Screen)에 마음을 뺏기지 말아야 합니다. 대신 건강한 몸으로 땀 흘려 운동(Sports)하며 영육을 강건케 합시다. 그리하여 하나님께서 부르시는 그날까지, 건강한 몸과 뜨거운 믿음으로 하나님과 하나님의 나라를 빛내고 세상을 밝히는 위대한 사명자들이 되시기를 주의 이름으로 축원합니다.

정직한 몸과 건강관리의 중요성

인체는 거짓말을 하지 않습니다. 심은 대로 거두게 하시는 하나님의 법칙처럼, 우리 몸은 참으로 정교하고 정확합니다. 저는 약 10년 동안 당뇨 전 단계라는 경고등을 안고 살아왔습니다. 저는 어머니께서 일찍이 당뇨로 고생하시는 모습을 보며 자랐기에, 유전적인 요인이 얼마나 무서운지 잘 알고 있었습니다. 의학적으로도 부모 중 한 분이 당뇨병을 앓은 경우, 자녀의 발병 확률은 30-40%에 이른다고 합니다. 그래서 나름대로 꾸준히 관리하였지만, 결국 1년 전 의사로부터 정식으로 당뇨 판정을 받고 말았습니다. 충격이었지만, 저는 좌절하는 대신 공부를 택하였습니다. 당뇨 관련 서적 다섯 권을 독파하며 내린 결론은 철저한 탄수화물 제한이었습니다. 과자와 같은 단순 당은 완전히 끊었습니다. 한국인의 주식인 밥도 매끼 3분의 2 공기 이하로 줄였습니다. 하지만 식사량을 줄이는 고통은 생각보다 컸습니다. 돌아서면 찾아오는 허기짐 때문에 일상생활이 힘들 정도였습니다. 그래서 저는 냉장고에 삶은 달걀, 무가당 요구르트, 신선한 채소를 가득 채워 두고, 배고픔이 찾아올 때마다 건강한 간식으로 위기를 넘기며 당뇨 식단을 사수하였습니다. 문제는 지난 두 달이었습니다. 교회를 안전하게 지키고 지역 사회를 섬기다 보니, 제 의지와 상관없이 여러 단체의 장(長)을 맡게 되었습니다. 하나님께서 맡기신 사명이라 여기며 숨 가쁘게 달려왔지만, 바쁜 일정은 곧바로 건강의 적신호로 이어졌습니다.

인간의 습성이란 참 묘합니다. 아무리 눈코 뜰 새 없이 바빠도 밥은 꼬박꼬박 챙겨 먹습니다. 그러나 운동은 다릅니다. 바빠지면 가장 먼저 생략되는 0순위가 바로 운동입니다. 저에게도 마지노선이 있었습니다. '헬스장에 못 가는 날에는 아파트 15층 계단을 빠르게 두 번 오르내리자.' 약 12분이면 충분한 이 운동조차, 지난 두 달간의 살인적인 일정 속에서는 지켜지지 못하였습니다. 결과는 정직하였습니다. 며칠 전 받아본 성적표, 즉 당화혈색소(HbA1c) 수치는 가차 없었습니다. 그동안 5.7에서 6.1 사이를 안정적으로 유지하던 수치가 6.7로 껑충 뛰어올랐습니다. 통상적으로 당화혈색소 6.5 이상을 당뇨병으로 진단하는데(미국 당뇨병 학회 기준 관리 목표는 7.0 미만), 저는 다시금 위험 수위 턱밑까지 추격당한 것입니다.

몸은 절대로 속일 수 없습니다. 내가 게으르면 게으른 대로, 관리하면 관리한 대로 결과가 나타납니다. 당뇨병은 완치가 없는, 평생 친구처럼 함께해야 할 질병입니다. 먹고 싶은 것을 참아야 하고, 피곤해도 몸을 움직여야 하는 이 싸움은 결코 쉽지 않습니다. 세상 사람들은 말합니다. "아니, 먹고 싶은 거 마음대로 먹고 살다 죽으면 그만이지, 왜 그렇게 사서 고생을 합니까?" 하지만 그리스도인은 다릅니다. 우리 몸은 내 것이 아니라, 하나님께서 거하시는 거룩한 성전입니다. 우리가 건강해야 교회를 빛낼 수 있습니다. 우리가 강건해야 복음을 전하고, 이웃을 섬기며 끝까지 사명을 감당할 수 있습니다. 사랑하는 성도 여러분, 건강관리는 선택이 아니라 사명입니다. 하나님께서 부르시는 그날까지, 이 정직한 몸을 부지런히 가꾸어 주님의 영광을 위해 사용하는 저와 여러분이 되기를 소망합니다.

스포츠에 내재된 인간의 잔인성

어느 시대이든, 권력자들은 대중을 통치하기 위해 스포츠를 정치적 도구로 이용하곤 하였습니다. 사도 바울 역시 자신이 살던 시대에 이 같은 현상이 만연함을 꿰뚫어 보고 있었습니다. 그는 스포츠 열광 속에 숨겨진 시대의 어둠을 통찰하였던 것입니다. 당시 로마 황제는 유럽은 물론 팔레스타인과 북아프리카에 이르는 광대한 영토를 지배하고 있었습니다. 이 거대한 다민족 제국을 하나로 묶기 위해서는 강력한 통합 기제가 필요하였고, 황제들은 그 수단으로 스포츠를 적극 장려하였습니다. 소위 '빵과 서커스'(Bread and Circuses) 정책입니다.

제가 프리셉트 성지순례단을 인솔하여 이스라엘을 방문하였을 때, 가이사랴(Caesarea)를 찾은 적이 있습니다. 헤롯 대왕이 로마 황제 가이사(아우구스투스)에게 헌정하기 위해 건설한 이 도시는 로마의 위용을 그대로 보여주었습니다. 그 도시의 중심에는 거대한 반원형 야외 극장(Roman Theater)

이 자리 잡고 있었습니다. 약 5,000명 이상을 수용할 수 있는 웅장한 계단식 관람석을 갖춘 곳이었습니다. 저는 문헌을 통해, 이 극장 중앙에 소리를 증폭시키는 천연 음향 설계가 되어 있다는 사실을 알고 있었습니다. 무대 중앙, 배꼽이라 불리는 지점에 서서 연설하면 마이크 없이도 육성이 객석 끝까지 또렷하게 전달된다고 하였습니다. 당시 전 세계에서 온 순례자들이 그곳을 거닐고 있었습니다. 저는 호기심에 중앙 무대에 서서 큰 소리로 외쳤습니다. "Ladies and Gentlemen!" 놀랍게도 사방에 흩어져 있던 사람들이 일제히 저를 쳐다보았습니다. 제 목소리가 구석구석까지 전달된 것입니다. 순간 '지금이다' 싶어 찬송가를 불렀고, 이어서 제가 아는 이탈리아 칸초네, 「Dicitencello vuie」(그녀에게 내 말 전해주오)를 열창하였습니다. "Dicitencello a 'sta cumpagna vosta…" 노래가 끝나자마자, 피부색과 언어가 다른 수많은 관중이 우레와 같은 박수갈채를 보내 주었습니다. 그 자리에 계셨던 우리 성도님들도 목격하신 생생한 추억입니다.

고대 로마 시대, 황제들은 2-3년에 한 번씩 이런 지방 도시를 순회하며 원형 극장이나 경기장의 연단에 서서 연설하였습니다. 그리고 연설이 끝나면 군중의 열기를 돋우기 위해 '판크라티온'(Pankration)이라는 경기를 열었습니다. 판크라티온은 고대의 종합 격투기입니다. 그러나 오늘날처럼 글러브를 끼지 않았습니다. 맨주먹으로, 규칙도 없이 싸우는 처절한 사투(死鬪)였습니다. 선수들은 눈이 찢어지고, 팔이 꺾이며, 피투성이가 되기 일쑤였고, 경기 도중 기절하거나 목숨을 잃는 일도 빈번하였습니다. 그런데 더 충격적인 것은 관중들의 반응이었습니다. 사람이 피를 흘리며 죽어 나가는데, 객석의 5만 관중은 열광하며 환호성을 질렀습니다. 이것이 인간입니다. 화려한 문명 속에 감춰진 인간의 본성은 이토록 잔인합니다.

이 같은 잔인성은 고대에만 있었을까요? 1970-80년대, 우리나라에서는 권투(Boxing) 경기가 큰 인기를 끌었습니다. 전 국민이 라디오와 TV 앞에 모여 "이겨라!"를 외쳤습니다. 그러던 1982년 11월, 전 국민이 충격에 빠진 사건이 있었습니다. 한국의 챔피언 고(故) 김득구 선수가 미국의 레이 맨시니(Ray Mancini) 선수와 세계 타이틀 매치를 벌였습니다. 처절한 난타전 끝에 14회전, 김득구 선수가 상대의 펀치를 맞고 쓰러졌습니다. 심판의 카운트 소리와 함께 경기가 끝났을 때, 사람들은 그가 챔피언이 되지 못한 것을 아쉬워하였습니다. 그러나 다음 날 신문에는 청천벽력 같은 기사가 실렸습니다. 「김득구 선수, 뇌사 판정 후 끝내 사망」. 한 젊은이가 링 위에서 목숨을 잃었습니다. 김득구 선수가 레이 선수의 펀치를 맞고 쓰러졌을 때, 레이 선수의 팬이었던 미국인들은 박수를 치며 환호하였을 것입니다. 이 사건 이후 저는 큰 충격을 받고 제 스스로를 '권투 폐지 위원장'이라 칭하며 친구들에게 "권투를 보지 말자. 우리가 즐기는 사이에 사람이 죽지 않느냐"라고 호소하고 다녔습니다. 비록 친구들에게는 유별나다며 따돌림을 당하였지만, 저는 그때 뼈저리게 느꼈습니다. "아, 인간의 내면 깊은 곳에는 피를 보고 즐거워하는 지독한 잔인성이 숨어 있구나."

사랑하는 성도 여러분, 로마의 판크라티온이나 현대의 권투나 본질은 같습니다. 우리는 스포츠라는 이름 뒤에 숨겨진, 죄인 된 인간의 이중성과 잔인함을 직시해야 합니다.

영적 전투와 전력투구의 삶

사도 바울은 당대의 스포츠 경기를 면밀히 관찰하였습니다. 그리고 놀랍게도 그 치열한 경기장에서 하나님 백성의 삶의 원리를 발견하였습니다. 하나님의 백성이란 누구인가요? 예수님의 십자가 보혈로 죄 씻음 받고, 영원한 생명을 얻은 천국 시민입니다. 주님은 약속하셨습니다.

믿는 자는 영생을 가졌나니 _요 6:47

이 영생을 소유한 우리는 이 땅에 사는 동안 거룩한 영적 전쟁을 치러야 할 사명자들입니다. 그렇다면, 우리는 이 싸움을 어떻게 싸워야 할까요? 바울은 디모데후서에서 자신의 인생을 회고하며 그 비결을 고백합니다.

전제와 같이 내가 벌써 부어지고 나의 떠날 시각이 가까웠도다 나는 선한 싸움을 싸우고 나의 달려갈 길을 마치고 믿음을 지켰으니 _딤후 4:6-7

여기서 "전제"(奠祭; Drink Offering)란, 제물의 마지막 단계에서 포도주를 부어 제사를 완성하는 거룩한 의식입니다. 바울은 자신의 인생 전체를 하나님이라는 제단 위에 포도주처럼 쏟아부었습니다. 단 한 방울도 남김없이, 자신의 생명과 열정을 온전히 드린 것입니다. 그리고 이제 인생의 마감 시점에서 확신에 찬 어조로 선포합니다.

"나는 선한 싸움을 다 싸웠다. 나는 달려갈 길을 완주하였다. 나는 끝까지 믿음을 지켰다."

여기서 '달려갈 길'은 마라톤 경주를 의미합니다. 42.195km의 험난한 코스를 달려, 숨이 턱밑까지 차오르는 고통을 이겨 내고 마침내 골인 지점을 통과한 승리자의 고백입니다. 신앙생활은 산책이 아닙니다. 하나님 앞에서 전력투구(全力投球)하는 치열한 경주입니다.

국민 마라토너 이봉주 선수는 1996년 애틀랜타 올림픽 은메달, 2001년 보스턴 마라톤 우승 등 한국 육상에 굵직한 족적을 남긴 영웅입니다. 세계적인 마라톤 강자인 케냐 선수들을 보십시오. 그들은 큰 키와 긴 다리로 성큼성큼 달리는 타고난 신체 조건을 가졌습니다. 반면 이봉주 선수는 체격도 작고, 짝발에 평발이라는 치명적인 약점까지 있었습니다. 그러나 그는 달랐습니다. 화려한 기술 대신, 탱크처럼 밀고 나가는 끈기와 근성으로 달렸습니다. 처음부터 끝까지 온 힘을 다해 달리는 그의 모습은 우리에게 '최선을 다하는 삶'이라는 감동을 보여 주었습니다. 사도 바울의 삶이 꼭 그러하였습니다. 하나님의 영광을 위해, 자신의 모든 것을 쏟아 부으며 달려간 영적 마라토너였습니다.

저의 지난 목회 여정을 돌아보면, 하나님은 제 인생의 결정적인 순간마다 귀한 스승들을 만나게 하셨습니다. 부모님을 우리가 선택할 수 없는 운명이듯, 스승 또한 하나님께서 맺어 주신 거룩한 섭리였습니다.

첫 번째 스승은 대학 시절 만난 안병호 목사님입니다. 예수님을 전혀 모르던 청년 시절, 목사님은 제게 성경을 가르치고, 전도를 훈련하고, 매일 큐티(QT)하는 법을 전수해 주셨습니다. 놀랍게도 50-100명이 모이는 청년부 설교단에 대학교 2학년생인 저를 세워 설교 연습을 시키셨습니다. 그때 저는 목회자로의 부르심을 확신하게 되었습니다.

두 번째 스승은 남서울교회 홍정길 목사님입니다. 신학을 마친 후 부교역자로 섬기며, 저는 홍 목사님을 통해 목양의 본질이 무엇인지, 한 영혼을 어떻게 사랑하고 품어야 하는지를 깊이 배웠습니다. 그분은 제게 목회적 지혜와 능력을 전수해 주신 목회의 멘토셨습니다.

세 번째 스승은 프리셉트 사역의 창설자이신 케이 아더(Kay Arthur) 교수님입니다. 1983년, 저는 직장인이었지만 닷새뿐인 여름휴가를 모두 반납하고 불광동 기독교 수양관에 올라갔습니다. 그리고 그곳에서 열린 '케이 아더 세미나'를 통해 말씀의 신세계를 경험하였습니다. "하나님의 말씀이 이렇게 달고 오묘하구나!" 그날의 충격은 제 인생을 송두리째 바꾸어 놓았습니다. 저는 더 깊은 배움을 위해 1992년 미국 프리셉트 본부로 유학을 떠났습니다. 3년 동안 케이 아더 교수님 곁에서 먹고 자며 배운 것은 성경에 대한 심오한 지식뿐만이 아니었습니다. 그것은 '말씀을 향한 뜨거운 열정'이었습니다. 그녀는 오직 말씀 연구와 영혼 구원에 인생 전부를 건 사람이었습니다. 그녀가 뿜어내는 거룩한 열정은 수많은 사람을 변화시켰고, 예수님의 참된 제자로 일으켜 세웠습니다. 그녀는 평생 200여 권의 성경 연구 교재를 집필하였습니다. 특히 본문을 5시간 예습하고 2시간 토론하는 '프리셉트 귀납적 성경연구' 시리즈는, 현재 우리 교회 임직자

훈련의 핵심 교재로 쓰이고 있습니다. 1990년대 구소련이 붕괴하고 동유럽의 문이 열렸을 때, 그녀는 주저 없이 그곳으로 달려갔습니다. 루마니아의 교육 당국이 프리셉트성경연구 교재를 공립 중고등학교에 보급해 줄 것을 요청하였을 때, 케이 아더는 주저 없이 거금(巨金)을 모금하여 요청한 교재를 무상으로 보급하였고, 수많은 훈련관을 파견하여 교사들을 훈련시켰으며 복음의 씨앗을 뿌렸습니다. 1997년 제가 "말씀을 가르치는 교회를 개척하겠다"라고 하였을 때, 누구보다 기뻐하며 기도해 주신 분도 케이 아더 교수님이셨습니다. 죽전 예배당 기공식 때는 본부 임원 20여 명을 이끌고 와서 축하해 주셨고, 2018년에는 우리 광교 예배당 강단에 서서 뜨겁게 말씀을 전해 주시기도 하였습니다. 그녀는 늘 "어떻게 하면 한 영혼이라도 더 말씀으로 세울까?"를 고민하던 하나님의 사람이었습니다.

사랑하는 성도 여러분, 우리 인생은 한 번뿐입니다. 연습 경기는 없습니다. 우리를 둘러싼 구름같이 허다한 증인들이 응원하고 있습니다. 이제 우리 차례입니다. 무거운 죄의 짐을 벗어버리고, 인내로서 우리 앞에 놓인 믿음의 경주를 전력으로 달려갑시다. 바울처럼, 이봉주 선수처럼, 그리고 믿음의 선진들처럼 마지막 순간에 "내가 달려갈 길을 다 마쳤노라"고 고백할 수 있는 후회 없는 인생을 사시기를 소망합니다.

단순한 삶과 절대 복종의 자세

사랑하는 성도 여러분, 우리 인생은 하나님 앞에서 달려가는 거룩한 경주입니다. 그러나 이 경주를 완주하기 위해서는 꼭 선행되어야 할 결단이 있습니다. 주님은 "모든 무거운 것과 얽매이기 쉬운 죄를 벗어버리라"고 명하십니다. 생각해 보십시오. 마라톤 선수가 두꺼운 밍크코트를 입고 달릴 수 있을까요? 불가능합니다. 기록을 단축하기 위해 머리카락까지 깎는 판국에, 무거운 짐을 지고는 결코 승리할 수 없습니다. 그러므로 영적 경주자인 우리도 불필요한 짐들을 과감히 내려놓아야 합니다. 달리기에 방해되는 습관, 인간관계, 욕심은 미련 없이 벗어 던져야 합니다. 그래야만 우리는 하나님께서 예비하신 결승선을 통과하는 영광스러운 완주자가 될 수 있습니다. 이것은 곧 '단순한 생활 양식'(Simple Life Style)의 확립을 의미합니다. 이 복잡하고 바쁜 세상에서 모든 것을 다 잘할 수는 없습니다. 선택과 집중이 필요합니다. 국가대표 마라톤 선수를 보십시오. 그들은 땀 배출이 잘되는 초경량 유니폼 하나만 걸칩니다. 달리는 데 방해되는 모든 거추장스러운 요소를 제거하기 위함입니다. 선수가 경기 도중 친구를 만나 밥을 먹거나 경치 구경을 한다면, 그는 이미 선수가 아닙니다. 선수는 오직 달리는 행위 하나에만 목숨을 겁니다. 주님께서 원하시는 삶도 이와 같습니다. 영적 전쟁에서 승리하려면 우리의 삶이 복잡해서는 안 됩니다. 전력투구(全力投球)하는 자세와 단순함의 영성이 필수적입니다.

역사를 봐도 승리하는 자들의 공통점은 단순함과 규율이었습니다. 사도 바울이 활동하던 시대, 지중해를 제패하였던 로마 군단은 무적(無敵)이었습니다. 그들의 강함은 화려한 무기가 아니라, 명령에 죽고 명령에 사는 단순한 규율과 전력투구하는 태도에서 나왔습니다. 사도 바울은 이 로마 군인의 기백을 자신의 신앙에 적용하였습니다. 그는 고린도전서 9장에서 비장한 각오로 이렇게 고백합니다.

그러므로 나는 달음질하기를 향방 없는 것 같이 아니하고 싸우기를 허공을 치는 것 같이 아니하며 내가 내 몸을 쳐 복종하게 함은 내가 남에게 전파한 후에 자신이 도리어 버림을 당할까 두려워함이로다 _고전 9:26-27

바울은 허공에 주먹질하는 섀도 복싱(Shadow Boxing)을 하지 않았습니다. 그는 명확한 목표를 향해 달렸고, 사명을 위해서라면 자신의 몸을 쳐서 노예처럼 복종시키는 철저한 자기 절제의 삶을 살았습니다. 이 임무 완수의 정신을 가장 잘 보여 주는 유명한 실화가 있습니다. 1899년 엘버트

허버드(Elbert Hubbard)가 쓴 『가르시아 장군에게 보내는 편지』(A Message to Garcia)라는 책입니다. 배경은 1898년 미국과 스페인 전쟁 당시입니다. 미국 대통령 매킨리(McKinley)는 쿠바의 반군 지도자 가르시아 장군과 긴밀히 협력해야 하였습니다. 하지만 대통령은 장군이 쿠바의 험준한 산맥 깊숙이 숨어 있어 도무지 연락할 길이 없었습니다. 전신도, 우편도 불가능한 상황이었습니다. 그때 누군가가 대통령에게 한 사람을 추천하였습니다. "앤드루 로완(Andrew Rowan)이라는 중위가 있는데, 그라면 가르시아를 찾을 수 있을 겁니다." 대통령은 로완을 불러 친서를 건네며 명령하였습니다. "이 편지를 가르시아 장군에게 전달하시오." 그때 로완 중위는 어떻게 반응하였을까요? "가르시아 장군이 어디에 있습니까?" "거기까지 어떻게 갑니까?" "가는데 지원금은 줍니까?" 그는 단 한마디도 묻지 않았습니다. 그저 묵묵히 편지를 받아 기름종이 지갑에 넣고 가슴에 품은 뒤, 곧바로 쿠바행 배에 올랐습니다. 그리고 적진을 뚫고 정글을 헤치며, 결국 가르시아 장군을 찾아내 임무를 완수하였습니다. 이것이 바로 사명자의 태도입니다. 토를 달지 않는 순종, 핑계 대지 않는 헌신, 오직 주인의 명령을 수행하기 위해 목숨을 거는 단순함. 이 태도가 불가능해 보이던 임무를 성공으로 이끌었고 전쟁을 승리로 장식하였습니다.

사랑하는 성도 여러분, 하나님은 오늘날에도 이런 사람을 찾으십니다. 복잡한 계산과 핑계 대신, 말씀이 떨어지면 즉각 반응하는 단순한 믿음의 사람 말입니다. 무거운 죄의 짐을 벗어버리고, 오직 주님께서 맡기신 사명을 향해 전력으로 질주하는 저와 여러분이 되기를 간절히 소망합니다.

승리하는 삶과 의의 면류관

그렇다면, 이 치열한 영적 전투에서 하나님의 백성이 갖추어야 할 궁극적인 자세는 무엇인가요? 그것은 바로 우리의 왕이신 예수 그리스도께서 명령하실 때, 토를 달지 않고 “주님, 말씀에 온전히 따르겠습니다”라고 답하는 절대 복종의 자세입니다.

우리가 하나님의 영광을 위해 전력투구하고, 단순한 삶으로 경주에 집중하며, 왕의 명령에 절대적으로 복종할 때, 하나님은 우리를 위해 놀라운 축복을 예비하셨습니다. 사도 바울은 그 영광스러운 보상을 디모데후서 4:8에서 이렇게 확신합니다.

이제 후로는 나를 위하여 의의 면류관이 예비되었으므로 주 곧 의로우신 재판장이 그 날에 내게 주실 것이며 내게만 아니라 주의 나타나심을 사모하는 모든 자에게도니라 _딤후 4:8

성경은 승리한 성도들에게 주어질 다양한 영광을 약속합니다. 베드로전서는 “영광의 관”(벧전 5:4)을, 야고보서는 “생명의 면류관”(약 1:12)을, 그리고 오늘 본문은 “의의 면류관”(딤후 4:8)을 약속합니다. 이것은 고대 그리스 올림픽이나 마라톤 경기에서 우승자가 수만 관중의 환호 속에 받던 ‘월계수 관’(Stephanos)의 영광과 비교할 수 있습니다. 썩어질 월계수 관도 그토록 영광스러운데, 하물며 만왕의 왕이신 예수님께서 직접 씌워 주시는 면류관은 얼마나 찬란할까요? 우리가 이 땅에서 선한 싸움을 다 싸우고 믿음을 지켜 낸 그날, 주님은 그 못 자국 난 손으로 우리에게 면류관을 씌워 주시며 이렇게 말씀하실 것입니다.

“세상에서 수고 많았다. 착하고 충성된 종아.”

사랑하는 성도 여러분, 이 땅의 고난은 잠시요, 저 천국의 영광은 영원합니다. 장차 우리에게 주어질 그 영광의 면류관을 소망하며, 오늘도 하나님 앞에 충성된 군사로 살아가시기를 주의 이름으로 축원합니다.

묵상 질문

1. 여러분의 삶에서 벗어 던져야 할 '무거운 것'과 '얽매이기 쉬운 죄'는 무엇입니까?

우리는 영적 경주를 위해 모든 무거운 짐과 죄를 벗어버려야 합니다. 마라톤 선수가 기록을 위해 거추장스러운 모든 것을 벗어 던지듯, 우리 역시 하나님의 나라를 향한 길에 방해가 되는 세상의 염려, 욕심, 잘못된 습관 등을 내려놓아야 합니다. 현재 나의 신앙 여정을 무겁게 만드는 요소는 무엇인지 돌아보고, 그것들을 어떻게 내려놓을 수 있을지 구체적으로 묵상해 봅시다.

> 이러므로 우리에게 구름 같이 둘러싼 허다한 증인들이 있으니 모든 무거운 것과 얽매이기 쉬운 죄를 벗어 버리고 인내로써 우리 앞에 당한 경주를 하며 _히 12:1

2. 여러분은 하나님 나라의 영광을 위해 '전력투구'하는 삶을 살고 있습니까?

사도 바울은 자신의 인생 전체를 하나님께 온전히 드리는 '전제'와 같이 살았다고 고백합니다. 이봉주 선수는 마라톤 경주에서 마지막까지 포기하지 않고 최선을 다해 달린 대표적인 인물입니다. 우리 역시 하나님께서 주신 사명을 완수하기 위해 모든 힘과 열정을 다해야 합니다. 나의 시간, 재능, 물질을 하나님의 나라를 위해 얼마나 헌신하고 있는지 점검하고, 삶의 모든 영역에서 전심전력으로 주님을 섬기기 위해 무엇을 결단해야 할지 살펴봅시다.

나는 선한 싸움을 싸우고 나의 달려갈 길을 마치고 믿음을 지켰으니
_딤후 4:7

3. 여러분은 주님의 명령에 '절대 복종'하는 자세를 갖추고 있습니까?
로마 군대의 강함과 로완 중위의 임무 완수는 '절대 복종'에서 비롯되었습니다. 우리가 영적 전쟁에서 승리하는 삶을 사는가 아니면 못사는가 역시 우리의 왕 되신 예수 그리스도의 말씀에 대해 온전히 순종하는가 아니면 못하는가에 달려있습니다. 나의 생각과 계획을 내려놓고, 하나님의 말씀에 즉각적으로 순종하지 못하게 막는 장애물은 무엇인지 살펴봅시다. 그리고 삶의 모든 순간에 "주님, 말씀에 순종하겠습니다"라고 고백하며 나아갈 것을 다짐해 봅시다.

내가 내 몸을 쳐 복종하게 함은 내가 남에게 전파한 후에 자신이 도리어 버림을 당할까 두려워함이로다 _고전 9:27

암송구절

나는 선한 싸움을 싸우고 나의 달려갈 길을 마치고 믿음을 지켰으니 _딤후 4:7

요점 정리

1. 정치에 이용된 스포츠와 인간의 잔인성

1980년대 한국의 군사정권은 국민의 정치적 관심을 다른 곳으로 돌리기 위해 '3S(Sex, Screen, Sports) 정책'을 시행하였습니다. 특히 스포츠는 1988년 서울 올림픽 유치, 프로야구 및 프로축구 출범 등을 통해 국가적 차원에서 육성되었습니다. 이는 고대 로마 황제가 제국을 통치하기 위해 판크라티온과 같은 격투기를 장려하였던 것과 유사합니다. 이런 스포츠 경기는 관중을 열광시키지만, 동시에 상대 선수의 고통과 죽음에 환호하는 인간의 잔인한 본성을 드러내기도 합니다. 1970년대 권투 경기에서 한 선수가 사망하였음에도 승리에만 열광하였던 당시 사회의 모습은 이 같은 인간 본성의 어두운 면을 잘 보여 줍니다. 이처럼 스포츠는 때로 순수한 신체 활동을 넘어 정치적 도구로 사용되거나 인간의 잔인성을 자극하는 매개체가 되기도 합니다.

2. 영적 전투를 위한 전력투구의 삶

사도 바울은 운동 경기 속에서 하나님의 백성이 가져야 할 위대한 삶의 자세를 발견하였습니다. 그는 자신의 삶을 하나님께 온전히 바치는 '전제'와 같다고 고백하며, 신앙의 여정을 '선한 싸움'과 '달려갈 길'로 비유하였습니다. 이는 하나님께서 주신 사명을 완수하기 위해 자신의 모든 것을 쏟아붓는 '전력투구의 삶'을 의미합니다. 마라토너 이봉주 선수가 끈질기게 완주하였던 것처럼, 우리 역시 믿음의 경주를 끝까지 완주해야 합니다. 케이 아더 교수님은 평생에 걸쳐 성경 연구와 영혼 구원을 위해 열정적으로 헌신하며 전 세계에 선한 영향력을 미쳤습니다. 이처럼 우리는 한 번뿐인 인생 속에서 영적 전투에 승리하기 위해 전심전력으로 싸워야 합니다.

3. 단순한 삶, 절대 복종, 그리고 승리의 면류관

믿음의 경주를 완주하기 위해서는 '모든 무거운 것과 얽매이기 쉬운 죄'를 벗어 던져야 합니다. 마라톤 선수가 기록을 위해 거추장스러운 모든 것을 전부 버리듯, 우리도 세상의 불필요한 짐을 모두 내려놓고 목표에 집중하는 '단순한 삶'의 자세가 필요합니다. 또한 영적 전쟁에서 승리하기 위해서는 로마 군대의 강함의 비결이었던 '절대 복종'의 자세를 갖추어야 합니다. 『가르시아 장군에게 보내는 편지』에서 등장하는 로완 중위가 대통령의 명령에 절대적으로 복종하여 임무를 완수하였듯이, 우리 역시 왕되신 예수 그리스도의 말씀에 온전히 순종해야 합니다. 이처럼 전력투구, 단순한 삶, 절대 복종의 자세로 살아갈 때에 하나님은 우리를 위해 '영광의 관', '생명의 면류관', '의의 면류관'을 예비해 주십니다. 이 영광의 면류관을 소망하며 하나님 앞에 충성된 삶을 살아가는 것이 부활 인생의 모습입니다.

4. 결론: 하나님의 백성은 영적 전쟁터에서 전력투구하는 삶, 단순한 삶 그리고 절대 순종하는 삶을 영위하는 자로서, 선한 싸움을 완주하여 장차 주님께서 예비하신 의의 면류관을 받는 승리자가 되어야 합니다. 천국 백성은 어떤 자세로 경주하는 자가 되어야 합니까?

첫째, 1980년대 정권이 3S 정책으로 국민의 관심을 돌리려 하였듯, 세상은 끊임없이 우리의 시선을 하나님으로부터 멀어지게 합니다. 성도란 땅을 향한 시선을 들어 본향인 하늘을 바라보며 영적 본질에 집중할 때 승리하는 인생이 될 수 있습니다.

둘째, 마라톤 선수가 승리를 위해 불필요한 장신구를 버리고 오직 달리기에만 집중하듯, 영적 경주자인 성도는 얽매이기 쉬운 죄와 무거운 짐을 벗어버리고 단순한 삶의 자세로 목표를 향해 전력투구하는 자입니다.

셋째, 당뇨 관리를 위해 식단을 철저히 조절하고 운동해야 하듯, 성도는 하나님께서 주신 몸과 영혼을 건강하게 관리해 끝까지 사명을 감당할 수 있는 최상의 상태를 유지하는 자입니다.

넷째, 대통령의 명령에 절대 복종하여 쿠바 밀림을 뚫고 임무를 완수한 로완 중위처럼, 영적 군사인 우리는 왕이신 예수 그리스도의 명령에 핑계 없이 절대 순종하는 자입니다.

다섯째, 선한 싸움을 다 싸우고 믿음을 지킨 자에게는 고대 올림픽의 승리자가 받는 월계관보다 더 영광스러운, 주님께서 직접 씌워 주시는 의와 생명과 영광의 면류관이 예비되어 있습니다.

8. 부활 인생은 선한 싸움을 싸운다

(딤후 4:6-8)

슬라이드

설교 Youtube

9

천국 백성을 향한 유언적 명령

〈마 28:16-20〉

16 열한 제자가 갈릴리에 가서 예수께서 지시하신 산에 이르러

17 예수를 뵈옵고 경배하나 아직도 의심하는 사람들이 있더라

18 예수께서 나아와 말씀하여 이르시되 하늘과 땅의 모든 권세를 내게 주셨으니

19 그러므로 너희는 가서 모든 민족을 제자로 삼아 아버지와 아들과 성령의 이름으로 세례를 베풀고

20 내가 너희에게 분부한 모든 것을 가르쳐 지키게 하라 볼지어다 내가 세상 끝날까지 너희와 항상 함께 있으리라 하시니라

세상의 영웅 그리고 인류 역사의 가장 위대한 기적

지난 5,000년의 유구한 문명사 속에서 인류는 수많은 영웅과 그들이 써 내려간 찬란한 서사시를 목격해 왔습니다. 칭기즈칸(Genghis Khan)을 들어본 적이 있으시지요? 그는 13세기 몽골 초원을 기반으로 흩어져 있던 몽골 부족들을 통합하여 제국을 건설하였고, 중국의 광활한 대륙을 넘어 서쪽으로는 헝가리에 이르기까지 전무후무한 대제국을 건설하였습니다. 말발굽으로 세계 지도를 다시 그린 그의 업적은 가히 기적이라 불릴 만하며, 역사는 그를 정복자이자 영웅으로 기억합니다.

근현대사에도 위기 속에서 빛난 영웅들이 있습니다. 1950년 6 · 25 전쟁 당시, 대한민국은 풍전등화의 위기에 처해 있었습니다. 북한군의 파죽지세에 밀려 낙동강 전선까지 후퇴한 상황에서, 만일 대구와 부산마저 함락된다면 자유 대한민국은 지도에서 사라질 절체절명의 순간에 놓여 있었습니다. 바로 그때, 더글러스 맥아더(Douglas MacArthur) 장군은 세계 전쟁사에 길이 남을 결단을 내렸습니다. 바로 인천상륙작전입니다. 당시 조수간만의 차가 9미터에 달하는 인천의 지리적 악조건 때문에, 그리고 인천과 수도권 지역을 북한 인민군이 완전히 장악하고 철권통치를 하고 있었기 때문에 당시 미군 내 고위 군사 전문가들은 인천상륙작전의 성공 확률을 5,000분의 1에 불과한 것으로 평가하였습니다. 미국의 정계와 군 수뇌부조차 이 작전을 미친 짓이라며 만류하였습니다. 그러나 맥아더 장군은 불가능을 가능으로 바꾸었습니다. 그의 과감한 결단으로 전세가 역전되었고, 서울을 수복하는 한편 북한군의 보급로를 차단함으로써 전쟁의 상황은 극적으로 반전되었습니다. 이로써 오늘날 우리가 누리는 자유 대한민국의 초석이 놓였습니다. 이는 실로 역사의 기적이자 축복이었습니다.

사실 영웅의 모습은 꼭 정복이나 승리에만 있는 것이 아닙니다. 알베르트 슈바이처(Albert Schweitzer) 박사를 보십시오. 그는 의학 박사이자 신학 박사였으며, 당대 최고의 파이프 오르간 연주자였습니다. 하지만 그는 서구 문명이 주는 부와 명예를 헌신짝처럼 버리고, 말라리아와 풍토병이 들끓는 아프리카의 람바레네로 떠났습니다. 이후 그는 그곳에서 평생 가난하고 병든 자들의 친구로 살았습니다. 그 또한 인류가 기억해야 할 진정한 영웅입니다.

그러나 성도 여러분, 지난 인류 역사상 가장 위대하고 가장 놀라운 기적 하나를 꼽으라면 무엇일까요? 그것은 칭기즈칸의 정복도, 맥아더의 승리도, 슈바이처의 헌신도 아닙니다. 바로 창조주이신 하나님께서 죄 많은 인간의 몸을 입고 이 낮고 낮은 땅에 오신 사건, 즉 '성육신(Incarnation)의 사건'입니다. 하나님이신 예수님께서 인류의 모든 죄짐을 홀로 지시고 십자가에서 죽으셨습니다. 그리고 "사흘 만에 다시 살아나리라" 하신 약속대로 사망 권세를 파하시고 부활하셨습니다. 이 부활 사건이야말로 인류 역사상 최대의 기적이며, 우리에게 주어진 구원의 대서사시입니다. 역사는 예수님으로부터 시작되어 예수님으로 완성되었습니다. 영어단어 '역사'(History)는 '그분의 이야기'(His Story)라는 뜻을 내포하고 있습니다. 모든 세계사가 예수님의 탄생을 기점으로 기원전(B.C.; Before Christ: 그리스도 이전에)과 기원후(A.D.; Anno Domini; 주님의 해)로 나뉘는 것은, 역사의 중심에 오직 예수 그리스도가 계심을 증명합니다.

필자가 섬기는 안디옥교회의 역사 또한 이 거대한 'His Story'의 연장선에 있습니다. 1997년 1월 5일, 첫 주일 예배를 드린 그날부터 지금까지 우리 교회는 간증의 역사를 써왔습니다. 우리는 성경공부나 새가족 교육, 제자훈련을 마칠 때마다 성도님들의 간증문을 하나도 빠짐없이 모았습니다. 단 한 장도 폐기하지 않고 소중히 모아 엮은 간증집이 벌써 7권째에 이릅니다. 이 책들에 기록된 것은 단순한 글자가 아닙니다. 예수 그리스도를 만나 변화된 성도들의 삶, 죄인이 의인으로 거듭난 부활의 증거들입니다. 세상 역사가 B.C.와 A.D.로 나뉘듯, 우리 성도님들의 인생 또한 예수님을 만나기 전과 후로 나뉩니다. 안디옥교회의 역사는 곧 성도님들의 역사이며, 이것이 모여 위대한 예수 그리스도의 역사(His Story)를 이루어가고 있는 것입니다.

천국 백성의 삶의 원리: 섬김과 겸손

우리가 예수 그리스도를 믿는다 함은 곧 부활의 생명을 소유하였음을 의미합니다. 믿는 자는 장차 주님과 함께 영원히 다시 살게 될 존재입니다. 그렇기에 성도의 삶은 세상 사람들의 삶과 결코 같을 수 없습니다. 세상 사람들은 잠시 있다 사라질 명예와 자랑을 좇아 평생을 허덕입니다. 작은 공적 하나라도 세상이 알아주지 않으면 견딜 수 없는 고통에 시달립니다. 그러나 신자인 우리는 다릅니다. 우리는 이 땅에 발을 딛고 살지만, 소속은 저 높은 하늘에 있는 천국 시민이기 때문입니다. 영원을 사는 부활의 존재가 어찌 아침 안개 같은 세상의 명예에 목을 매겠습니까? 그러므로 천국 백성, 곧 부활의 생명을 가진 하나님의 사람은 분명히 달라야 합니다. 세계관(Worldview)이 다르고, 가치관(Value)이 다르며, 인생을 바라보는 비전(Vision)과 철학(Philosophy) 자체가 달라야 합니다. 부활의 인생을 사는 자에게는 세상의 법칙을 거스르는 거룩한 섬김의 철학이 자리 잡고 있어야 합니다.

이 철학을 몸소 보여 주신 분이 바로 우리 주 예수 그리스도이십니다. 주님께서 활동하시던 유대 광야와 갈릴리 지역은 건조하고 흙먼지가 많은 곳이었습니다. 당시 사람들은 오늘날처럼 양말에 구두를 신는 것이 아니라, 가죽 끈으로 된 샌들을 신고 다녔습니다. 하루 종일 뜨거운 뙤약볕 아래 흙길을 걸으면, 발은 땀과 먼지로 뒤범벅이 되기 일쑤였습니다. 그래서 당시 유대 사회에는 엄격한 에티켓이 있었습니다. 귀족이나 주인이 외출 후 돌아오면, 집안의 가장 비천한 종(이방인 노예)이 문 앞에 대야를 놓고 주인의 발을 씻겼습니다. 이는 종이 주인에게, 혹은 아랫사람이 윗사람에게 행하는 철저한 상향식 섬김이었습니다. 그런데 최후의 만찬이 있던 날 밤,

충격적인 일이 벌어졌습니다. 하늘과 땅의 주인이신 예수님께서 자리에서 일어나 겉옷을 벗으시고, 허리에 수건을 두르신 채 대야에 물을 떠 오신 것입니다. 그리고 친히 무릎을 꿇고 제자들의 더러워진 발을 씻기기 시작하셨습니다. 제자들은 경악하였습니다. 스승이 제자의 발을, 주인이 종의 발을 씻겨 주신다니요! 있을 수 없는 일이었습니다. 당황한 베드로가 발을 빼며 간청하였습니다. "주여, 주께서 내 발을 씻기시나이까? 절대로 씻기지 못하시리이다!" 그러나 주님은 단호하셨습니다. 발을 다 씻기신 후, 주님은 제자들에게 이 파격적인 행동의 의미를 선포하셨습니다.

> **내가 주와 또는 선생이 되어 너희 발을 씻었으니 너희도 서로 발을 씻어 주는 것이 옳으니라 _요 13:14**

이 말씀은 제자의 삶이 어떠해야 하는지를 보여 주는 핵심 강령입니다. 세상은 높은 자가 섬김을 받으려 합니다. 그러나 부활의 생명을 가진 하나님의 나라는 다릅니다. 높은 자가 낮아지고, 스승이 제자를 섬기며, 먼저 된 자가 나중 된 자의 발을 씻겨 주는 곳, 이것이 바로 기독교의 역설이자 능력입니다.

사랑하는 성도 여러분, 그리고 교회를 이끌어가시는 모든 분께 말씀드립니다. 섬김과 겸손은 선택 사항이 아닙니다. 예수 그리스도를 따르는 모든 백성, 특히 교회 중직자가 지녀야 할 신앙의 제1원칙입니다. 우리가 부활의 주님을 닮아 서로의 발을 씻겨 줄 때, 교회는 세상이 흉내 낼 수 없는 천국의 향기로 가득 차게 될 것입니다.

삶으로 증명되는 섬김의 축복

광교안디옥교회가 처음 광교의 황무지 위에 세워질 때를 기억합니다.

당시 임직이 예정된 장로님들은 3년 동안 매주 토요일마다 고무장갑을 끼고 교회 화장실을 닦으셨습니다. 그분들은 변기를 닦으며 이렇게 기도하셨습니다. "주님, 내일 이 교회를 찾는 성도들이 제가 청소한 이 깨끗한 공간에서 기쁨과 평안을 누리게 하소서." 이 아름다운 헌신이 오늘의 광교안디옥교회를 만들었습니다. 사랑하는 권사님, 안수집사님, 그리고 장차 교회의 기둥이 될 임직 예정자 여러분. 이 아름다운 섬김의 철학이 여러분의 가슴에도 깊이 새겨지기를 바랍니다. 특히 직분자 후보 여러분은 한 달에 한 번 토요일 청소 봉사에 참여하며, 말로만이 아닌 몸으로 낮아짐의 영성을 체득하시기를 간곡히 부탁드립니다. 이것이 제자의 삶이며, 교회를 섬기는 참된 축복의 길이기 때문입니다.

안디옥교회 성도님들 중에는 사회적으로 탁월한 위치에 계신 분들도 있습니다. 기업의 임원, 은행 지점장, 대학병원 전문의 등 세상에서는 결재 서류에 사인하고 지시하는 위치에 있는 분들입니다. 그런 분들이 교회에 오면 앞치마를 두르고 주차봉을 흔들며 궂은일을 마다하지 않습니다. 도대체 무엇이 이분들을 이렇게 만드는 것일까요? 이유는 단 하나, 우리의 왕이신 예수 그리스도의 명령 때문입니다.

> **너희 중에 누구든지 크고자 하는 자는 너희를 섬기는 자가 되고 너희 중에 누구든지 으뜸이 되고자 하는 자는 너희의 종이 되어야 하리라**
>
> _마 20:26b–27

이는 교회 안에서만 통하는 규칙이 아닙니다. 가정에서, 직장에서, 모든 인간관계 속에서 적용되는 천국 시민의 삶의 방식입니다. 왜 그럴까요? 우리는 세상 사람들과 근본적으로 종자(種子)가 다르기 때문입니다. 세상에서도 흔히 "저 사람은 종자가 다르다"라는 말을 씁니다. 이 말에는 두 가지 의미가 담겨 있습니다. 하나는 자기 이익만 챙기며 이기적으로 행동하는 사람을 향한 비난입니다. 그러나 정반대의 의미로 쓰일 때도 있습니다. 묵묵히 남을 돕고 손해를 감수하며 공동체를 위해 헌신하는 사람을 향한 경외의 표현입니다. "와, 저 사람은 정말 종자가 다르네." 하나님의 백성은 바로 이 후자의 의미에서 종자가 다른 사람들입니다. 세상의 가치관을 거스르며, 섬김을 부끄러움이 아닌 영광으로 여기는 사람들입니다. 그러므로 우리는 당당하게 고백해야 합니다. "섬김은 지상 최대의 축복입니다."

제 지인 목사님의 이야기입니다. 우리 교회에서 차로 20분 거리, 용인 남사면의 한 작은 시골 교회에 부임하셨을 때의 일입니다. 처음 가 보니 교회 상황이 말이 아니었습니다. 지붕에서는 비가 새고, 벽에는 곰팡이가 슬어 퀴퀴한 냄새가 진동하였습니다. 목사님은 기도를 하던 중 마음에 감동을 받고, 흩어져 사는 자녀들을 모두 교회로 불렀습니다. "애들아, 우리 오랜만에 다 같이 모여 예배드리고 밥 한 끼 먹자." 가족들이 모이자, 목사님은 슬그머니 미션을 주셨습니다. 큰아들에게는 "이 에어컨이 고장 났는데, 네가 한번 기도하며 해결해 보지 않겠니?", 둘째에게는 "저 낡은 유리창들을 네가 좀 바꿔 주면 좋겠구나." 자녀들은 아버지의 뜻을 받들어 기꺼이 지갑을 열고 헌신하였습니다. 그렇게 온 가족이 힘을 합친 결과, 불과 6개월 만에 쓰러져가던 시골 교회가 말끔하게 리모델링이 되었습니다. 목사님의 섬김은 교회 안에만 머물지 않았습니다. 차 트렁크에 항상 옥수수, 사탕, 과자를 싣고 다니셨습니다. 동네 어르신들을 만날 때마다 손을 꼭 잡고 간식을 쥐여 드리며, 따뜻한 눈빛으로 축복해 주셨습니다. "어르신, 건강하세요. 예수님께서 사랑하십니다." 그렇게 6개월이 지나자 기적이 일어났습니다. 교회 일이라면 쳐다보지도 않던 마을 사람들이, 이제는 교회에 일이 생기면 자기 일처럼 팔을 걷어붙이고 나서기 시작하였습니다. 목사님의 진심 어린 섬김이 굳게 닫혀있던 마을 사람들의 마음 문을 활짝 연 것입니다.

사랑하는 성도 여러분, 섬김은 손해가 아닙니다. 섬김은 사람을 얻고 세상을 변화시키는 가장 강력한 무기입니다. 우리는 찰나를 사는 세상 사람이 아닙니다. 영원을 사는 천국 백성입니다. 조선 시대를 보십시오. 양반집 자제들은 3-4세 때 천자문을 떼고, 15세가 되면 과거 급제를 위해 밤낮으로 공부하였습니다. 그들의 인생 목표는 오직 하나, 입신양명(立身揚名)이었습니다. 장원 급제하여 금의환향하고, 암행어사가 되어 "암행어사 출도요!"를 외치며, 영의정이 되어 "물렀거라!" 하고 천하를 호령하는 것, 그것이 그들이 꿈꾸던 성공의 정점이었습니다. 그러나 우리는 다릅니다. 우리의 목표는 세상을 호령하는 것이 아니라 세상을 섬기는 것입니다. 천하를 호령하는 자가 아니라, 천하보다 귀한 한 영혼을 섬기는 자가 되는 것. 이것이 부활 생명을 가진 자들의 거룩한 야망입니다.

하나님께서 십자가를 통해 죄의 담을 허무시고 우리를 자녀 삼아 주신 이유가 무엇인가요? 단순히 나 혼자 잘 먹고 잘살라고 부르신 것이 아닙니다. 우리는 예수 그리스도의 명예를 위해, 그분의 영광을 위해, 잃어버린 영혼을 구원하기 위해 부름받았습니다. 여러분은 무엇을 위해 살고 계신가요? 왜 그토록 치열하게 돈을 벌고 출근하시나요? 그 모든 수고의 목적이 하나님의 나라와 섬김에 있기를 바랍니다. 열심히 벌어서 교회를 세우고, 힘써 일해서 이웃을 섬기십시오. 우리 주님께서 이 땅에 오신 목적을 잊지 마십시오.

인자가 온 것은 섬김을 받으려 함이 아니라 도리어 섬기려 하고 자기 목숨을 많은 사람의 대속물로 주려 함이니라 _막 10:45

전능하신 하나님께서 친히 종의 형체로 오셨습니다. 섬김을 받으셔야 할 왕이 오히려 섬기러 오셨습니다. 우리는 그 주님을 따르는 자입니다. 섬김의 자리, 희생의 자리, 낮아짐의 자리가 바로 우리가 서야 할 영광의 자리임을 믿으시기를 바랍니다.

세상이 주목하기 시작한 섬김의 리더십

최근 세상이 주목하는 놀라운 변화가 있습니다. 세상의 명망 있는 기업들도 2,000년 전 예수 그리스도께서 보여 주신 '섬김의 리더십'(The Servant Leadership)을 최고의 성공 비결로 꼽기 시작한 것입니다. 미국의 유력 경제지인 『포춘』(Fortune)지가 「가장 일하기 좋은 100대 기업」을 선정할 때의 일입니다. 쟁쟁한 빅테크 기업들을 제치고 무려 3년 연속 최상위권에 선정된 기업이 있었습니다. 바로 특수소재 기업인 다우코닝(Dow Corning)사였습니다. 이 의외의 결과에 놀란 기자가 부사장 마리(Marie N. Eckstein)를 찾아가 물었습니다. "마이크로소프트나 구글도 아닌 당신 회사가 3년 연속 가장 일하기 좋은 100대 기업에 최상위권으로 선정된 비결이 도대체 무엇입니까?" 그녀는 웃으며 대답하였습니다. "우리 회사에는 마법(Magic)이 있습니다. 그 마법의 원천은 바로 섬김의 리더십입니다." 그녀는 덧붙였습니다. "물론 우리에게는 공정한 승진 제도, 자율 근무제, 맞벌이 부부를 위한 교육 시스템 등 훌륭한 복지 제도가 있습니다. 하지만 제도만으로는 마법이 일어나지 않습니다. 우리 회사의 진짜 힘은 '리더가 직원을 섬길 때, 직원은 회사를 위해 헌신한다'라는 이 단순한 진리를 실천하는 데 있습니다."

이 같은 흐름은 해외만의 이야기가 아닙니다. 한국을 대표하는 삼성글로벌리서치(Samsung Global Research; SGR; 과거 삼성경제연구소(Samsung Economic Research Institute; SERI)) 역시 섬김의 리더십을 집중 연구하며, 리더가 갖춰야 할 네 가지 핵심 자세를 발표한 바 있습니다.

- 경청(Listening): 단순히 귀로만 듣는 것이 아니라, 말하는 사람의 상황과 마음까지 헤아려 듣는 자세입니다.
- 공감(Empathy): 타인의 입장에 서서, 그 감정을 함께 느끼려 노력하는 자세입니다.

- 치유(Healing): 구성원들이 가진 내면의 상처와 좌절을 보듬어 안고, 그들이 회복되도록 돕는 사랑의 관심입니다.
- 청지기 의식(Stewardship): 리더는 군림하는 주인이 아니라, 맡겨진 사람들을 성장시키고 섬기는 청지기라는 철학적 인식입니다.

결국 세상의 유능한 경영학자들조차 깨닫게 된 것입니다. 예수님께서 보여 주신 섬김이야말로 조직을 살리고 사람을 키우는 가장 위대한 성공의 길임을 말입니다. 반대로 섬김이 사라진 공동체를 상상해 보십시오. 그곳은 지옥과 같습니다. 지도자는 권력을 휘두르며 약자를 짓밟고, 구성원 사이에는 관용 대신 비난과 탐욕의 언어만 난무합니다. 신뢰가 깨진 삭막한 관계 속에서, 유능한 인재들이 떠나고 조직이 병드는 것은 필연적인 결과입니다. 이 원리는 가정에서도 동일하게 적용됩니다. 유대인의 지혜서『탈무드』에는 결혼하는 딸에게 보내는 어머니의 편지가 나옵니다.

"사랑하는 딸아, 만일 네가 남편을 왕처럼 섬긴다면, 그는 너를 여왕처럼 대접할 것이다. 그러나 네가 교만하여 남편을 하인처럼 부리려 한다면, 그는 너를 하녀처럼 취급할 것이다. 남편을 극진히 대접하라. 그러면 그가 네 머리 위에 여왕의 왕관을 씌워 줄 것이다."

이 지혜는 남편들에게도 똑같이 적용됩니다. 아내를 여왕처럼 섬기십시오. 그러면 여러분은 왕 대접을 받게 될 것입니다. 서로가 서로에게 종이 되어 줄 때, 그 가정은 왕과 여왕이 사는 궁전이 됩니다. 놀라운 사실은, 섬김이 남을 위한 것일 뿐만 아니라 나 자신을 살리는 길이라는 점입니다. 한 연구 기관이 주 8시간 이상 자원봉사를 하는 3,000명을 대상으로 조사한 결과, 의학적으로 놀라운 사실이 밝혀졌습니다(앨런 룩스(Allan luks)의 '헬퍼스 하이'(Helper's High) 효과).

첫째, 응답자의 95%가 봉사 후 강력한 기쁨과 심리적 희열을 경험하였습니다.
둘째, 만성 통증과 불면증이 현저히 완화되었습니다.
셋째, 조기 사망 위험이 봉사하지 않는 사람보다 2배 이상 감소하였습니다.

하나님은 우리 몸을 신비롭게 만드셨습니다. 남을 섬길 때 내 몸의 면역력이 올라가고, 영혼이 치유되도록 설계하신 것입니다. 섬김은 타인을 위한 희생이 아니라, 내 영혼과 육체가 동시에 치유받는 하나님의 처방전입니다.

사랑하는 성도 여러분, 혹시 삶에 기쁨이 메말라 있나요? 마음의 고통으로 잠 못 이루고 계시나요? 그렇다면, 섬김의 자리로 나오십시오. 교회와 세상 속에서 작은 봉사를 시작해 보십시오. 그곳에서 여러분은 세상이 줄 수 없는 하나님의 위로와 생명력을 체험하게 될 것입니다. 이 모든 변화의 시작은 영원한 생명이신 예수 그리스도입니다.

부활의 생명을 가진 자의 사명

사랑하는 성도 여러분, 부활의 생명을 가진 우리는 세상 사람들과 결코 같을 수 없습니다. 무엇이 다른가요? 우리는 땅의 명예가 아니라 하늘의 상급을 추구합니다. 우리에게는 주님께서 마지막 순간에 남기신 위대한 유언적 사명이 있습니다.

그러므로 너희는 가서 모든 민족을 제자로 삼아 아버지와 아들과 성령의 이름으로 세례를 베풀고 _마 28:19

이 지상명령(Great Commission)은 우리 삶에 두 가지 방향을 제시합니다. 첫째, 열방을 향한 '선교적 사명'입니다. 파송된 선교사님들을 위해 기도하고 물질로 후원하는 것입니다. 둘째, 일상 속에서의 '생활 전도 사명'입니다. 여기서 모든 민족이란 멀리 있는 타국 사람뿐만 아니라, 내 삶의 반경 안에 있는 시댁, 처가, 직장, 학교, 동창회 등 '나의 모든 관계망'(Network)을 의미합니다. 바로 이곳이 우리의 선교지입니다.

제 이야기를 잠시 나누고자 합니다. 저는 중학교 때부터 교회를 다녔지만, 솔직히 말해 무늬만 신자였습니다. 예수님을 인격적으로 만나지 못하였기에, 집안의 제사나 종교적 문제로 갈등할 일도 없었습니다. 그저 좋은 게 좋은 거라며 적당히 타협하며 살았습니다. 그러나 대학 시절, 말씀을 깊이 배우던 중 예수 그리스도가 제 인생 안으로 깊숙이 다가왔습니다. 십자가의 복음이 제 심장을 관통하자, 저는 완전히 딴사람이 되었습니다. 그러자 즉각적으로 가정 내에 영적 전쟁이 발발하였습니다. 저희 집안은 전라북도 정읍 이평면 마항리와 두지리에 집성촌을 형성하고 있었는데, 그곳은 당시로서는 교회를 찾아보기 힘든 복음의 불모지였습니다. 어머니와 할머니는 불심(佛心)이 깊어 늘 불공을 드리고 점을 보러 다니셨고, 아버지는 유교적 전통이 뼛속 깊이 박힌 분이셨습니다. 할아버지께서 서당 훈장님이셨으니 오죽하였을까요? 정리하자면, 저희 집안은 유교의 제사와 불교의 기복신앙이 지배하는 가문이었습니다. 그런 집안에서 장남인 제가 "예수님만 믿겠다, 제사는 지내지 않겠다"라고 선언하였습니다. 당연히 집안은 난리가 나고, 회유와 핍박이 이어졌습니다. 결국 저는 집안에서 쫓겨나는 신세가 되었지만, 결코 물러설 수 없었습니다. 쫓겨날지언정 생명이신 예수님을 포기할 수는 없었기 때문입니다. 저희 아버지는 제가 예수를 믿으려 한다는 이유로, 호적을 파겠다고 선언하셨습니다.

그런데 놀라운 반전이 일어났습니다. 집에서 쫓겨나 갈 곳이 없던 시절, 저는 서울 화곡동 외삼촌 댁과 여의도 작은아버지 댁을 오가며 지냈습니다. 그곳에서 사촌 동생들에게 수학과 영어를 가르쳐 주며 숙식을 해결하였습니다. 하지만 제가 가르친 것은 단순히 수학 공식이나 영어 단어가 아니었습니다. 틈만 나면 성경을 펴고 복음을 전하였습니다. "애들아, 공부도 중요하지만 예수님을 믿어야 진짜 성공하는 거야." 눈물로 씨를 뿌린 결과였을까요? 철옹성 같았던 친족들 사이에서 예수님을 영접하는 이들이 하나둘 생겨나기 시작하였습니다. 쫓겨난 자가 가문을 구원하는 통로가 된 것입니다. 가족뿐만이 아닙니다. 당시 저는 수첩에 친구들의 이름을 빼곡히 적어 놓고 기도하며 전도하였습니다. 그중 잊을 수 없는 친구가 있습니다. 바로 대학 친구 정의호 형제입니다. 제가 전한 복음을 듣고 회심한 그는, 이후 뜨거운 사명자가 되었습니다. 기독대학인회(ESF)에서 헌신하고, 선교한국 조직위원장을 역임하더니, 결국 목회자가 되어 지금 용인 기흥의 기쁨의교회를 개척하여 크게 부흥시켰습니다.

재미있는 일화가 있습니다. 현재 우리 교회 음향 시스템을 정기적으로 점검하는 회사의 팀장이 바로 그 기쁨의교회 출신입니다. 제가 가끔 그 팀장에게 농담 반 진담 반으로 묻습니다. "팀장님, 기쁨의교회 담임목사님이 누구시죠?" "네, 정의호 목사님이십니다." 그럼 제가 웃으며 다시 묻습니다. "그럼 그 교회의 영적 당회장은 누구일까요?" 그 팀장은 답변합니다. "그야 물론 김경섭 목사님이시지요." 물론 농담입니다만, 저 질문 속에는 뼈 있는 진실이 담겨 있습니다. 만일 그때 제가 정의호라는 친구에게 복음을 전하지 않았다면, 그가 예수님을 믿었을까요? 그랬다면 오늘날 수많은 영혼을 인도하는 기쁨의교회가 존재할 수 있었을까요?

사랑하는 성도 여러분, 이것이 전도의 신비입니다. 내가 전한 한 사람이 훗날 어떤 위대한 하나님의 사람으로 성장할지 아무도 모릅니다. 하나님은 부족한 저를 통해 가문을 변화시키시고, 친구를 통해 교회를 세우셨습니다. 이 모든 것은 하나님께서 한 영혼을 구원하시기 위해, 그리고 가정과 지역 사회를 복음으로 새롭게 하시기 위해 계획하신 은혜의 역사였습니다.

위대한 사명을 이루는 세 가지 실천 원리

사랑하는 성도 여러분, "너희는 가서 모든 민족을 제자로 삼으라" 하신 주님의 마지막 명령에는 우리가 평생 붙들어야 할 세 가지 중요한 실천 원리가 담겨 있습니다.

첫째, '보내는 선교사'로서의 사명입니다. 모두가 짐을 싸서 해외로 나갈 수는 없습니다. 그러나 우리는 기도의 무릎으로, 그리고 물질의 후원으로 선교의 최전방에 있는 선교사님들과 함께 싸울 수 있습니다. 그들의 사역을 돕고 후원하는 것은 단순한 기부가 아닙니다. 내 몫의 선교를 그분들에게 위임하여 함께 하나님의 나라를 확장하는 거룩한 동역입니다.

둘째, '생활 속 전도자'로서의 사명입니다. 나와 관계 맺고 있는 가족, 친구, 직장 동료, 이웃이 바로 나의 선교지입니다. 그들에게 복음을 전해서 예수 그리스도를 영접하게 하고, '세례'를 받게 하는 것까지가 우리의 책임입니다. 세례가 무엇인가요? "이제 나는 세상에 속한 자가 아니요, 하나님의 가족이 되었습니다"라고 만천하에 선포하는 신앙의 표지(標識)입니다. 세례를 통해 들어온 영적 공동체 안에서, 우리는 서로 사랑하고 섬기며 천국을 미리 맛보게 됩니다. 이 아름다운 사랑의 공동체를 세상에 보여주는 것이야말로 가장 강력한 전도입니다.

셋째, '말씀의 전수자'로서의 사명입니다. 마태복음 28:20은 이렇게 명령합니다.

> **내가 너희에게 분부한 모든 것을 가르쳐 지키게 하라 볼지어다 내가 세상 끝날까지 너희와 항상 함께 있으리라 하시니라 _마 28:20**

주님께서 분부하신 모든 가르침은 어디에 있나요? 바로 신약 27권과 구약 39권, 총 66권의 성경 말씀 속에 온전히 담겨 있습니다. 그러므로 천국 백성이자 부활의 인생을 사는 우리는, 이 66권의 말씀을 부지런히 읽고, 배우고, 묵상하여 내 심령에 새겨야 합니다. 내가 먼저 말씀으로 무장되어야 누군가를 가르쳐 지키게 할 수 있지 않을까요? 오늘 주님께서 우리 각자에게 엄중히 물으십니다. "당신은 부활의 생명을 가진 자입니까? 당신은 구원받은 천국 백성입니까?" 만일 "아멘"이라 답하신다면, 우리는 세상 사람들과 결코 같을 수 없습니다. 종자(種子)가 다릅니다. 세상의 명예 대신 섬김의 축복을 선택하십시오. 세상의 쾌락 대신 영혼 구원의 사명을 선택하십시오. 그리고 손에는 하나님의 위대한 말씀을 굳게 잡으십시오. 부활의 주님께서 세상 끝날까지 우리와 항상 함께하실 것입니다. 이 약속을 믿고, 가정과 일터와 열방을 향해 담대히 나아가는 저와 여러분이 되기를 주의 이름으로 축원합니다.

묵상 질문

1. 여러분은 세상의 가치관과 어떻게 다른 '부활의 인생'을 살아가고 있습니까?

세상은 더 높은 지위와 명예, 성공을 인생의 목표로 삼지만, 부활의 생명을 소유한 천국 백성은 세상의 칭찬이나 자랑을 추구하지 않습니다. 우리의 가치관과 인생의 철학은 세상과 근본적으로 다르며, 그 삶의 방식은 '섬김'으로 나타납니다. 나의 일상(가정, 직장, 사회 등) 속에서 세상의 방식이 아닌, 섬김과 사랑이라는 하늘의 원리를 따르고 있는 부분은 무엇인지 돌아봅시다.

> 너희 중에 누구든지 크고자 하는 자는 너희를 섬기는 자가 되고 너희 중에 누구든지 으뜸이 되고자 하는 자는 너희의 종이 되어야 하리라
> _마 20:26b-27

2. 주님께서 여러분에게 맡기신 '모든 민족'은 누구입니까? 여러분은 그들을 어떻게 섬기고 있습니까?

주님께서 주신 지상명령에서 '모든 민족'은 먼 곳의 선교지뿐만 아니라, 나의 가장 가까운 관계망 속에 있는 모든 사람을 포함합니다. 본가, 자녀, 배우자 가족, 친구, 직장 동료 등 내 삶에 연결된 이들이 바로 주님께서 맡기신 전도의 대상입니다. 나에게 허락된 관계 속 영혼들을 위해 구체적으로 기도하고 복음의 씨앗을 심고 있는지, 그리고 그들을 어떤 모습으로 섬기고 있는지 묵상해 봅시다.

> 그러므로 너희는 가서 모든 민족을 제자로 삼아 아버지와 아들과 성령의 이름으로 세례를 베풀고 _마 28:19

3. '섬김이 지상 최대의 축복'이라는 고백은 여러분의 삶 속에서 어떻게 실현되고 있습니까?

섬김은 단순히 자신을 희생하는 행위가 아니라, 기쁨과 희열을 경험하고 영혼과 육체를 치유하는 능력입니다. 세상의 유력 기업들조차 '섬김의 리더십'의 가치를 인정하고 있습니다. 나의 작은 섬김이 공동체에 어떤 선한 영향력을 미치고 있는지, 혹은 섬김을 주저하게 만드는 마음의 장벽은 무엇인지 돌아보며, 섬김을 통해 주시는 하나님의 복을 기대하며 나아갑시다.

> 인자가 온 것은 섬김을 받으려 함이 아니라 도리어 섬기려 하고 자기 목숨을 많은 사람의 대속물로 주려 함이니라 _막 10:45

암송구절

> 그러므로 너희는 가서 모든 민족을 제자로 삼아 아버지와 아들과 성령의 이름으로 세례를 베풀고 _마 28:19

요점 정리

1. 세상의 영웅을 넘어선 유일한 기적, 예수 그리스도

인류 문명사에는 칭기즈칸, 맥아더 장군, 슈바이처 박사와 같이 역사의 흐름을 바꾼 위대한 영웅들이 존재합니다. 그들의 위업 역시 놀랍지만, 성경은 인류사에서 가장 위대한 기적은 바로 하나님이신 예수 그리스도께서 인간의 몸을 입고 이 땅에 오신 사건이라고 말합니다. 예수님께서 인류의 모든 죄를 짊어지시고 십자가에서 죽으셨다가 말씀대로 사흘 만에 부활하신 사건은, 그분이 하나님의 아들이심을 증명하는 가장 위대한 구원의 기적입니다. 그러므로 세상의 모든 역사는 예수 그리스도를 중심으로 전개되는 '그분의 이야기'(His Story)이며, 그분을 믿는 것은 곧 죽음을 이기고 영원한 생명을 얻는 '부활의 인생'을 시작하는 것을 의미합니다. 세상의 영광과는 비교할 수 없는 이 부활의 생명이야말로 기독교 신앙의 핵심입니다.

2. 천국 백성의 삶의 원리, 섬김의 리더십

부활의 생명을 소유한 천국 백성은 세상과 다른 세계관과 가치관을 갖고 살아갑니다. 그 삶의 핵심 원리는 예수님께서 친히 제자들의 발을 씻기시며 보여 주신 '섬김과 겸손'입니다. 세상이 더 높은 자리에 올라 지배하기를 추구하는 것과 달리, 그리스도인은 가정과 직장, 사회 모든 영역에서 섬기는 자가 되어야 합니다. 이 같은 '섬김의 리더십'은 최근 다우 코닝, 삼성글로벌리서치 등 세계적인 기업과 연구소에서도 조직을 살리는 핵심 가치로 주목하고 있습니다. 섬김은 단순히 자신을 낮추는 행위가 아니라, 공동체를 살리고 자신에게도 기쁨과 치유를 가져오는 '지상 최대의 축복'이며, 부활 신앙을 가진 성도의 삶의 방식 그 자체입니다.

3. 부활의 인생에게 주어진 유언적 사명

부활의 생명을 얻은 성도에게는 예수 그리스도께서 남기신 유언적 사명이 주어집니다. 그것은 "가서 모든 민족을 제자로 삼으라"는 지상명령입니다. 이 사명은 세 가지로 구체화됩니다. 첫째, 전 세계에 흩어진 선교사들을 위해 기도하고 후원하는 '선교적 사명'입니다. 둘째, 자신의 가족, 친구, 동료 등 일상의 관계 속 모든 사람을 전도의 대상으로 삼는 '생활 속 전도의 사명'입니다. 마지막으로, 주님께서 분부하신 모든 것, 즉 성경 66권의 말씀을 부지런히 배우고 가르쳐 지키게 하는 '양육의 사명'입니다. 이 사명을 감당하는 것이 바로 부활의 생명을 소유한 천국 백성이 세상과 구별된 삶을 사는 증거입니다.

4. 결론: **부활의 생명을 소유한 천국 백성은 세상의 가치관과 구별되어, 예수님께서 보여 주신 섬김의 리더십을 실천하고 땅끝까지 복음을 전하라는 지상 명령을 수행하는 사명의 삶을 사는 자입니다. 칭기즈칸이나 맥아더와 같은 영웅들의 업적보다 더 위대한 인류 역사의 기적은 하나님이신 예수 그리스도께서 죽음을 이기고 부활하신 사건이며, 역사는 곧 그분의 이야기(His Story)입니다. 부활의 인생은 세상 사람들과 과연 무엇이 다릅니까?**

첫째, 부활의 생명을 가진 성도는 세상의 명예나 자랑을 좇지 않고, 예수님께서 제자들의 발을 씻기신 것처럼 가정과 교회, 사회에서 낮아져 섬기는 '섬김의 리더십'을 실천하는 자입니다.

둘째, 다우 코닝이나 삼성글로벌리서치와 같은 세상의 기업들조차 예수님의 '섬김의 리더십'이 조직을 성공으로 이끄는 비결임을 깨닫고 있습니다. 실제로 봉사는 기쁨을 주고 조기 사망 위험을 낮추는 치유의 능력이 있습니다.

셋째, 부활 인생의 가장 중요한 특징은 마태복음 28장의 유언적 명령에 따라 선교사를 후원하고, 필자가 가족을 전도한 것처럼 일상의 관계 속에서 복음을 전하여 제자를 삼는 것입니다.

넷째, 천국 백성은 주님께서 분부하신 신구약 성경 66권의 말씀을 끊임없이 배우고 가르쳐서 심령에 아로새겨 지키게 하는 자이며, 그 결과 세상 끝날까지 함께하시겠다는 주님의 약속을 누리는 자입니다.

9. 천국 백성을 향한 유언적 명령

(마 28:16-20)

세상 영웅을 넘어선 유일한 기적

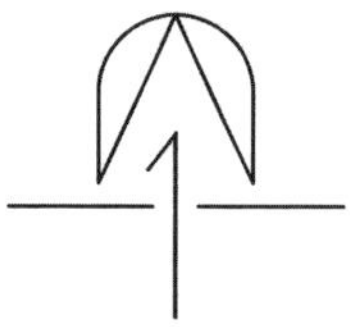

예수 그리스도의 부활은 인류 역사상 가장 위대한 구원의 사건이며, 모든 역사의 중심입니다.

천국 백성의 삶의 원리: 섬김

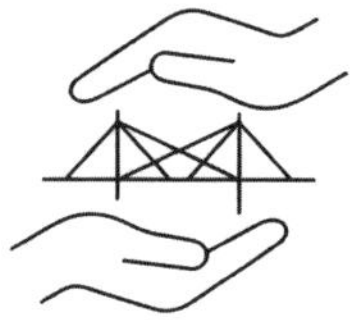

부활의 생명을 소유한 자는 세상의 가치관이 아닌, 섬김과 겸손으로 공동체를 살리는 삶을 삽니다.

부활의 인생에게 주어진 사명

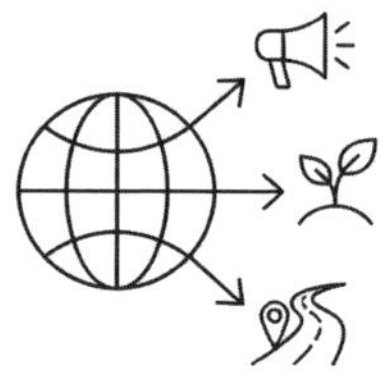

"너희는 가서 모든 민족을 제자로 삼으라"는 주님의 유언적 명령을 따라 선교, 전도, 양육의 사명을 감당합니다.

슬라이드

설교 Youtube

10
부활의 표적

〈막 16:1-20〉

1 안식일이 지나매 막달라 마리아와 야고보의 어머니 마리아와 또
살로메가 가서 예수께 바르기 위하여 향품을 사다 두었다가
2 안식 후 첫날 매우 일찍이 해 돋을 때에 그 무덤으로 가며
3 서로 말하되 누가 우리를 위하여 무덤 문에서 돌을 굴려 주리요
하더니
4 눈을 들어본즉 벌써 돌이 굴려져 있는데 그 돌이 심히 크더라
5 무덤에 들어가서 흰 옷을 입은 한 청년이 우편에 앉은 것을 보고
놀라매
6 청년이 이르되 놀라지 말라 너희가 십자가에 못 박히신 나사렛
예수를 찾는구나 그가 살아나셨고 여기 계시지 아니하니라 보라
그를 두었던 곳이니라
7 가서 그의 제자들과 베드로에게 이르기를 예수께서 너희보다 먼
저 갈릴리로 가시나니 전에 너희에게 말씀하신 대로 너희가 거기
서 뵈오리라 하라 하는지라
8 여자들이 몹시 놀라 떨며 나와 무덤에서 도망하고 무서워하여 아
무에게 아무 말도 하지 못하더라
9 〔예수께서 안식 후 첫날 이른 아침에 살아나신 후 전에 일곱 귀
신을 쫓아내어 주신 막달라 마리아에게 먼저 보이시니
10 마리아가 가서 예수와 함께 하던 사람들이 슬퍼하며 울고 있는
중에 이 일을 알리매
11 그들은 예수께서 살아나셨다는 것과 마리아에게 보이셨다는 것
을 듣고도 믿지 아니하니라
12 그 후에 그들 중 두 사람이 걸어서 시골로 갈 때에 예수께서 다른
모양으로 그들에게 나타나시니

13 두 사람이 가서 남은 제자들에게 알리었으되 역시 믿지 아니하
니라
14 그 후에 열한 제자가 음식 먹을 때에 예수께서 그들에게 나타나
사 그들의 믿음 없는 것과 마음이 완악한 것을 꾸짖으시니 이는
자기가 살아난 것을 본 자들의 말을 믿지 아니함일러라
15 또 이르시되 너희는 온 천하에 다니며 만민에게 복음을 전파하라
16 믿고 세례를 받는 사람은 구원을 얻을 것이요 믿지 않는 사람은
정죄를 받으리라
17 믿는 자들에게는 이런 표적이 따르리니 곧 그들이 내 이름으로
귀신을 쫓아내며 새 방언을 말하며
18 뱀을 집어올리며 무슨 독을 마실지라도 해를 받지 아니하며 병든
사람에게 손을 얹은즉 나으리라 하시더라
19 주 예수께서 말씀을 마치신 후에 하늘로 올려지사 하나님 우편에
앉으시니라
20 제자들이 나가 두루 전파할새 주께서 함께 역사하사 그 따르는
표적으로 말씀을 확실히 증언하시니라]

인생의 유한함과 역사적 사실로서의 부활

인생은 모래시계와 같습니다. 지상에서 살아온 세월만큼, 우리에게 남은 지상의 삶은 정확히 그만큼 단축됩니다. 스무 해를 살았다면 우리의 생애는 스무 해만큼 줄어든 것이고, 일흔 해를 살았다면 일흔 해만큼 죽음과 가까워진 것입니다. 이것이 거부할 수 없는 육체의 이치입니다. 그러나 믿는 백성은 세월이 흘러감을 결코 슬퍼하거나 두려워하지 않습니다. 왜일까요? 우리 주님께서 시간의 법칙을 뛰어넘는 위대한 선언을 하셨기 때문입니다.

믿는 자는 영생을 가졌나니 _요 6:47

예수께서 이르시되 나는 부활이요 생명이니 나를 믿는 자는 죽어도 살겠고 무릇 살아서 나를 믿는 자는 영원히 죽지 아니하리니 이것을 네가 믿느냐 _요 11:25-26

예수님은 이 땅에 계실 때, 자신이 종교지도자들에게 고난받고 처형될 것을 미리 아셨고, 예고하셨습니다. 그리고 동시에, 사흘 만에 죽음을 이기고 부활할 것을 약속하셨습니다. 오늘 본문에는 그 약속대로 이루어진 부활의 현장을 목격한 사람들이 등장합니다. 그러나 아이러니하게도, 부활의 소식을 가장 먼저 들었던 제자들조차 그것을 쉽게 믿지 못하였습니다. 어쩌면 이는 당연한 반응일지 모릅니다. 죽은 자가 다시 살아난다는 것은 인간의 이성으로 납득하기 힘든 일이기 때문입니다. 지금 우리 중에도 "과연 예수의 부활이 믿을 만한 진리인가?"라고 반문하는 분이 계실지 모릅니다. 그러나 사랑하는 성도 여러분, 여기서 우리가 반드시 기억해야 할 놀라운 진실이 있습니다. 예수 그리스도의 부활은 신화나 전설이 아니라, 명백한 '역사적 사실'(The Historical Fact)이라는 점입니다.

가령, 지난 2025년 10월 31일, 대한민국 경주에서 APEC(아시아 태평양 경제협력체) 정상회의가 개최되었다는 사실을 생각해 보십시오. 세월이 흘러 100년, 1000년이 지난다 한들 이 사실이 변할까요? 결코 변하지 않습니다. 이는 이미 시간과 공간 속에서 일어난 확정된 역사적 사실이기 때문입니다. 누구도 이 팩트를 부정할 수 없습니다. 오늘날 우리 사회가 왜 혼란스러울까요? 명백한 사실(Fact)을 인정하지 않고, 이념이나 감정에 따라 왜곡하려는 경향이 있기 때문입니다. 그러나 진실은 다수결로 정해지는 것이 아니며, 목소리가 크다고 바뀌는 것도 아닙니다. 사실은 영원히 사실입니다.

예수님께서 죽음의 권세를 깨뜨리고 무덤 문을 열고 나오신 것. 이것은 제자들의 환상이 아니요, 기독교가 만들어낸 교리가 아닙니다. 인류 역사의 한 시점, 그 구체적인 현장에서 실제로 일어난 바뀔 수 없는 역사적 사건입니다.

빈 무덤을 목격한 여인들과 제자들의 불신

세상 사람들은 반문합니다. “믿을 만한 것을 믿어야지, 죽은 사람이 다시 살아난다는 부활을 어떻게 믿을 수 있습니까?” 솔직히 말해, 인간의 이성으로는 믿기 어려운 것이 사실입니다. 3년 동안이나 동고동락하며 예수님의 기적을 눈앞에서 보았던 제자들조차 부활 소식 앞에서는 고개를 저었습니다. 예수님은 금요일 오후 3시에 운명하셨습니다. 곧이어 해가 지고 안식일이 시작되자, 유대인의 엄격한 규례 때문에 아무도 시신을 수습하러 갈 수 없었습니다. 그리고 드디어 안식 후 첫날, 주일 새벽이 밝았습니다. 어둠이 채 가시지 않은 그 이른 시각, 세 사람이 예수님의 무덤을 향해 걸음을 재촉하고 있었습니다. 누구였나요? 베드로인가요? 요한인가요? 아닙니다. 마가복음 16장은 그들이 막달라 마리아, 야고보의 어머니 마리아, 그리고 살로메였다고 기록합니다. 모두 여성이었습니다.

사랑하는 성도 여러분, 우리는 여성들의 헌신과 믿음을 귀하게 여겨야 합니다. 예수님께서 십자가에서 처참하게 돌아가시던 그 마지막 순간, 건장한 남성 제자들은 두려움에 떨며 모두 도망쳤습니다. 그러나 끝까지 십자가 곁을 지킨 이들도 여인들이었고, 예수님께서 부활하신 날 새벽에 가장 먼저 무덤에 간 이들도 여인들이었습니다. 사랑은 두려움을 이깁니다. 그녀들에게도 걱정은 있었습니다. 당시 유대인의 무덤은 동굴 형태였고, 입구는 장정 몇 명이 달라붙어도 꿈쩍하지 않을 육중한 돌로 막혀 있었기 때문입니다.

누가 우리를 위하여 무덤 문에서 돌을 굴려 주리요 _막 16:3

걱정을 한가득 안고 도착한 무덤가, 그런데 놀라운 광경이 펼쳐져 있었습니다. 그 엄청난 돌이 이미 굴려져 있었고, 무덤 문이 활짝 열려 있는 것이 아닙니까! 떨리는 마음으로 들어선 동굴 안에는 시신 대신 흰옷을 입은 한 청년(천사)이 앉아 있었습니다. 그는 놀라 자빠질 듯한 여인들에게 역사적인 첫 메시지를 선포하였습니다.

놀라지 말라 너희가 십자가에 못 박히신 나사렛 예수를 찾는구나 그가 살아나셨고 여기 계시지 아니하니라 _막 16:6

더욱 놀라운 것은 그다음입니다. 예수님께서 부활하신 후, 이 우주적인 사건을 가장 먼저 알리고 싶어 선택하신 첫 번째 목격자가 누구였나요? 바로 막달라 마리아였습니다. 그녀는 누구인가요? 막달라 마리아는 예수님을 만나기 전, 일곱 귀신으로 고통받던 비천한 여인이었습니다. 상식적으로 생각해 보십시오. 자신이 부활하였다면 누구에게 가장 먼저 가야 효과적일까요? 자신을 죽인 빌라도나 대제사장에게 나타나 "나 살아났다!"라고 호통을 치시거나, 로마 황제에게 나타나 권능을 보여 주시는 것이 더 낫지 않았을까요? 아니면 적어도 수제자 베드로에게는 먼저 가셔야 하지 않았을까요? 그러나 주님은 세상의 권력자도, 재력가도, 종교지도자도 아닌, 당시 사회에서 가장 소외받고 비천하였던 한 여인을 찾아가셨습니다. 이것이 복음입니다. 주님은 낮은 자, 상한 자, 버림받은 자를 들어 부활의 영광스러운 첫 증인으로 세우셨습니다. 막달라 마리아는 벅찬 가슴을 안고 제자들에게 달려가 외쳤습니다.

"내가 주를 보았습니다! 주님께서 살아나셨습니다!"

그렇다면, 이 생생한 증언을 들은 제자들의 반응은 어떠하였을까요?

그들은 예수께서 살아나셨다는 것과 마리아에게 보이셨다는 것을 듣고도 믿지 아니하니라 _막 16:11

그들은 듣고도 믿지 않았습니다. "설마, 그럴 리가 있나. 네가 너무 슬퍼서 헛것을 봤겠지"라며 무시하였습니다. 그 후, 엠마오로 가던 두 제자가 부활하신 주님을 직접 만나고 돌아와서 "우리가 주님을 만났다!"라고 증언하였습니다. 이번에는 제자들이 믿었을까요?

두 사람이 가서 남은 제자들에게 알리었으되 역시 믿지 아니하니라
_막 16:13

성경은 냉정하게 기록합니다.

"역시 믿지 아니하니라."

이것이 인간의 한계입니다. 내 이성과 경험의 틀에 갇히면, 눈앞에 증인이 있어도 진리를 보지 못합니다. 부활 신앙은 이성으로 납득하는 것이 아니라, 성령님께서 눈을 열어 주실 때 믿어지는 은혜의 사건인 것입니다.

부활의 첫 번째 증거: 수많은 증인의 일치된 증언

우리가 매주 교회에 나와 예배를 드린다는 사실이 곧 부활을 믿는다는 증거는 아닙니다. 냉정하게 말해, 습관적으로 예배에 참석하고 성경을 읽으면서도, 마음 깊은 곳에서는 예수님의 부활을 역사적 사실로 받아들이지 못하는 분들이 있을 수 있습니다. 그렇다면, 우리는 왜 이 믿기 힘든 부활을 사실로 믿어야 할까요? 부활에는 부인할 수 없는 확실한 증거들이 있기 때문입니다.

첫째, 부활에는 수많은 '인적 증거'(Witnesses), 즉 목격자들이 있습니다. 가장 먼저 막달라 마리아가 부활의 주님을 보았습니다. 그다음에는 엠마오로 가던 두 제자가 보았습니다. 그리고 마침내 주님은 숨어 있던 열한 제자 모두에게 친히 나타나셨습니다.

그 후에 열한 제자가 음식 먹을 때에 예수께서 그들에게 나타나사 그들의 믿음 없는 것과 마음이 완악한 것을 꾸짖으시니 이는 자기가 살아난 것을 본 자들의 말을 믿지 아니함일러라 _막 16:14

이 장면에서 우리는 중요한 사실을 깨닫습니다. 제자들조차 처음에는 예수님의 부활을 믿지 못하였다는 점입니다. 그들은 우리처럼 의심하였고, 마음이 완악하였습니다. 그러나 주님은 포기하지 않으시고 그들에게 나타나 자신의 몸을 보여 주심으로 부활의 증거를 보이셨습니다. 증인은 여기서 그치지 않습니다. 사도 바울의 증언(고전 15장)에 따르면, 무려 500

여 명의 신자들이 일시에 부활하신 주님을 목격하였습니다. 바울이 이 기록을 남길 당시, 그 목격자 중 절반 이상인 250여 명은 여전히 살아서 "내가 그때 예수를 보았다"라고 증언하고 있었습니다.

사랑하는 성도 여러분, 법정에서 한 사람에게 사형과 같은 중형을 선고할 때 필요한 증거가 무엇인가요? 첫째는 물적 증거요, 둘째는 인적 증거입니다. 특히 인적 증거의 경우, 두세 사람의 증언이 핵심 사안에서 일치하면 그 효력을 인정받습니다. 예컨대, 비 오는 날 밤에 살인 사건이 발생하였다고 봅시다.

증인A: "보슬비가 내리는 골목 모퉁이에서, 검은 옷에 안경 쓴 저 남자가 칼을 위에서 아래로 내리꽂는 걸 봤습니다."

증인B: "비 오는 날 밤이었습니다. 어두운색 점퍼를 입은 저 사람이 흉기를 휘둘렀는데, 칼날이 번쩍였습니다. 찌르는 각도는 못 봤지만 피가 튀는 건 확실히 봤습니다. 저 피고인이 맞습니다."

증인C: "비가 왔고, 청색 계열 옷을 입은 저 사람이 칼을 휘두르고 있었습니다. 그때 한 사람은 쓰러지고 한 사람은 도망쳤습니다."

이 세 사람의 진술은 세부 묘사(옷 색깔의 명도, 찌르는 각도 등)에서 약간의 차이가 있습니다. 그러나 법정은 이를 신빙성 있는 증거로 채택합니다. 왜냐하면 '비 오는 날', '칼을 사용한 살인', '범인의 인상착의'라는 핵심 팩트(Core Fact)가 일치하기 때문입니다. 오히려 판사들은 세 명의 증언이 토씨 하나 틀리지 않고 똑같을 때, 그것을 조작된 위증(僞證)으로 의심합니다. 사전에 입을 맞추지 않고서는 인간의 기억력이 그렇게 완벽하게 일치할 수 없기 때문입니다. 복음서마다 부활의 정황 묘사가 조금씩 다른 것은, 이것이 조작되지 않은 진실한 목격담이라는 가장 강력한 반증입니다. 세상 법정에서도 두세 사람의 증인이 서면, 그 증언에 따라 한 사람의 운명이 결정됩니다. 하물며 예수 그리스도의 부활을 목격한 증인은 한두 명이 아닙니다. 의심 많던 제자들부터 500여 명의 군중까지, 수많은 사람이 시간과 장소를 달리하여 부활하신 주님을 목격하였습니다. 이는 인류 역사상 그 어떤 사건보다 강력하고 압도적인 법적 증거입니다.

부활의 두 번째 증거: 시신 탈취의 불가능성

둘째, 예수님의 시신은 결코 탈취될 수 없는 상황이었습니다. 일각에서는 제자들이 시신을 훔쳐 가고 부활하였다고 거짓말을 한 것이 아니냐고 의심합니다. 그러나 이는 당시의 상황을 전혀 모르는 억측입니다. 예수님은 당시 사회에서 모르는 사람이 없는 '슈퍼스타'셨습니다. 누가복음 7장에는 나인성 과부의 아들 사건이 나옵니다. 독자인 아들을 잃고 통곡하는 어머니와 그 슬픔을 위로하기 위해 마을 사람들이 상여를 뒤따르고 있었습니다. 죽음의 행렬이었습니다. 그때 주님께서 나타나셔서 상여에 손을 대시고 "청년아, 내가 네게 말하노니 일어나라"고 선포하셨습니다. 그러자 죽었던 청년이 즉시 일어나 앉고 말을 하기 시작하였습니다. 그 광경을 목격한 수많은 사람이 얼마나 놀라고 환호하였을까요? 그 청년이 가는 곳마다 "보아라! 저 사람이 죽었다가 예수의 말 한마디에 살아난 사람이다!"라고 외치는 증인들이 넘쳐났을 것입니다. 어디 그뿐인가요? 평생 혈루증으로 고통받던 여인은 예수님의 옷자락만 만지고도 깨끗함을 입었습니다. 주님께서 가시는 곳마다 구름떼 같은 인파가 몰려들었고, 그분의 일거수일투족은 전 국민의 관심사가 되었습니다. 예수님은 무명의 청년이 아니셨습니다. 당시 가장 명성이 높았고, 동시에 기득권층에게는 가장 위험한 인물이었습니다.

그렇기에 예수님을 처형한 정치 · 종교지도자들은 긴장을 늦출 수 없었습니다. 그들은 예수님께서 생전에 "내가 죽은 지 사흘 만에 다시 살아나리라"고 예언하셨다는 사실을 똑똑히 기억하고 있었습니다. 때문에 그들은 예수님께서 운명하시자마자 빌라도 총독을 찾아가 다급하게 요청하였습니다(마 27:62-66).

"각하, 저 속이던 자가 살아 있을 때 사흘 만에 부활한다고 하였습니다. 만일 제자들이 시신을 훔쳐 간 뒤 백성에게 '그가 부활하였다'라고 선동하면, 민란이 일어날지도 모릅니다. 그러니 군대를 보내 무덤을 철통같이 지키게 해 주십시오."

그리하여 무덤이 있었던 동굴 입구는 장정 여러 명이 겨우 굴릴 수 있는 거대한 돌로 막혔고, 그 위에는 총독의 인장(Seal)이 찍혔으며, 훈련된 로마 군인들이 밤새 물샐틈없이 동굴 입구를 지켰습니다. 생각해 보십시오. 당시 제자들은 두려움에 떨며 문을 걸어 잠그고 숨어 있었던 오합지졸이었습니다. 그런 그들이 무장한 로마 정예군을 제압하고, 총독의 인장을 훼손하면서까지 시신을 훔쳐 간다는 것이 가당키나 한 일일까요? 예수님의 시신 탈취는 애초에 불가능하였습니다. 빈 무덤은 누군가 시신을 훔쳐 간 범죄의 현장이 아니라, 죽음을 뚫고 부활하신 생명의 현장입니다.

부활의 세 번째 증거: 제자들의 전인격적 변화

셋째, 제자들의 전인격적인 변화야말로 부활의 가장 확실한 증거입니다. 예수님께서 처형되시던 날, 남성 제자들의 모습은 비겁하기 짝이 없었습니다. 그들이 도망친 이유는 단순합니다. 살고 싶었기 때문입니다. 스승과 함께 있다가는 자신들도 십자가에 매달릴까 봐 두려워 뿔뿔이 흩어졌고, 결국 예전의 생업인 갈릴리 바다의 어부로 돌아가 버렸습니다. 그러나 부활하신 주님께서 이 패잔병들을 찾아오셨습니다. 의심 많던 도마를 보십시오. 그는 동료들의 증언을 듣고도 이렇게 냉소하였습니다.

내가 그의 손의 못 자국을 보며 내 손가락을 그 못 자국에 넣으며 내 손을 그 옆구리에 넣어 보지 않고는 믿지 아니하겠노라 _요 20:25

그때 주님께서 나타나셔서 도마에게 말씀하셨습니다.

"네 손가락을 이리 내밀어 내 손을 보고, 네 손을 내밀어 내 옆구리에 넣어 보라."

그 압도적인 실재(Reality) 앞에서 도마의 의심은 산산이 부서졌고, 그는 "나의 주님이시요 나의 하나님이시니이다"라고 고백할 수밖에 없었습니다.

이 만남 이후, 제자들은 완전히 다른 사람이 되었습니다. 죽음이 두려워 도망쳤던 겁쟁이들이 이제는 죽음을 불사하는 복음의 전사(戰士)가 되었습니다. 예수님의 친동생 야고보를 보십시오. 그는 생전의 형님을 메시야로 믿지 않았던 인물입니다. 그러나 부활하신 주님을 만난 후 그는 예루살렘 교회의 기둥 같은 지도자가 되었고, 끝내 순교의 길을 걸었습니다. 수제자 베드로는 어떤가요? 로마에서 체포되어 처형당할 때, 그는 이렇게 요청하였다고 전해집니다.

"내 주님께서 십자가에 똑바로 달려 돌아가셨는데, 감히 내가 어떻게 주님과 똑같이 죽을 수 있겠는가? 나를 십자가에 거꾸로 매달아 달라."

그는 기꺼이 거꾸로 매달려 순교하였습니다. 의심 많던 도마는 당시에 땅끝으로 알려졌던 인도까지 가서 복음을 전하다 창에 찔려 순교하였고, 기독교를 핍박하던 사도 바울 역시 로마에서 목이 잘리는 참수형을 당하며 생을 마감하였습니다.

사랑하는 성도 여러분, 냉정하게 생각해 보십시오. 만일 부활이 거짓

말이라면, 만일 제자들이 시신을 훔쳐 놓고 쇼를 하는 것이라면, 그 거짓말을 위해 자신의 목숨을 바칠 사람이 세상에 어디 있을까요? 사람은 자신이 만든 거짓말을 위해 죽지 않습니다. 거짓말을 위해 고문을 견디고 십자가에 거꾸로 매달릴 바보는 없습니다. 그들이 자신의 생명조차 아끼지 않고 불 속으로 뛰어들 수 있었던 이유는 단 하나입니다. 그들이 부활하신 예수 그리스도를 실제로 만났기 때문입니다. 그 만남이 그들의 인생을 송두리째 뒤집어 놓았고, 하나님은 이들을 통해 온 세상에 복음의 불길을 일으키셨습니다.

현대 지성인들을 회심시킨 부활의 확실성

예수님의 부활은 2,000년 전의 신화가 아닙니다. 현대의 가장 냉철한 지성인들조차 그 증거 앞에서는 고개를 숙일 수밖에 없는 역사적 사실입니다. 미국의 저명한 언론인이자 베스트셀러 작가인 리 스트로벨(Lee Strobel)의 이야기를 아시나요? 그는 예일대 법학대학원(M.S.L.) 출신으로, 미국 유력 일간지 '시카고 트리뷴'의 법률 담당 편집장이었습니다. 그는 철저한 무신론자였고, 눈에 보이는 증거와 팩트만을 신봉하는 냉소적인 저널리스트였습니다. 그러던 어느 날, 그의 아내 레슬리(Leslie)에게 이상한 변화가 생겼습니다. 일요일 오전만 되면 사라지는 것입니다. 뒤를 캐보니, 아내는 윌로우크릭교회에 나가고 있었습니다. 예배에 빠져들고, 성경 공부에 열을 올리는 아내를 보며 스트로벨은 위기감을 느꼈습니다.

'아니, 2,000년 전에 쓰인 고문서 따위에 내 아내가 세뇌당하다니! 이러다간 가정이 파탄나겠다.'

미국 사회에서 종교 문제로 아내를 핍박하는 것은 이혼 사유가 될 수 있기에, 그는 법률가다운 전략을 세웠습니다.

"좋다. 내가 기독교의 허구성을 낱낱이 파헤쳐서, 그 예수가 가짜라는 것을 증명해 보이겠다. 그러면 아내도 제정신으로 돌아올 것이다."

그는 아내를 구출하겠다는 일념으로 무려 2년 동안 교회를 따라다니며 치열하게 조사하였습니다. 기자 특유의 집요함으로 성경의 모순을 찾고, 역사적 자료를 뒤지며 반박 거리를 수집하였습니다. 그런데 이상한 일이 벌어졌습니다. 성경을 연구하면 연구할수록, 예수라는 인물이 가짜가 아니라 위대한 진실로 다가왔습니다. 허점을 찾으려던 그의 칼날이 오히려 무뎌지기 시작하였습니다. 그가 항복할 수밖에 없었던 결정적인 질문은 바로 이것이었습니다.

"도대체, 그 비겁하게 도망쳤던 제자들이 어떻게 하루아침에 죽음을 불사하는 순교자로 변할 수 있었는가?"

기자의 양심과 법적인 논리로 볼 때, 답은 하나뿐이었습니다.

"그들은 부활하신 예수를 진짜로 만났다. 부활은 역사적 사실(Fact)이다."

결국 그는 펜을 꺾고 예수 그리스도 앞에 무릎을 꿇었습니다. 기독교를 공격하려던 그의 노트는 훗날 『예수는 역사다』(The Case for Christ)라는 책으로 출간되어 전 세계 수천만 무신론자를 하나님께로 인도하는 도구가 되었습니다.

또 한 명의 인물이 있습니다. 인도 출신의 세계적인 변호사 라이오넬 럭후(Lionel Luckhoo)입니다. 그는 영국 여왕으로부터 작위를 받은 법조인이자, 기네스북에 등재된 전설적인 변호사입니다. 그는 245건의 살인 사건 재판을 연속해서 승소함으로 기네스북에 등재된 것입니다. 보통 변호사들이 10건 중 7건만 이겨도 유능하다고 하는데, 그는 가장 어렵다는 살인 사건을 245번이나 연속으로 뒤집은, 그야말로 논리의 신이었습니다. 그런 그가 64세의 나이에 신약 성경과 부활 사건을 법의학적 관점에서 검증하기 시작하였습니다. 세계 최고의 변호사가 내린 판결은 무엇이었을까요? 그는 이렇게 고백하였습니다.

"나는 수많은 사건을 다루며 증거를 분석해 온 변호사다. 내가 가진 모든 법적 지식과 기준을 동원하여 조사해 본 결과, 예수 그리스도의 부활은 그 어떤 사건보다 명백하고 확실한 증거들로 입증된 역사적 사실이다. 나는 이 압도적인 증거 앞에서 더 이상 의심할 수 없다."

사랑하는 성도 여러분, 예수 그리스도의 부활은 맹목적인 믿음을 강요하는 종교적 교리가 아닙니다. 주님은 죽음을 뚫고 부활하셨습니다. 이것은 흔들릴 수 없는 진리입니다. 우리가 어떻게 부활을 확신할 수 있을까요? 첫째, 500여 명이 넘는 수많은 목격자가 있기에 부활을 확신합니다. 둘째, 로마의 철통같은 경비 속에 시신 탈취는 불가능하였기에 예수님께서 부활하셨다고 믿습니다. 셋째, 도망자였던 제자들이 부활을 목격한 후 위대한 순교자로 변화되었기에 예수님의 부활을 믿습니다. 이 명백한 증거들 위에 여러분의 믿음을 세우십시오. 예수 그리스도의 부활은 역사적 사실이며, 그 부활의 주님께서 지금도 살아서 우리와 함께하십니다.

부활 신앙이 주는 삶의 능력과 죽음에 대한 새로운 관점

그렇다면, 예수 그리스도의 부활은 오늘날 우리의 삶에 어떤 의미를 주나요? 주님은 선포하셨습니다.

믿는 자는 영생을 가졌나니 _요 6:47

"부활을 믿는 자에게는 이미 영생이 와 있다."

즉, 부활 신앙을 가진 자는 죽어서 비로소 영생을 얻는 것이 아니라, 이미 영생을 소유한 채 오늘을 살아가는 사람입니다. 만일 우리가 평생 교회에 다니며 봉사하였더라도, 이 부활의 소망이 없다면 그것만큼 허무한 일은 없을 것입니다. 사도 바울은 고린도전서 15장에서 이 사실을 통렬하게 지적합니다.

만일 그리스도 안에서 우리가 바라는 것이 다만 이 세상의 삶뿐이면 모든 사람 가운데 우리가 더욱 불쌍한 자이리라 _고전 15:19

부활이 왜 중요한가요? 그것이 우리의 영원한 운명을 결정짓기 때문입니다. 부활을 믿을 때 우리는 그리스도와 함께 천국에서 영원한 복락을 누리게 됩니다. 그러나 부활 신앙은 단지 죽은 다음의 문제만이 아닙니다. 오늘을 살아갈 능력이 됩니다. 20세기 최고의 복음주의 신학자 존 스토트(John Stott) 목사님은 이 비밀을 기막힌 비유로 설명하였습니다.

"나에게 셰익스피어의『햄릿』같은 명작을 쓰라고 요구하는 것은 아무 의미가 없다. 나는 그런 천재성이 없기 때문이다. 마찬가지로 나에게 '예수님처럼 거룩하게 살라'고 말해도 소용없다. 나는 그렇게 살 능력이 없는 죄인이기 때문이다. 그러나 만일 셰익스피어의 천재적인 영(Spirit)이 내 안에 들어온다면 나는 희곡을 쓸 수 있을 것이다. 이같이 만일 예수님의 영이 내 안에 들어와 거하신다면, 나는 비로소 그분처럼 살 수 있을 것이다."

이것이 부활의 신비입니다. 우리가 부활을 믿을 때, 부활하신 예수님의 영(성령)이 우리 안에 임하십니다. 내 힘으로는 불가능하지만, 내 안에 계신 주님의 능력으로 우리는 오늘 거룩한 부활의 삶을 살아낼 수 있는 것입니다. 이 변화가 가장 극적으로 드러나는 현장이 어디인가요? 바로 장례식입니다. 30년 전, 혹은 그 이전의 전통적인 장례식장을 기억하시나요? 불교식 장례식장에서는 처량한 목탁 소리와 자욱한 향 연기가 가득합니다. 그곳에는 끝이라는 절망과 허무가 감돕니다. 유교식 장례는 어떤

가요? 상주들은 베옷을 입고 "아이고, 아이고" 하며 곡(哭)을 합니다. 너무 울다 지쳐 목이 쉬면, 돈을 주고 대신 울어주는 곡비(哭婢)를 사서라도 슬픔을 가장해야 하였습니다. 그곳은 철저한 통곡의 바다였습니다. 그러나 부활을 믿는 성도의 장례는 다릅니다. 우리는 그것을 장례식이라 쓰고 천국 환송 예식이라 읽습니다. 그곳은 절망의 통곡 대신 소망의 찬송이 울려 퍼지는, 부활의 영광을 선포하는 자리입니다.

이화여자대학교 초대 총장을 지낸 김활란 박사의 마지막이 떠오릅니다. 그녀는 20세 시절부터 7인 전도대를 조직해 조선 팔방에 복음을 전하였던 열정의 전도자였습니다. 평생을 교육과 복음에 헌신하다 1970년 2월, 임종을 앞두게 되었습니다. 그때 그녀는 제자들에게 아주 특별한 유언을 남겼습니다.

"내가 죽거든 장례식이라 부르지 말고, 천국 환송 예배라고 해 주게. 나는 지금 풍성한 생명의 나라로 옮겨가는 것이니 슬퍼할 일이 아닐세. 장례식은 웅장하고 기쁜 음악회처럼 진행해 주고, 조문객들에게 전해 주게. 절대 검은 상복을 입지 말고, 가장 화려하고 예쁜 옷을 입고 와서 나의 천국 입성을 축하해 달라고."

그녀의 유언대로 이화여대 대강당에서 열린 장례식은 눈물바다가 아니었습니다. 수많은 조문객이 화려한 옷을 입고 모여, 헨델의 「메시야」 중 「할렐루야」를 부르며 승리의 찬양을 드렸습니다. 그것은 죽음을 조롱하고 부활을 선포하는 거룩한 축제였습니다. 우리 교회에 출석하시는 박려자 권사님은 바로 그 유명한 '김활란 박사 천국 환송 예배'에 참석하신 목격자이십니다. 여러분, 이것이 우리의 미래입니다. 믿는 자에게 죽음은 마침표가 아니라, 영원한 생명으로 들어가는 쉼표일 뿐입니다. 이 확신을 갖고, 죽음조차 두려워하지 않는 담대한 부활의 증인으로 살아가시기를 주의 이름으로 축원합니다.

묵상 질문

1. 여러분은 예수님의 부활이 2,000년 전 실제 일어난 역사적 사실이라는 것을 마음속 깊이 확신하고 있습니까?

제자들조차 처음에는 부활 소식을 듣고도 믿지 못하였습니다. 단순히 교회에 출석하는 것과 부활을 믿는 것은 다를 수 있습니다. 살인 사건의 목격자들처럼, 성경에는 부활을 목격한 증인들(막달라 마리아, 500여 형제 등)과 명백한 증거들이 있음을 기억하며 나의 믿음을 점검해 봅니다.

> 그 후에 열한 제자가 음식 먹을 때에 예수께서 그들에게 나타나사 그들의 믿음 없는 것과 마음이 완악한 것을 꾸짖으시니 이는 자기가 살아난 것을 본 자들의 말을 믿지 아니함일러라 _막 16:14

2. 도망자였던 제자들이 순교자로 변한 것처럼, 여러분 삶에도 부활하신 주님을 만남으로써 일어난 전인격적인 변화가 있습니까?

예수님께서 처형되실 때 도망쳤던 비겁한 제자들이 목숨을 걸고 복음을 전하는 전사로 변하였습니다. 이는 부활하신 주님을 만났기 때문입니다. 존 스토트 목사님의 말처럼, 내 힘으로는 예수님처럼 살 수 없지만 부활하신 예수님의 영이 내 안에 거하시면 그분의 삶을 살아 낼 능력을 얻게 됨을 묵상해 봅시다.

> 도마에게 이르시되 네 손가락을 이리 내밀어 내 손을 보고 네 손을 내밀어 내 옆구리에 넣어 보라 그리하여 믿음 없는 자가 되지 말고 믿는 자가 되라 도마가 대답하여 이르되 나의 주님이시요 나의 하나님이시니이다 _요 20:27-28

3. 여러분은 죽음을 절망적인 끝이 아니라, 김활란 박사처럼 '천국 환송'이라는 영광스러운 승리의 순간으로 받아들일 준비가 되어 있습니까?

세상의 장례식은 절망과 통곡의 현장이지만, 부활을 믿는 성도의 죽음은 천국으로의 환송이며 승리의 축제입니다. "나를 믿는 자는 죽어도 살겠고"라는 말씀처럼, 부활 신앙을 가진 자는 이미 영생을 소유하였기에 죽음 앞에서도 소망의 노래를 부를 수 있습니다.

> 예수께서 이르시되 나는 부활이요 생명이니 나를 믿는 자는 죽어도 살겠고 무릇 살아서 나를 믿는 자는 영원히 죽지 아니하리니 이것을 네가 믿느냐 _요 11:25-26

암송구절

> 청년이 이르되 놀라지 말라 너희가 십자가에 못 박히신 나사렛 예수를 찾는구나 그가 살아나셨고 여기 계시지 아니하니라 보라 그를 두었던 곳이니라 _막 16:6

요점 정리

1. 새벽을 깨운 빈 무덤의 목격자들과 믿음의 역설

인생은 흐르는 시간 속에서 필연적으로 죽음을 향해 나아가지만, 성경은 부활을 통해 이 유한성을 영원성으로 역전시킵니다. 2,000년 전, 예수님께서 예고하신 대로 죽음을 이기고 부활하셨을 때, 그 영광스러운 첫 목격자들은 당시 사회에서 소외됐던 여성들이었습니다. 막달라 마리아를 비롯한 여인들은 거대한 돌로 막힌 무덤을 걱정하며 새벽길을 나섰지만, 이미 열려 있는 무덤과 "그가 살아나셨다"라는 청년(천사)의 선포를 마주하게 됩니다. 반면, 3년간 동고동락하였던 제자들은 이 기쁜 소식을 듣고도 믿지 못하는 불신의 모습을 보입니다. 이는 매주 예배를 드리는 종교적 행위가 곧 부활에 대한 실존적 확신을 보장하지는 않음을 시사합니다. 그러나 부활 사건은 감상적인 신화가 아니라, 구체적인 시간과 장소에서 실제로 일어난 명백한 '팩트'입니다.

2. 법정적 증거와 존재의 혁명: 도망자에서 순교자로

예수님의 부활은 감성적 호소가 아닌 차가운 이성과 논증을 통해서도 입증되는 역사적 실재입니다. 첫째, 수많은 증인입니다. 법정에서 목격자들의 진술이 핵심에서 일치하면 증거 능력을 갖추듯, 막달라 마리아부터 500여 형제에 이르는 증인들의 일관된 증언은 부활의 진실성을 뒷받침합니다. 둘째, 시신 탈취의 불가능성입니다. 당시 예수님의 명성을 두려워한 지도자들이 무덤을 철통같이 지켰기에 시신이 사라진 것은 부활 외에는 설명할 길이 없습니다. 셋째, 가장 강력한 증거인 제자들의 전인격적 변화입니다. 스승이 잡히자 도망쳤던 비겁한 제자들이 부활하신 주님을 만난 후 죽음을 두려워하지 않는 순교자로 돌변하였습니다. 리 스트로벨이나 라이오넬 럭후와 같은 현대 지성인들조차 이 같은 제자들의 변화와 역사적 증거 앞에서 무릎을 꿇고 회심하였습니다. 이처럼 부활은 회의론자들의 이성마저 압도하는 명백한 역사적 진리입니다.

3. 죽음을 넘어선 천국 환송의 축제: 부활이 선사하는 현재적 능력

부활 신앙은 죽음 이후의 영생을 보장할 뿐만 아니라, 현재의 삶을 변화시키는 강력한 동력입니다. 존 스토트 목사님의 통찰처럼, 부활하신 예수님의 영이 우리 안에 거하실 때 우리는 비로소 예수님을 닮은 삶을 살아낼 능력을 얻게 됩니다. 이 부활의 확신은 죽음을 대하는 태도마저 완전히 바꾸어 놓습니다. 곡소리와 절망이 가득한 세상의 장례 문화와 달리, 부활 신앙을 가진 자에게 죽음은 '천국 환송식'이자 승리의 축제입니다. 김활란 박사는 자신의 장례를 화려한 옷을 입고 승리를 선포하는 음악회로 열어 달라고 유언하며, 죽음이 끝이 아니라 영광스러운 입성임을 삶으로 증명하였습니다. 부활은 먼 미래의 막연한 소망이 아닙니다. 오늘 나의 삶에서 절망을 희망으로, 두려움을 환희로 바꾸는 구체적인 능력입니다. 그리고 믿는 자는 이미 영원한 생명을 소유한 자입니다.

4. 결론: 예수 그리스도의 부활은 부인할 수 없는 역사적 사실이며, 이를 믿는 자는 영원한 생명을 소유하여 죽음을 승리의 축제로 맞이하게 됩니다. 그리스도의 부활이 역사적 사실로 믿을 수 있는 근거는 과연 무엇입니까?

첫째, 예수 그리스도의 부활은 단순한 종교적 신념이 아닙니다. 예수님의 부활은 막달라 마리아를 비롯한 여인들이 직접 목격한 사건이며, 500여 형제들이 이구동성으로 증언하는 법정적 효력을 갖춘, 강력한 인적 증거에 기반한 역사적 팩트입니다.

둘째, 당시 로마 군인들이 제자들의 조작을 우려해 무덤을 철저히 경비하였음에도 시신이 사라진 것은, 시신 탈취가 원천적으로 불가능한 상황에서 발생한 부활의 명백한 물적 증거입니다.

셋째, 스승의 처형 앞에서 도망쳤던 비겁한 제자들이 부활하신 주님을 만난 후 목숨을 건 순교자로 변모한 사실 그리고 이를 반박하려던 리 스트로벨과 같은 현대 무신론자들이 회심한 사례는 부활의 확실성을 증명합니다.

넷째, 부활을 믿는다는 것은 죽음 이후의 영생을 보장받는 것에 그치지 않고, 존 스토트 목사님의 말처럼 부활하신 예수님의 영이 우리 안에 거하심으로 오늘을 살아갈 능력을 공급받는 현재적 축복입니다.

다섯째, 세상의 장례가 절망과 통곡의 현장인 것과 달리, 부활 신앙을 가진 성도의 죽음은 김활란 박사의 유언처럼 승리의 찬양을 부르며 천국으로 입성하는 영광스러운 환송 축제가 됩니다. 장례식장에서 울려 퍼지는 환송의 찬양 자체가 부활의 또 다른 증거입니다.

10. 부활의 표적 (막 16:1-20)

수많은 목격자들이 증언합니다.

막달라 마리아부터 500여 명에 이르는 증인들이 부활하신 예수를 직접 만났습니다.

시신 탈취는 불가능했습니다.

로마 군병들이 무덤을 철저히 지켰기에, 빈 무덤은 부활의 강력한 물적 증거입니다.

제자들이 도망자에서 순교자로 변했습니다.

두려움에 떨던 이들이 목숨을 걸고 복음을 전한 것은 부활을 직접 목격했기 때문입니다.

부활은 오늘을 사는 능력이 됩니다.

부활 신앙은 죽음의 절망을 '천국 환송'의 소망으로 바꾸고, 영원한 생명을 확신하게 합니다.

슬라이드

설교 Youtube

11

천국 백성의 영적 축복

〈벧후 1:1-4〉

1 예수 그리스도의 종이며 사도인 시몬 베드로는 우리 하나님과 구
주 예수 그리스도의 의를 힘입어 동일하게 보배로운 믿음을 우리
와 함께 받은 자들에게 편지하노니

2 하나님과 우리 주 예수를 앎으로 은혜와 평강이 너희에게 더욱
많을지어다

3 그의 신기한 능력으로 생명과 경건에 속한 모든 것을 우리에게
주셨으니 이는 자기의 영광과 덕으로써 우리를 부르신 이를 앎으
로 말미암음이라

4 이로써 그 보배롭고 지극히 큰 약속을 우리에게 주사 이 약속으
로 말미암아 너희가 정욕 때문에 세상에서 썩어질 것을 피하여
신성한 성품에 참여하는 자가 되게 하려 하셨느니라

나눔을 실천한 최부잣집의 유산

천년의 고도 경주 교동에는 99칸에 달하는 거대한 고택, 최부잣집이 자리하고 있습니다. 그곳에는 지금도 쌀 일만 가마니를 저장하였던 웅장한 곳간이 남아 있어, 과거 이 가문의 위세를 짐작하게 합니다. 하지만 이 집이 위대한 이유는 단순히 집이 크거나 돈이 많았기 때문이 아닙니다. 무려 300년, 12대에 걸쳐 부(富)를 지키면서도 세상의 존경을 잃지 않았던, 경주 최부자 가문의 특별한 철학 때문입니다. 이 가문의 시조는 임진왜란과 정유재란에서 혁혁한 공을 세운 최진립 장군입니다. 그는 전쟁으로 피폐해진 조국을 바라보며 결심하였습니다. "나라를 다시 일으키려면 재력이 뒷받침되어야 한다. 그러나 그 재물은 반드시 선하게 쓰여야 한다." 그의 뜻을 이어받은 아들 최종현은 농업 혁신의 선구자였습니다. 그는 남들보다 앞서 이앙법(移秧法; 모내기)을 도입하고 시비법(施肥法; 거름주기)을 연구하여 생산량을 늘렸습니다. 이것이 최부잣집 부의 원천이 되었습니다.

그러나 부자가 되는 것보다 어려운 것은 '존경받는 부자'가 되는 것입니다. 3대 최국선에 이르러 가문은 조선 최고의 부호가 되었지만, 그는 늘 "이 많은 재물을 어떻게 써야 옳은가?"를 고민하였습니다. 그러던 어느 날, 한 노스님이 최부잣집의 엄청난 곳간을 보며 혀를 차는 것을 보았습니다. 최국선은 그를 안방으로 모시고 가르침을 청하였습니다. 그때 스님은 평생의 지침이 될 한마디를 남겼습니다.

"재물은 거름과 같습니다. 한곳에 모아 두면 썩어서 악취를 풍기지만, 밭에 골고루 뿌리면 거름이 되어 귀한 생명을 살려 냅니다."

이 말에 큰 깨달음을 얻은 최국선은 밤을 새워 가문의 행동 강령, 즉 '육훈'(六訓)을 만들었습니다. 그리고 후손들은 이 가훈을 300년간 목숨처럼 지켰습니다.

첫째, "과거를 보되, 진사 이상의 벼슬은 하지 마라." 돈과 권력을 동시에 쥐면 반드시 탈이 납니다. 권력의 칼날 위에서 춤추지 말고, 양반의 품위만 지키라는 지혜입니다.

둘째, "재산은 만석 이상 모으지 마라." 만석이 넘는 소출은 소작료를 낮추어 이웃에게 돌려주라는 뜻입니다. 끝없는 탐욕을 스스로 제한한 '탐욕의 상한선'입니다.

셋째, "흉년에는 절대로 땅을 사지 마라." 이것이 가장 위대한 가르침입니다. 흉년이 들면 가난한 백성들은 피눈물을 흘리며 헐값에 논밭을 내놓습니다. 남의 불행을 이용하여 재산을 불리는 것은 부자가 할 짓이 아니라는 엄명(嚴命)입니다.

넷째, "과객을 후하게 대접하라." 최부잣집 사랑채는 1년 365일 열려 있었습니다. 지나가는 나그네, 몰락한 양반, 걸인 등 누구든 와서 배불리 먹고 자게 하였습니다.

다섯째, "사방 백 리 안에 굶어 죽는 사람이 없게 하라." 사방 백 리(약 40km)면 경주와 영천을 아우르는 넓은 땅입니다. 흉년이 들면 최부잣집은 곳간을 활짝 열어 죽을 쑤었고, 이웃의 생명을 책임졌습니다. 당시 "조선에 이런 부자가 40명만 있었다면 굶어 죽는 백성이 없었을 것"이라는 말이 나올 정도였습니다.

이 위대한 가문의 마지막은 더욱 찬란합니다. 마지막 12대 부자 문파(汶坡) 최준 선생은 일제강점기라는 암흑 속에서 가문이 소유한 상당한 전답(田畓)을 팔았습니다. 그는 백산상회를 통해 막대한 독립자금을 상하이 임시정부에 보냈습니다. "나라가 없으면 부자도 없다"라는 신념으로 독립운동의 돈줄 역할을 자처한 것입니다. 해방 후, 그는 남은 전 재산을 털어 대구대학(현 영남대학교의 전신)과 계성학교 설립에 헌납하였습니다. "이제 우리에게 필요한 것은 교육이다." 그는 스스로 가문의 문을 닫음으로써, 영원히 역사 속에 살아있는 가문이 되게 하였습니다. 최부잣집은 단순히 돈이 많은 집안이 아니었습니다. 움켜쥐면 썩는 재물을 세상에 흩뿌려 생명의 꽃을 피운 가문, 부와 권력의 유혹 앞에서도 정의와 나눔을 선택한 위대한 청지기였습니다.

천국 백성의 정체성: 그리스도의 종과 의

앞서 우리는 경주 최부잣집 이야기를 나누었습니다. 이 땅에서 존경받는 명문가에 속한다는 것은 분명 큰 영광이자 자랑입니다. 그러나 오늘 저는 감히 선포합니다. 최부잣집 12대의 영광과는 비교조차 할 수 없는, 더 크고 놀라운 특권이 우리에게 있습니다. 바로 우리가 '하나님의 백성', 곧 '천국의 로열패밀리'(Royal Family)로 부름받았다는 사실입니다. 이것은 지상(地上) 최대의 축복인 동시에, 천상(天上) 최대의 영광입니다. 이 땅에서는 하나님의 보호하심을 받고, 저 하늘에서는 영원한 생명을 누리는 이중의 축복(The Double Blessing)이 우리에게 주어졌습니다.

도대체 우리가 어떻게 이런 엄청난 신분을 얻게 되었습니까? 우리의 공로가 아닙니다. 오직 예수 그리스도를 믿음으로 죄 사함을 받고, 십자가와 부활의 공로로 하나님의 호적에 입적된 것입니다. 성경은 단언합니다.

믿는 자는 영생을 가졌나니 _요 6:47b

육신은 흙으로 돌아갈지언정, 우리 존재는 영원히 사는 존귀한 자가 된 것입니다. 그렇다면, 이 천국 백성의 구체적인 축복은 무엇일까요? 사도 베드로는 베드로후서 1:1에서 우리의 정체성을 이렇게 정의합니다.

예수 그리스도의 종이며 사도인 시몬 베드로는 우리 하나님과 구주 예수 그리스도의 의를 힘입어 동일하게 보배로운 믿음을 우리와 함께 받은 자들에게 편지하노니 _벧후 1:1

이 짧은 구절 속에 우리의 위대한 신분이 담겨 있습니다.

첫째, 우리는 '예수 그리스도의 종'이라는 위대한 신분을 가졌습니다. 베드로는 자신을 당당하게 '그리스도의 종'(Doulos)이라고 소개합니다. 세상 사람들은 종이라는 단어를 싫어합니다. 예수님을 믿기 전, 우리는 스스로가 내 인생의 주인이라고 착각하며 살았습니다. 내 의지대로, 내 마음대로 사는 것이 자유인 줄 알았습니다. 그러나 결과를 보십시오. 자신이 주인 되어 살아온 인생의 끝은 무엇인가요? 어느새 돈의 노예가 되어 있고, 사람들의 평판에 얽매이며, 성공과 욕망의 하수인이 되어 있지 않나요? 게임 중독, 알코올 중독, 도박 중독, 일 중독… 오늘날 수많은 현대인이 자유를 외치지만, 실상은 세상과 사탄이 쳐 놓은 덫에 걸려 비참한 '세상의 종'으로 전락하였습니다. 내가 내 인생의 주인이 되고자 하면 할수록, 필연적으로 더욱더 죄의 노예가 되는 것이 인간의 비극입니다. 하지만 예수 그리스도께서 십자가에서 그 죄의 사슬을 끊으셨습니다. 우리를 피로 값 주고 사셔서, 마귀의 종에서 '하나님의 종'으로 소속을 옮겨 주셨습니다. 이것은 구속(拘束)이 아니라 진정한 해방입니다. 그리스도의 종이 되었다는 것은, 곧 왕의 사신(使臣)이자 천국 전권대사가 되었다는 뜻이기 때문입니다. 생각해 보십시오. 만일 우리 집안사람 중 누군가가 실력을 인정받아 주미 대한민국 대사로 임명되었다면 어떻겠습니까? 가문의 영광이라며 동네방네 현수막을 걸고 잔치를 벌일 것입니다. 하물며 만왕의 왕이신 하나님께서 우리를 택하셔서, 이 땅에 예수 그리스도의 대사로 파송하셨다면 어떨까요? 이것이야말로 세상 어떤 지위와도 바꿀 수 없는 최고의 영예일 것입니다.

둘째, 우리는 '그리스도의 의'(義)를 옷 입은 존재입니다. 본문은 우리가 '예수 그리스도의 의를 힘입었다'라고 말씀합니다. 사람은 누구나 스스로 의롭게 살아보려 노력합니다. 착하게 살고, 법을 지키며 자기 의를 쌓습니다. 그러나 하나님 보시기에 인간의 의는 다 "더러운 옷"(사 64:6)과 같을 뿐입니다. 우리는 내 의를 증명하기 위해 타인에게 상처를 주고, 위선과 교만이라는 쓰레기를 마음속에 쌓아갑니다. 그러나 주님은 십자가의 보혈로 우리의 그 누더기 같은 죄악된 자아를 벗기시고, '예수 그리스도의 의'라는 완전한 세마포 옷을 입혀 주셨습니다. 그러므로 천국 백성은 더 이상 나의 도덕성이나 공로를 의지하지 않습니다. 나를 덮어 주신 하나님의 완벽한 의를 힘입어, 세상 가운데 하나님의 거룩함을 드러내는 자들입니다. 사랑하는 성도 여러분, 어깨를 펴십시오. 우리는 세상의 종이 아니라 그리스도의 종입니다. 우리는 죄인의 누더기가 아니라 그리스도의 의를 힘입은 거룩한 천국 시민입니다.

천국 백성의 유산: 보배로운 믿음과 말씀

또한 사도 베드로는 본문을 통해 하나님의 백성이 가진 영적 신분의 높이를 선포합니다. 그는 편지의 수신자들을 향해 '우리와 동일하게 보배로운 믿음을 받은 자들'이라고 부릅니다. 이는 실로 엄청난 선언입니다. 베드로가 누구인가요? 예수님의 수제자이자, 변화산의 영광을 목격하고 초대교회를 이끈 거인입니다. 그런데 그 위대한 사도가 그 시대의 그리스도인들을 향해 그리고 2,000년 뒤의 우리를 향해 말씀하는 것입니다.

"당신들이 받은 믿음과 내가 가진 믿음은 똑같이 보배롭고 존귀합니다."

오늘 우리가 예수 그리스도를 구주로 믿는다는 것은, 단순히 교회에 다닌다는 뜻이 아닙니다. 예수님의 눈을 보고, 그 음성을 듣고, 그 발자취를 따랐던 '열두 사도의 위대한 신앙(the Apostolic Faith)'을 고스란히 물려받은 상속자가 되었다는 뜻입니다. 이 기적이 어떻게 가능하였나요? 사도들은 자신들이 보고 들은 진리를 가슴에만 담아두지 않았습니다. 성령의 감동을 받아 펜을 들었고, 사복음서와 서신서를 통해 생생한 기록으로 남겼습니다. 여기에 구약의 예언이 더해져, 하나님은 우리에게 총 66권의 완성된 계시, 성경을 선물로 주셨습니다.

사랑하는 성도 여러분, 엉뚱한 상상을 해 봅니다. 만일 하나님께서 성경을 '베드로후서' 딱 한 권만 주셨다면 어떠하였을까요? 목사님들은 참 편하였을 것입니다. 평생 그 얇은 책 한 권만 연구하고 설교하면 되니까요. 하지만 듣는 여러분은 얼마나 지루하고 답답하실까요? 하나님께서 우리에게 66권이라는 방대한 말씀을 주신 것은 부담이 아닙니다. 인류가 누릴 수 있는 최대의 영적 뷔페이자 축복입니다. 우리 교회 임직 후보자들은 5시간 이상 말씀을 연구한 후 함께 모여서 2시간 동안 치열하게 토론하는 훈련을 매주 수요일마다 받습니다. 왜 이렇게까지 할까요? 성경 66권에 정통한 사람, 말씀에 뿌리 내린 '사도적 백성'이 되는 것이야말로 인생 최고의 축복임을 알기 때문입니다.

우리가 건강한 삶을 살기 위해 타협할 수 없는 두 가지 원칙이 있습니다. 첫째, 육신의 양식입니다. 우리는 하루 세 끼 밥을 먹습니다. 이틀, 사흘씩 굶는 사람은 없습니다. 꼭꼭 씹어 먹는 그 식사 시간이 우리 몸을 건강하게 유지시켜 줍니다. 둘째, 영혼의 양식입니다. 밥은 꼬박꼬박 챙겨 먹으면서, 왜 영혼은 굶기시나요? 매일 30분에서 1시간, 하나님의 말씀을 펴서 읽고 기도하는 시간은 선택이 아니라 생존의 문제입니다. 말씀은 내 인생의 등불입니다. 이 영적 식사가 있어야 우리 안에 사도들과 동일한 믿음의 근육이 생겨납니다.

오늘날 서구 유럽 교회의 현실을 보십시오. 참으로 비통합니다. 가이드들은 자랑스럽게 말합니다. "이 웅장한 교회의 등록 교인이 2만 명입니다." 그러나 주일 예배에 가보면 고작 20-30명의 노인들만 자리를 지키고 있습니다. 그들에게 교회는 무엇일까요? 결혼식장, 장례식장, 혹은 관광지일 뿐입니다. 신앙은 그저 '액세서리'가 되어 버렸습니다. 평소에는 하나님 없이 살다가 성탄절이나 부활절에만 잠시 들러 종교적 기분을 내는 것, 이것은 살아있는 신앙이 아닙니다. 이런 모습은 우리 한국 사회의 일부 불교 신앙에서도 비슷하게 나타납니다. 평소에는 절(불교 사찰)과 상관없이 살다가, 여행 가서 풍광 좋은 산사(山寺)에 들르면 불상 앞에 잠시 합장하고는 문을 나서는 순간 다시 세속으로 돌아가는 모습과 다를 바가 없습니다.

사랑하는 성도 여러분, 종교가 액세서리가 되는 순간, 생명력은 사라집니다. 그것은 '박물관 신앙'일 뿐입니다. 어떻게 해야 이 무기력함에서 벗어나 야성 있는 믿음을 회복할 수 있을까요? 길은 하나뿐입니다. 다시 말씀 앞으로 돌아가는 것입니다. 66권의 말씀을 내 심비(心碑)에 아로새길 때, 우리는 무늬만 신자인 삶을 청산하고 베드로가 고백하였던 그 보배로운 믿음의 주인공으로 우뚝 서게 될 것입니다.

천국 백성의 축복: 은혜, 평강, 그리고 신기한 능력

그렇다면, 하나님의 백성 곧 천국 시민은 구체적으로 어떤 존재인가요? 베드로후서 1:2은 우리에게 임한 축복을 이렇게 선언합니다.

> **하나님과 우리 주 예수를 앎으로 은혜와 평강이 너희에게 더욱 많을지어다**
>
> **_벧후 1:2**

우리가 하나님을 깊이 알면 알수록, 주님은 우리에게 은혜와 평강을 폭포수처럼 부어 주십니다. 은혜(Grace)란 무엇인가요? 자격 없는 자에게 하나님께서 거저 주시는 선물입니다. 세상은 대가를 요구하지만, 하나님은 조건 없이 주십니다. 평강(Peace)은 무엇인가요? 환경이 좋아서 누리는 편안함이 아닙니다. 폭풍우 속에서도 영혼 깊은 곳에서 솟아나는 하늘의 안식입니다. 예수님을 믿기 전, 우리의 삶을 돌아보십시오. 그때 우리는 늘 불안하였습니다. 어디서 와서 어디로 가는지 모른 채, 염려와 근심이라는 무거운 짐을 지고 방황하였습니다. 그러나 십자가 앞에 그 짐을 내려놓은 순간, 우리 인생은 완전히 달라졌습니다. 세상이 알 수도 없고, 줄 수도 없는 기이한 평화가 우리 마음을 통치하기 시작하였습니다. 교부 성 어거스틴(St. Augustine)도 똑같은 고백을 하였습니다. 그는 젊은 날 마니교에 빠지고 방탕한 쾌락을 좇았습니다. 하지만 그의 영혼은 늘 목말랐습니다. 그런 그가 주님을 만난 후 『고백록』에서 이렇게 외쳤습니다. "오 주여, 나의 영혼이 주님의 품에 안기기 전까지는 세상 그 어디에도 참된 안식이 없었나이다." 이 은혜와 평강을 누리는 것, 이것이 천국 백성의 특권입니다. 하지만 축복은 여기서 끝나지 않습니다. 베드로후서 1:3 말씀을 보십시오.

그의 신기한 능력으로 생명과 경건에 속한 모든 것을 우리에게 주셨으니 이는 자기의 영광과 덕으로써 우리를 부르신 이를 앎으로 말미암음이라

_벧후 1:3

주목하십시오. 하나님은 우리에게 '신기한 능력'(Divine Power), 즉 하나님의 신적인 능력을 공급해 주셨습니다. 구원받고 천국 갈 티켓만 주신 것이 아닙니다. 이 험한 세상에서 승리하며 살 수 있도록 '생명과 경건에 속한 모든 장비'를 우리 영혼에 완벽하게 장착시켜 주셨습니다. 이것은 막연한 기대가 아닙니다. 베드로후서 1:4은 이것을 "보배롭고 지극히 큰 약속"이라고 확증합니다.

이로써 그 보배롭고 지극히 큰 약속을 우리에게 주사 _벧후 1:4a

하나님은 식언(食言)하지 않으십니다. 구약 성경을 보십시오. 미가서 5:2의 예언대로 예수님은 정확히 베들레헴에서 탄생하셨습니다. 구약에 기록된 365가지 이상의 메시야 예언이 예수 그리스도 안에서 단 하나도 빠짐없이 성취되었습니다. 우리가 믿는 하나님은 어느 골짜기나 지키는 산신령이나 특정 지역에만 효험이 있는 국지적인 잡신(the local god)이 아닙니다. 우리의 아버지는 온 우주 만물을 창조하시고, 역사를 주관하시며, 생사화복을 다스리시는 전능하신 하나님입니다. 전능하신 하나님께서 "내가 너에게 생명과 경건에 속한 모든 능력을 주겠다"라고 약속하셨습니다. 이 약속은 반드시 이루어집니다. 첫째, 하나님은 신실하시기에 거짓말하지 않으십니다. 둘째, 하나님은 전능하시기에 약속을 지킬 능력이 있으십니다. 그러므로 오늘 우리에게 필요한 태도는 단 하나입니다. 하나님의 이 거대한 약속 앞에서 의심을 거두고, 두 손을 높이 들고 "아멘! 할렐루야!"로 화답하는 것입니다. 믿음으로 그 약속을 내 것으로 취하십시오.

사랑하는 성도 여러분, 가슴을 펴십시오. 우리는 예수 그리스도의 전권대사입니다. 우리는 그리스도의 의(義)로 무장한 군사입니다. 우리는 사도들과 동일한 보배로운 믿음의 계승자입니다. 그리고 우리는 하나님의 신기한 능력으로 생명과 경건을 소유한 능력자입니다.

천국 백성의 삶: 신성한 성품에의 참여

오늘 본문의 마지막 구절은 우리가 도달해야 할 영광스러운 목표를 선언합니다.

> 이로써 그 보배롭고 지극히 큰 약속을 우리에게 주사 이 약속으로 말미암아 너희가 정욕 때문에 세상에서 썩어질 것을 피하여 신성한 성품에 참여하는 자가 되게 하려 하셨느니라 _벧후 1:4

세상은 정욕으로 인해 썩어져 갑니다. 그러나 천국 백성이 된다는 것은 이 썩어질 세상의 법칙을 거슬러, 하나님의 거룩한 DNA, 즉 '신성한 성품'(Divine Nature)에 참여하는 자가 되었다는 뜻입니다. 과거의 우리는 어떤 존재였나요? 질그릇처럼 깨지기 쉽고, 허물과 죄로 얼룩진 누더기 같은 인생이었습니다. 하나님께서 보시기에 도저히 인정할 수 없는 불량품이었습니다. 그러나 전능하신 하나님은 우리를 폐기 처분하지 않으셨습니다. 멸시하거나 외면하지 않으셨습니다. 오히려 우리를 씻기시고, 용서하시고, 그 깨어진 그릇 안에 위대한 하나님의 성품을 담아 주셨습니다.

대한민국과 전 세계에서 가장 값싼 봉투가 바로 노란 봉투입니다. 저의 지난 인생도 꼭 찢어지고 구겨진 노란 봉투 같았습니다. 볼품없고 초라하였습니다. 그러나 하나님은 이 초라한 봉투 안에 놀라운 것을 담아 주셨습니다. 지금 여러분 앞에 그 노란 봉투가 있다고 상상해 보십시오. 봉투 안에는 '일금 일천억 원'(₩1,000억 원)이라는 수표가 들어 있습니다. 우리 교회 건축비가 100억 원이었으니, 교회 열 곳을 세울 수 있는 어마어마한 금액입니다. 보십시오. 봉투는 10원짜리 싸구려에 불과하지만, 그 안에 1,000억 원짜리 수표가 들어 있다면 이 봉투의 가치는 곧 1,000억 원이 됩니다. 우리는 비록 흙으로 지어진 질그릇이고 찢어진 노란 봉투 같지만, 우리 안에 계신 예수 그리스도, 우리 안에 심겨진 그분의 성품은 1,000억 원 아니, 온 우주와도 바꿀 수 없는 위대한 보배입니다. 이것이 우리의 진짜 가치입니다.

이 놀라운 신분의 변화를 보여 주는 한 사람의 이야기가 있습니다. 6 · 25 전쟁 당시, '임종덕'이라는 소년이 있었습니다. 소년은 초등학교 5학년 때, 눈앞에서 부모님이 공산군에게 총살당하는 끔찍한 비극을 겪었습니다. 천애고아(天涯孤兒)가 된 그는 살기 위해 서울역 앞 염천교 다리 밑으로 들어갔습니다. 그곳은 거지들의 소굴이었습니다. 소년은 깡이 있었습니다. 동냥해서 얻은 음식을 굶주린 아이들에게 나눠 주다 보니 어느새 130명 고아들의 거지 대장이 되었습니다. 그러나 전쟁 통이라 아이들이 보호를 받지 못한 채, 영양실조와 각종 질병으로 시름시름 앓다 죽어가기 시작하였습니다. 소년 거지 대장 임종덕은 결심합니다. '동냥만으로는 내 식구들을 살릴 수 없다.' 그는 장충동 부잣집 담을 넘는 도둑이 되었고, 훔친 돈으로 약을 사서 아이들을 살려냈습니다.

어느 날, 서울역 앞에 번쩍이는 고급 세단이 섰는데 트렁크가 열려 있었습니다. 그 안에는 돈으로 가득 찬 것으로 보이는 가방이 보였습니다. 그는 본능적으로 그 가방을 낚아채 달렸습니다. 하지만 곧바로 헌병들에게 붙잡히고 말았습니다. 그 차의 주인은 미 공군 사령관 '화이트(White) 장군'이었습니다. 임종덕은 장군의 바짓가랑이를 붙잡고 울부짖었습니다. "장군님, 저를 감옥에 보내지 마세요. 제가 잡혀가면 다리 밑에 있는 제 동생 130명이 다 굶어 죽어요. 제발 한 번만 살려주세요!"

그 절규에 마음이 움직인 장군은 부하를 시켜 염천교 밑을 확인하였습니다. 정말로 130명의 아이들이 옹기종기 모여 있었습니다. 충격을 받은 장군은 즉시 명령하였습니다. "이 아이들을 미 공군 고아원으로 데려가 씻기고 먹여라. 그리고 너 임종덕, 오늘부터 내 하우스보이가 되어라."

이 만남이 기적의 시작이었습니다. 그는 장군을 아버지처럼 섬기며 영어를 배웠습니다. 1년 반 뒤, 미국으로 귀환하게 된 화이트 장군은 그에게 말하였습니다. "종덕아, 내가 너를 양자로 입양하마. 나와 함께 미국으로 가자."

전쟁 고아, 거지 대장, 도둑이었던 소년이 하루아침에 미군 장성의 아들이 된 것입니다. 그는 미국으로 건너가 명문 사립고를 거쳐, 마침내 하버드 대학교에서 국제정치학 박사 학위를 받았습니다. 졸업식 날, 진풍경이 벌어졌습니다. 양아버지 화이트 장군의 초청으로 수많은 미군 장성(Star)들이 하버드 졸업식장에 입장한 것입니다. 그날은 하버드 개교 이래 가장 많은 별이 뜬, 별들의 잔치가 되었습니다.

사랑하는 성도 여러분, 염천교 다리 밑의 냄새나는 거지 소년이 어떻게 하버드의 박사가 되고 장군의 아들이 되었나요? 이유는 단 하나, '화이트 장군'이라는 아버지를 만났기 때문입니다. 우리 인생도 마찬가지입니다. 죄로 인해 찢어지고 더러워진 노란 봉투 같던 우리였습니다. 영적으로 고아였고, 죄의 종이었습니다. 그러나 우리가 만왕의 왕이신 예수 그리스도를 만났습니다. 그분이 우리를 양자 삼아 주셨습니다. 그 만남이 우리를 거지에서 왕자로, 죄인에서 의인으로, 땅의 백성에서 천국 백성으로 변화시켰습니다. 이제 가슴을 펴고 당당하게 선포하십시오.

> 우리는 더 이상 거지가 아닙니다.
> 우리는 예수 그리스도의 전권대사입니다.
> 우리는 죄인이 아닙니다.
> 우리는 예수의 의(義)로 무장한 자입니다.
> 우리는 약하지 않습니다.
> 우리는 사도적 신앙을 계승한 자입니다.
> 우리는 가난하지 않습니다.
> 우리는 생명과 경건에 속한 모든 능력을 소유한 자입니다.
> 그리고 마침내, 우리는 하나님의 신성한 성품에 참여한
> 위대한 천국 백성입니다.

이 놀라운 신분과 권세를 갖고, 세상 속에서 하나님의 영광을 드러내는 존귀한 삶을 사시기를 주의 이름으로 축원합니다.

묵상 질문

1. 여러분은 하나님께서 맡기신 재물과 은사를 세상의 유익을 위해 나누고 있습니까, 아니면 여러분 자신을 위해 움켜쥐고 있습니까?

천국 백성인 우리는 세상의 재물뿐만 아니라 하나님께로부터 받은 '보배로운 믿음'과 '신기한 능력'을 어떻게 나누며 살아야 할지 돌아봐야 합니다. 나의 시간, 재능, 재물이 썩어가는 악취가 아닌 세상을 살리는 거름이 되어야겠습니다.

> 너희가 모든 일에 넉넉하여 너그럽게 연보를 함은 그들이 우리로 말미암아 하나님께 감사하게 하는 것이라 _고후 9:11

2. 여러분은 자신을 '예수 그리스도의 종'이자 '천국의 전권대사'로 분명히 인식하며 살아가고 있습니까? 세상의 기준(돈, 명예, 욕망)이 아닌, '그리스도의 의'를 힘입어 하나님의 백성다운 거룩함과 사명감을 드러내고 있습니까?

스스로 인생의 주인이라 자처하는 삶은 결국 세상의 종이 되는 저주입니다. 반면 '그리스도의 종'이 되는 것은 우리를 회복시키시고 위대한 사명을 부여하신 축복입니다. 우리는 더 이상 누더기 같은 나의 의가 아닌, 하나님께서 입혀 주신 완전한 의로 살아가는 존재입니다. 오늘 하루 '천국의 전권대사'라는 정체성을 잊지 말고 말과 행동에 하나님의 거룩함을 담아내야겠습니다.

> 그러므로 우리가 그리스도를 대신하여 사신이 되어 하나님이 우리를 통하여 너희를 권면하시는 것 같이 그리스도를 대신하여 간청하노니 너희는 하나님과 화목하라 _고후 5:20

3. 여러분은 '신성한 성품'에 참여하는 삶을 살기 위해 구체적으로 무엇을 실천하고 있습니까? 혹시 세상에서 썩어질 것을 피하지 못하고 정욕에 이끌리고 있는 부분은 없습니까?

하나님은 우리에게 구원에 필요한 모든 것을, 나아가 경건한 삶을 살아갈 능력까지 이미 허락하셨습니다. 임종덕 소년이 화이트 장군을 만나 인생이 역전된 것처럼, 우리는 예수 그리스도를 만남으로 비교할 수 없는 영원한 축복을 받은 자들입니다. 이 축복은 단지 죽어서 천국에 가는 데 그치지 않고, 오늘 이 땅에서 세상의 썩어질 것을 피하며 하나님의 성품(사랑, 거룩, 긍휼)을 닮아 가는 삶으로 드러납니다.

> 그의 신기한 능력으로 생명과 경건에 속한 모든 것을 우리에게 주셨으니 이는 자기의 영광과 덕으로써 우리를 부르신 이를 앎으로 말미암음이라 이로써 그 보배롭고 지극히 큰 약속을 우리에게 주사 이 약속으로 말미암아 너희가 정욕 때문에 세상에서 썩어질 것을 피하여 신성한 성품에 참여하는 자가 되게 하려 하셨느니라 _벧후 1:3-4

암송구절

> 이로써 그 보배롭고 지극히 큰 약속을 우리에게 주사 이 약속으로 말미암아 너희가 정욕 때문에 세상에서 썩어질 것을 피하여 신성한 성품에 참여하는 자가 되게 하려 하셨느니라
>
> _벧후 1:4

요점 정리

1. 나눔의 유산: 300년 최부잣집의 가르침

경주 최부잣집은 12대, 300년에 걸쳐 부와 명성을 이어온 가문입니다. 이들은 임진왜란 공신 최진립 장군의 후손으로, 3대 최국선 대에 이르러 한 승려에게서 "재물은 거름과 같아 나누면 이롭지만, 움켜쥐면 썩는다"라는 가르침을 받아 가훈을 세웁니다. 이 가훈은 '진사 이상의 벼슬을 탐하지 말 것', '재산은 만석 이상 모으지 말 것', '흉년에는 땅을 사지 말 것', '과객을 후하게 대접할 것', '사방 백 리 안에 굶는 이가 없게 할 것' 등을 포함합니다. 이들은 권력과 탐욕을 경계하고 곤궁한 이웃을 구휼(救恤)하는 나눔을 실천하였습니다. 마지막 12대 최준은 상당액의 재산을 독립운동 자금으로 지원하고, 해방 후에는 남은 가산을 모두 정리해서 영남대학교 설립 등 교육 사업에 헌납하며 가문의 문을 닫았습니다. 이는 부와 권력보다 정의와 나눔을 택한 위대한 유산의 본보기입니다.

2. 세상과 비교할 수 없는 축복: 천국 백성의 정체성

최부잣집의 명예와 비교할 수 없는, 지상과 천상의 가장 큰 축복은 바로 우리가 '천국 백성'이 되었다는 사실입니다. 이 신분은 예수 그리스도를 믿음으로 죄 사함을 받고 영생을 얻어 누리게 된 것입니다. 베드로후서 1:1은 이 정체성을 "예수 그리스도의 종"이라 정의합니다. 이는 세상의 돈이나 욕망의 노예가 되는 저주에서 벗어나, 그리스도 안에서 회복되고 거룩한 사명을 부여받은 '예수 그리스도의 전권대사'가 되었음을 의미합니다. 또한 우리는 '예수 그리스도의 의를 힘입은' 존재입니다. 우리는 누더기 같은 의가 아닌, 십자가의 보혈로 씻음 받고 하나님의 완전한 의를 덧입어 거룩함을 드러내는 사명을 받았습니다. 더 나아가 우리는 사도들과 동일하게 보배로운 믿음을 66권의 말씀을 통해 유산으로 받았습니다.

3. 신기한 능력과 신성한 성품: 천국 백성의 삶과 목표

천국 백성은 하나님과 예수님을 깊이 앎으로 세상이 줄 수 없는 "은혜와 평강"을 누립니다(벧후 1:2). 또한 염려와 불안으로 방황하던 삶에서 벗어나 참된 내면의 안식을 얻게 됩니다. 나아가 우리는 '그의 신기한 능력으로 생명과 경건에 속한 모든 것'을 이미 받았습니다(벧후 1:3). 하나님은 전능하시고 신실하시기에 이 보배로운 약속은 반드시 성취됩니다. 이 축복의 궁극적인 목적은 우리가 "정욕 때문에 세상에서 썩어질 것을 피하여 신성한 성품에 참여하는 자"가 되는 데 있습니다(벧후 1:4). 6 · 25 전쟁 고아로 '거지 대장'이었던 임종덕이 화이트 장군을 만나 하버드 박사가 된 것처럼, 비록 우리의 과거가 초라하였을지라도 예수 그리스도를 만남으로 우리의 신분은 완전히 변화되었습니다. 그리고 하나님의 위대한 성품을 유산으로 받는 존재가 되었습니다.

4. 결론: 예수 그리스도를 믿음으로 천국 백성이 된 우리는 세상의 부나 명예와 비교할 수 없는 존귀한 정체성을 가지며, 하나님의 성품에 참여하는 영원하고 위대한 축복을 누리는 존재입니다. 천국 백성의 정체성은 과연 무엇입니까?

첫째, 천국 백성은 예수 그리스도의 종이자 전권대사로서 세상의 어떤 지위보다 영광스러운 신분을 가집니다. 하나님은 구원받은 백성을 그리스도의 대사로 임명하여 세상에 파송하셨으며, 이는 위대한 사명이자 축복입니다.

둘째, 우리는 자신의 행위가 아닌 예수 그리스도의 십자가 대속을 통해 하나님의 완전한 의(義)를 힘입은 존재입니다. 인간 스스로의 노력은 누더기와 같으나, 예수님의 보혈로 죄 씻음을 받고 하나님의 의로 무장하게 되었습니다.

셋째, 성도는 사도들과 동일하게 보배로운 믿음을 소유한 자들입니다. 하나님께서 주신 66권의 성경 말씀을 통해 사도적 신앙을 계승하며, 이 말씀을 묵상하고 삶에 적용함으로써 영적인 건강을 유지합니다.

넷째, 하나님과 예수님을 깊이 앎으로써 세상이 줄 수 없는 은혜와 평강을 누립니다. 과거의 염려와 불안에서 벗어나, 하나님만이 주실 수 있는 내면의 안식과 평화를 얻게 됩니다.

다섯째, 천국 백성은 정욕으로 썩어질 세상을 피해 신성한 성품(신의 성품)에 참여하는 자가 되었습니다. 하나님은 생명과 경건에 속한 모든 능력을 우리에게 주셨으며, 이를 통해 우리는 존귀하고 소중한 하나님의 성품을 닮아가게 됩니다.

여러분은 천국 백성의 축복을 충분히 향유하고 있습니까?

11. 천국 백성의 영적 축복

(벧후 1:1-4)

그리스도의 전권대사

세상의 돈이나 욕망의 종이 아닌,
하나님의 거룩한 사명을
부여받은 존재입니다.

그리스도의 의로 무장한 자

우리의 불완전한 의가 아닌,
십자가를 통해 주어진 하나님의
완전한 의를 덧입은 존재입니다.

은혜와 평강을 누리는 자

하나님을 깊이 앎으로써
세상이 줄 수 없는 참된 내면의
안식과 평화를 소유한 존재입니다.

신성한 성품에 참여하는 자

세상의 썩어질 것을 피하여
하나님의 거룩한 성품을
닮아가는 삶을 사는 존재입니다.

슬라이드

설교 Youtube

12
내가 세상을 이기었노라

〈요 16:22-33〉

22 지금은 너희가 근심하나 내가 다시 너희를 보리니 너희 마음이
기쁠 것이요 너희 기쁨을 빼앗을 자가 없으리라
23 그 날에는 너희가 아무 것도 내게 묻지 아니하리라 내가 진실로
진실로 너희에게 이르노니 너희가 무엇이든지 아버지께 구하는
것을 내 이름으로 주시리라
24 지금까지는 너희가 내 이름으로 아무 것도 구하지 아니하였으나
구하라 그리하면 받으리니 너희 기쁨이 충만하리라
25 이것을 비유로 너희에게 일렀거니와 때가 이르면 다시는 비유로
너희에게 이르지 않고 아버지에 대한 것을 밝히 이르리라
26 그 날에 너희가 내 이름으로 구할 것이요 내가 너희를 위하여 아
버지께 구하겠다 하는 말이 아니니
27 이는 너희가 나를 사랑하고 또 내가 하나님께로부터 온 줄 믿었
으므로 아버지께서 친히 너희를 사랑하심이라
28 내가 아버지에게서 나와 세상에 왔고 다시 세상을 떠나 아버지께
로 가노라 하시니
29 제자들이 말하되 지금은 밝히 말씀하시고 아무 비유로도 하지 아
니하시니
30 우리가 지금에야 주께서 모든 것을 아시고 또 사람의 물음을 기
다리시지 않는 줄 아나이다 이로써 하나님께로부터 나오심을 우
리가 믿사옵나이다
31 예수께서 대답하시되 이제는 너희가 믿느냐
32 보라 너희가 다 각각 제 곳으로 흩어지고 나를 혼자 둘 때가 오나
니 벌써 왔도다 그러나 내가 혼자 있는 것이 아니라 아버지께서
나와 함께 계시느니라

33 이것을 너희에게 이르는 것은 너희로 내 안에서 평안을 누리게
하려 함이라 세상에서는 너희가 환난을 당하나 담대하라 내가 세
상을 이기었노라

승리자의 선언과 카이사르의 승리

담대하라 내가 세상을 이기었노라 _요 16:33

이 웅장한 선언은 누구의 말씀인가요? 바로 만왕의 왕이신 우리 주님의 음성입니다. 여러분, "내가 세상을 이기었다"라는 말은 아무나 할 수 있는 말이 아닙니다. 전쟁이 한창일 때나, 승패가 불확실할 때는 결코 입에 담을 수 없습니다. 이것은 적을 완전히 제압하고 깃발을 꽂은 최후의 승리자만이 외칠 수 있는 확증의 선포입니다. 역사 속에서 이와 비슷한 승리의 선언을 할 자격이 있었던 한 인물을 꼽자면, 로마의 영웅 가이우스 율리우스 카이사르(Gaius Julius Caesar)를 들 수 있습니다.

예수님께서 오시기 전, 기원전 1세기경의 로마는 오늘날의 미국이나 한국처럼 공화정(Republic) 체제였습니다. 현대 민주주의 국가인 미국 대통령의 임기는 4년(최대 8년), 한국은 5년 단임제입니다. 그런데 놀랍게도 당시 로마는 독재를 막기 위해 집정관(Consul)이라는 최고 통치자를 두 명 세우고, 그 임기를 딱 1년으로 제한하였습니다. 권력이 한 사람에게 집중되는 것을 철저히 경계하였던 것입니다. 그런데 B.C. 49년, 역사의 흐름을 바꾸는 사건이 발생합니다. 당시 카이사르는 로마 북서쪽, 갈리아(오늘날의 프랑스 지역) 총독으로 파견 나가 있었습니다. 갈리아는 기후가 온화하고 밀과 포도주가 풍부한 풍요의 땅이었습니다. 카이사르는 그곳에서 반란을 잠재우고 대승을 거두었으며, 풍부한 물자를 바탕으로 강력한 군대를 조련하였습니다.

그의 세력이 날로 커지자, 로마 본국의 원로원과 그와 라이벌이었던 폼페이우스(Pompeius) 장군은 위기감을 느꼈습니다. "카이사르를 그대로 두면 로마를 삼킬 것이다." 결국 그들은 카이사르에게 통보하였습니다. "총독직을 해임한다. 즉시 군대를 해산하고, 무장 해제한 뒤 홀로 로마로 귀환하라." 이 명령은 사실상 사형 선고나 다름없었습니다. 군대 없이 로마로 들어가면 반역자로 몰려 죽게 될 것이 뻔하였기 때문입니다. 카이사르는 운명의 갈림길에 섰습니다. 그는 로마 본국과 갈리아의 경계인 이탈리아 북부 루비콘강 앞에 섰습니다. 강을 건너면 반역자가 되지만, 물러설 곳은 없었습니다. 그는 자신의 최정예 부대인 제13군단을 집결시키고 역사에 남을 한마디를 던집니다. "주사위는 던져졌다"(Alea iacta est). 그는 군대를 이끌고 루비콘강을 건넜습니다. 그의 군대는 파죽지세로 로마를 향해 진격하였고, 당황한 폼페이우스 장군과 원로원 세력은 이집트로 도망쳤습니다. 순식간에 로마를 장악한 카이사르는 공화정을 무너뜨리고 제정 시대를 여는 기틀을 마련하였습니다. 이처럼 압도적인 무력으로 적을 제압하고 로마의 주인이 된 카이사르라면, 칼을 높이 들고 이렇게 외칠 자격이 있었을 것입니다. "보라, 내가 로마를 이기었노라! 내가 세상을 정복하였노라!" 세상이 말하는 승리는 이런 것입니다. 힘으로 누르고, 경쟁자를 물리치고, 정상에 섰을 때 비로소 외칠 수 있는 것, 그것이 바로 세상의 승리자만이 누리는 특권입니다.

절망 속의 역설적인 선언

그러나 우리 주 예수 그리스도는 달랐습니다. 카이사르와는 정반대의 길을 걸으셨습니다. 주님께서 "담대하라! 내가 세상을 이기었노라!"고 외치셨던 그 순간의 상황을 보십시오. 그곳은 승리의 팡파르가 울리는 개선문 앞이 아니었습니다. 가장 비참하고 절망적인 배신과 죽음의 문턱이었습니다. 주님은 사랑하였던 제자의 배신으로 인해 적들의 손에 넘겨지기 직전이었습니다. 요한복음은 주님의 그 참담한 심정을 이렇게 묘사합니다.

> **예수께서 이 말씀을 하시고 심령이 괴로워 증언하여 이르시되 내가 진실로 진실로 너희에게 이르노니 너희 중 하나가 나를 팔리라 하시니 _요 13:21**

주님은 가룟 유다가 당신을 은 30냥에 팔아넘길 것을 다 알고 계셨습니다. 그러나 그를 징계하거나 내치지 않으셨습니다. 괴로운 심정으로 그저 지켜보셨습니다. 그뿐인가요? 유다 한 사람만이 아닙니다. 주님은 3년 동안 동고동락하며 가르쳤던 나머지 열한 제자마저도, 결정적인 순간에 자신을 버리고 도망칠 것을 훤히 알고 계셨습니다.

보라 너희가 다 각각 제 곳으로 흩어지고 나를 혼자 둘 때가 오나니 벌써 왔도다 _요 16:32a

생각해 보십시오. "내가 세상을 이기었노라"는 이 위대한 선언의 말씀이 채 땅에 떨어지기도 전에 어떤 일이 벌어졌나요? 로마 군인들이 들이닥쳐 주님을 체포하였습니다. 주님은 거룩한 얼굴에 침 뱉음을 당하고, 조롱당하며, 옷이 벗겨진 채 채찍에 맞아 온몸이 갈기갈기 찢기셨습니다. 그리고 마침내 중죄인 취급을 받으며 십자가에 못 박혀 물과 피를 다 쏟으셨습니다. 세상의 눈으로 보면 이것은 승리가 아닙니다. 완벽한 패배요, 철저한 실패입니다. 카이사르처럼 적을 무릎 꿇린 것이 아니라, 자신이 적들에게 짓밟히고 발가벗겨진 채 죽임을 당하는 상황이었습니다. 그렇다면, 도대체 주님은 무슨 근거로, 죽음을 목전에 둔 이 절망적인 밤에 "내가 세상을 이기었노라"고 감히 선언하실 수 있었을까요? 이 역설적인 승리를 이해하기 위해서는 주님께서 말씀하신 '세상'이 과연 무엇을 의미하는지부터 질문해야 합니다.

주님께서 이기신 '세상'의 의미

주님께서 "내가 이기었노라"고 하신 그 '세상'은 도대체 무엇인가요? 성경에서 말씀하는 세상에는 두 가지의 전혀 다른 얼굴이 있습니다.

첫째는 '하나님의 피조 세계'(Creation)로서의 세상입니다. 창세기 1:1은 선포합니다. "태초에 하나님이 천지를 창조하시니라." 하나님께서 만드신 우주와 자연, 그리고 '나'라는 존재는 본래 선하고 아름다운 것이었습니다. 여러분은 우연한 진화의 산물이 아닙니다. 하나님께서 분명한 뜻과 목적을 갖고 빚으신 영광스러운 걸작품입니다. 하나님은 이 창조 세계를 사랑하십니다.

둘째는 악한 자 사탄이 지배하는 세상입니다. 아담의 타락 이후, 죄가 들어오면서 세상의 통치권이 사탄에게 넘어갔습니다. 성경은 마귀를 일컬어 '이 세상의 임금'이라 부릅니다. 주님께서 "내가 세상을 이기었다"라고 하실 때의 세상은 산과 바다 같은 자연이 아닙니다. 바로 하나님을 대적하고, 인간을 죄로 옭아매는 '사탄이 지배하는 세상'을 의미합니다.

요한일서 2:15에서 "이 세상이나 세상에 있는 것들을 사랑하지 말라"고 경고한 것도 바로 이 하나님을 반역하는 가치관과 문화를 따르지 말라는 뜻입니다. 주님께서 빌라도에게 "내 나라는 여기에 속한 것이 아니니라"(요 18:36)고 하신 말씀 역시, 당신의 통치가 사탄의 영역과 구별됨을 선포하신 것입니다.

그러므로 하나님의 백성인 우리가 사탄이 지배하는 이 세상에서 살아갈 때, 환난(Tribulation)은 선택이 아니라 필수입니다. 우리는 적진 한복판에 침투한 하나님의 특공대와 같습니다. 세상의 가치와 충돌할 수밖에 없고, 그 과정에서 조롱받고, 핍박당하고, 때로는 억울한 배신을 당하는 것이 당연합니다. 이 세상은 불완전하고 악하기 때문입니다. 그러나 주님은 우리에게 두려워 숨으라고 하지 않으십니다. 요한복음 16:33을 다시 보십시오.

이것을 너희에게 이르는 것은 너희로 내 안에서 평안을 누리게 하려 함이라 세상에서는 너희가 환난을 당하나 담대하라 내가 세상을 이기었노라

_요 16:33

여기서 "담대하라"는 말씀은 "용기를 내라" "기죽지 마라"는 뜻입니다. 우리가 환난 중에도 절망하지 않고, 움츠러들지 않을 수 있는 이유는 단 하나입니다. 우리의 대장 되신 예수님께서 우리보다 앞서 이 모든 환난과 배신과 죽음의 공포를 겪으셨고, 마침내 그 모든 것을 밟고 승리하셨기 때문입니다.

앞서 우리는 로마의 카이사르 장군을 보았습니다. 그는 강력한 군대로 적을 짓밟고 승리자의 자리에 올랐습니다. 그러나 우리 주님은 십자가라는 가장 낮은 자리에서, 죽음으로 죽음을 이기시는 역설의 승리를 거두셨습니다. 그리고 이제 개선장군보다 더 당당한 음성으로 우리에게 외치십니다.

"너희는 쫄지 마라! 내가 이미 다 이겨놓았다!"

담대하라 내가 세상을 이기었노라 _요 16:33

승리의 근거: 진리와 생명

이 지점에서 우리는 다시 묻지 않을 수 없습니다. "주님, 도대체 어떻게 세상을 이기셨습니까?" 세상의 눈으로 볼 때 주님은 철저한 패배자셨습니다. 제자들에게 배신당하셨고, 발가벗겨지셨으며, 십자가에서 무기력하게 죽으셨습니다. 그런데 주님은 이기셨다고 합니다. 칼도 없이, 군대도 없이 무엇으로 이기셨다는 말인가요? 주님은 당신의 '존재'(Identity)로 대답하십니다.

내가 곧 길이요 진리요 생명이니 _요 14:6

그렇습니다. 주님의 승리는 외부의 무기에서 나온 것이 아니라, 주님의 '본질'에서 나왔습니다.

첫째, 주님은 '완전한 진리(Truth)'로서 거짓된 세상을 이기셨습니다. 요한복음 1:14은 증언합니다.

말씀이 육신이 되어 우리 가운데 거하시매 우리가 그의 영광을 보니 아버지의 독생자의 영광이요 은혜와 진리가 충만하더라 _요 1:14

세상은 거짓과 속임수로 가득 차 있습니다. 가룟 유다의 입맞춤도 거짓이었고, 종교지도자들의 재판도 거짓 증언이었습니다. 그러나 거짓은 결코 진리를 이길 수 없습니다. 예수님은 십자가 위에서 피 흘려 죽으시는 그 순간에도 100% 완전한 진리셨습니다. 진리이신 주님께서 버티고 계신 한, 세상의 어떤 거짓도 주님을 무너뜨릴 수 없었습니다. 주님은 진리라는 본질로 거짓된 세상을 심판하고 이기신 것입니다.

둘째, 주님은 '영원한 생명(Life)'으로서 죽음의 세상을 이기셨습니다. 요한복음 1:4을 보십시오.

그 안에 생명이 있었으니 이 생명은 사람들의 빛이라 _요 1:4

세상의 가장 강력한 무기는 '죽음'입니다. 카이사르도, 알렉산더도 결국 죽음 앞에서는 무릎을 꿇었습니다. 사탄은 이 죽음의 공포로 인류를 노예로 삼아왔습니다. 그러나 예수님은 생명 그 자체이십니다. 그것도 잠시 있다 사라지는 생명이 아니라, 죽음을 삼켜버리는 '영원한 생명'(The Eternal Life)이십니다. 바위가 계란을 깨뜨리듯, 생명이신 주님은 죽음이라는 껍데기를 깨뜨리고 부활하셨습니다.

셋째, 주님은 '참된 빛(Light)'으로서 어두운 세상을 이기셨습니다. 어둠이 아무리 깊어도 촛불 하나를 이기지 못합니다. 빛이 임하면 어둠은 즉시 물러가게 되어 있습니다. 이것이 자연의 법칙이자 영적인 법칙입니다. 예수님은 세상의 빛이십니다. 십자가의 짙은 어둠이 잠시 주님을 덮는 듯하였으나, 빛이신 주님을 가둘 수는 없었습니다.

사랑하는 성도 여러분, 예수님께서 체포되시기 직전, 그 절망의 밤에 "담대하라, 내가 세상을 이기었노라"고 외치실 수 있었던 근거가 바로 여기에 있습니다. 주님은 자신이 누구인지 아셨습니다. 거짓이 진리를 이길 수 없고, 죽음이 생명을 가둘 수 없으며, 어둠이 빛을 삼킬 수 없음을 아셨기에 주님은 십자가를 앞에 두고도 이미 승리를 확신하며 선포하실 수 있었던 것입니다.

승리의 방식: 온유와 버림

그렇다면, 주님은 어떻게 죽음의 면전에서 "내가 세상을 이기었노라"고 선포하실 수 있었을까요? 비결은 역설적이게도 '전능하신 하나님의 온유'에 있었습니다. 주님은 힘이 없어서 당하신 것이 아닙니다. 전능하시기에 참으셨고, 하나님이시기에 끝까지 온유하셨습니다. 주님의 생애를 보십시오. 공생애 초기, 고향 나사렛 회당에서 설교하실 때 사람들이 분노해서 예수님을 낭떠러지까지 끌고 가서 밀어 떨어뜨리려 하였습니다. 그 때 주님은 천군 천사를 부르지 않으셨습니다. 분노로 맞서거나 저주하지도 않으셨습니다. 그저 조용히 그들 사이를 지나가셨습니다. 종교지도자들이 "저 예수가 귀신의 왕 바알세불을 힘입었다"라며 입에 담지 못할 모욕을 할 때도, 주님은 변명하지 않으셨습니다. 성경은 그분의 모습을 이렇게 묘사합니다.

> 털 깎는 자 앞에 있는 어린 양이 조용함과 같이 그의 입을 열지 아니하였도다
>
> _행 8:32

주님은 어떻게 그 살기 등등한 죽음의 현장에서 승리를 선포하실 수 있었을까요? 이유는 세 가지입니다.

첫째, 주님은 '완전한 진리'로 무장하셨기 때문입니다.
둘째, 주님은 '전능자의 온유'로 무장하셨기 때문입니다.
셋째, 주님은 '세상의 권세'를 철저히 배격하셨기 때문입니다.

세상에 속한 자들, 사탄의 영에 사로잡힌 자들의 특징은 무엇인가요? 그들은 모든 것을 '나'(Self)를 중심으로 계산합니다. "이것이 내 권력을 유지하는 데 도움이 되는가?" "이것이 내 재산을 불리는 데 유익한가?" "이것이 내 인기를 높여 주는가?" 사탄이 지배하는 세상의 가치는 권력, 재물, 인기입니다. 그러나 예수님은 이 모든 것을 배설물처럼 여기셨습니다. 만물을 창조하신 주인이지만, 이 땅에서는 "머리 둘 곳조차 없다"라고 하셨습니다. 수만 명의 무리를 이끄셨지만, 재정을 관리하는 가룟 유다가 돈을 훔치는 것을 알면서도 맡기셨습니다. 이는 주님께서 돈, 권력, 그리고 인기에 털끝만큼도 얽매이지 않으셨음을 보여 줍니다. 주님의 관심은 오직 하나, '영혼 구원'과 '천국 복음'뿐이었습니다. 무엇보다 중요한 차이는 진리를 전하는 방식에 있었습니다. 세상의 종교와 이념은 자신들의 세력을 넓히기 위해 무력을 서슴지 않았습니다. 예를 들어, 이슬람교의 창시자 무하마드(Muhammad) "알라 외에 다른 신은 없다"라고 주장하며, "한 손에는 코란, 한 손에는 칼"을 들고 정복 전쟁을 벌였습니다. 그들의 경전은 믿지 않는 자들을 적으로 규정하고 무력으로 제압하는 것을 정당화하기도 하였습니다. 이것이 세상이 말하는 정복의 방식입니다.

그러나 예수 그리스도는 달랐습니다. 주님은 단 한 번도 진리를 전하기 위해 폭력이나 비열한 수단을 사용하지 않으셨습니다. 당대 최고의 슈퍼스타셨고, 수만 명의 군중을 동원할 수 있었지만, 주님은 베드로가 칼을 뽑았을 때조차 엄히 꾸짖으셨습니다.

내 나라는 이 세상에 속한 것이 아니니라 만일 내 나라가 세상에 속한 것이었더라면 내 종들이 싸워 나로 유대인들에게 넘겨지지 않게 하였으리라
_요 18:36

주님의 무기는 사랑과 진리였습니다. 진리의 내용뿐만 아니라, 진리를 전하는 그릇까지도 거룩하고 깨끗하셨습니다. 주님은 칼 대신 십자가를, 정복 대신 희생을, 강요 대신 섬김을 택하셨습니다. 오직 성령의 능력과 사랑만으로 사람의 마음을 정복하셨습니다. 그러므로 십자가 위에서 외치신 "내가 세상을 이기었노라"는 선언은 허세가 아닙니다. 권력욕과 물욕, 그리고 폭력으로 얼룩진 이 세상의 더러운 방식을, 거룩한 진리와 사랑으로 완전히 압도해 버리신 진정한 승리자의 외침인 것입니다.

최종적 승리: 희생과 부활

세상의 셈법으로 볼 때, 죽음은 곧 '끝'(End)이자 '패배'입니다. 그러나 예수님은 정반대의 길, 곧 십자가의 길을 통해 승리를 쟁취하셨습니다. 주님의 승리는 힘으로 남을 짓밟는 정복이 아니었습니다. 자신의 생명을 온전히 내어 주고, 물과 피를 다 쏟으시며, 자신을 철저히 제로(Zero; 0)로 비우심으로써 얻어낸 거룩한 희생의 승리였습니다. 십자가 위에서 가장 극심한 고통 속에 계실 때 주님께서 마지막으로 드리신 기도를 들어보십시오.

이에 예수께서 이르시되 아버지 저들을 사하여 주옵소서 자기들이 하는 것을 알지 못함이니이다 하시더라 _눅 23:34a

내 살을 찢는 채찍, 조롱하는 군중, 손발을 뚫는 못… 그 끔찍한 폭력

의 정점에서 터져 나온 것은 저주가 아니라 용서였습니다. 이것이 승리입니다. 주님은 악을 악으로 갚지 않으셨고, 자비의 충만함으로 악을 삼켜 버리셨습니다. 미움이 사랑을 이기지 못한 것입니다. 그러나 여전히 의문이 남습니다. "그래도 죽으면 끝이 아닌가? 아무리 사랑으로 죽음을 이기었다고 한들, 죽음은 허무한 것이 아닌가?" 바로 여기에 우리 기독교 신앙의 마지막 반전이 있습니다. 십자가 죽음은 마침표가 아니었습니다. 쉼표였습니다. 주님은 사흘 만에 차가운 무덤 문을 박차고 다시 살아나셨습니다. 부활! 이것이야말로 주님의 승리가 허상이 아니라 실체임을 증명하는 최종적인 승리의 완성입니다. 안식 후 첫날 새벽, 무덤을 찾은 막달라 마리아에게 천사는 이렇게 선포하였습니다.

그가 여기 계시지 않고 그가 말씀 하시던 대로 살아나셨느니라 와서 그가 누우셨던 곳을 보라 _마 28:6

부활하신 주님은 제자들을 찾아가 뚫린 손과 옆구리를 보여 주셨습니다. 그것은 단순한 상처가 아니었습니다. 사망 권세를 깨뜨리고, 사탄의 머리를 상하게 하셨다는 승리의 훈장이었습니다. 예수 그리스도는 부활하심으로, 당신을 대적하던 세상의 모든 권세와 악한 영들을 완전히 박살내시고 영원한 승리자로 우뚝 서셨습니다.

사랑하는 성도 여러분, 우리는 누구인가요? 우리는 패배자가 아닙니다. 죽음을 뚫고 부활하신 승리자 예수 그리스도의 백성입니다. 우리는 죽어서만 천국에 가는 자들이 아닙니다. 오늘 이 땅에서부터 부활의 생명을 맛보며 살아가는 위대한 하나님의 자녀들입니다. 세상이 여러분을 흔들지라도 두려워하지 마십시오. 이미 주님께서 세상을 이기셨습니다. 그 승리가 바로 여러분의 것입니다. 이 가슴 벅찬 진리를 믿고, 부활의 증인으로 세상 속에 당당히 나아가 승리하시기를 주의 이름으로 축원합니다.

묵상 질문

1. 여러분의 삶에서 마주한 '환난'은 무엇입니까? 그 상황 속에서 세상의 방식(힘, 권력, 재물)**이 아닌, 주님의 방식**(진리, 온유, 버림)**으로 승리한다는 것은 구체적으로 무엇을 의미합니까?**

세상의 승리는 힘으로 억누르는 것이지만, 예수님의 승리는 배신과 죽음 앞에서도 진리와 사랑을 포기하지 않는 것이었습니다. 우리는 환난을 만날 때 세상의 방식으로 이기려 하지만, 주님은 오히려 당신을 버리고 희생함으로 승리하셨습니다. 오늘 나의 환난 앞에서 세상의 가치를 버리고 주님의 진리와 온유를 붙잡으십시오.

> 이것을 너희에게 이르는 것은 너희로 내 안에서 평안을 누리게 하려 함이라 세상에서는 너희가 환난을 당하나 담대하라 내가 세상을 이기었노라 _요 16:33

2. 여러분은 억울한 비난이나 공격을 받을 때, 분노나 독설이 아닌 '전능자의 온유함'으로 반응하고 있습니까? 나의 권리나 자존심을 내려놓고 주님의 온유를 실천해야 할 영역은 어디입니까?

예수님은 바리새인들의 모욕과 공격 앞에서도 분노하지 않으시고 잠잠히 온유함으로 대하셨습니다. 이것이 세상을 이기는 주님의 방식이었습니다. 세상은 힘과 분노로 반응하지만, 그리스도인은 가장 강력한 무기인 '온유함'으로 반응합니다. 억울함 속에서도 잠잠히 주님을 신뢰하며 온유함을 선택하는 것이 진정한 승리의 길입니다.

> 나는 마음이 온유하고 겸손하니 나의 멍에를 메고 내게 배우라 그리하면 너희 마음이 쉼을 얻으리니 _마 11:29

3. 여러분은 "아버지 저들을 사하여 주옵소서"라는 주님의 용서의 기도를 본받아, 여러분에게 상처 준 이들을 용서하고 있습니까? 또한 부활의 생명을 가진 자로서 죽음과 절망의 세력을 이기고 담대하게 살아가고 있습니까?

주님은 자신을 찢는 자들을 향해서도 용서의 기도를 드리셨습니다. 이것이 세상의 논리를 완전히 뒤엎는 희생의 승리입니다. 우리 또한 부활의 생명을 소유한 자로서, 세상의 환난이나 죽음의 두려움에 굴복하는 것이 아니라 용서와 사랑을 실천하며 담대하게 부활의 증인으로 살아가야 합니다.

> 이에 예수께서 이르시되 아버지 저들을 사하여 주옵소서 자기들이 하는 것을 알지 못함이니이다 하시더라 그들이 그의 옷을 나눠 제비 뽑을새 _눅 23:34

암송구절

> 이것을 너희에게 이르는 것은 너희로 내 안에서 평안을 누리게 하려 함이라 세상에서는 너희가 환난을 당하나 담대하라 내가 세상을 이기었노라 _요 16:33

요점 정리

1. 세상의 승리와 그리스도의 역설적 선언

세상의 승리는 율리우스 카이사르처럼 압도적인 군사력과 야망으로 정적을 제압하고 권력의 정점에 서는 것입니다. 카이사르가 루비콘강을 건너 로마 공화정을 무너뜨린 것은 세상적 힘의 논리에 따른 완벽한 승리였습니다. 이와 대조를 이루며, 예수 그리스도는 가장 비참하고 절망적인 순간에 동일한 승리를 선포하십니다. “내가 세상을 이기었노라.” 이 말씀하신 때는 한 제자의 배반이 확정되고, 남은 제자들이 흩어질 것이며, 잠시 후 당신은 체포되어 온갖 조롱과 고문 끝에 십자가형을 당할 것을 아시는 상황이었습니다. 이는 주님께서 이기신 ‘세상’이 카이사르가 정복한 세상과는 다름을 보여 줍니다. 주님께서 말씀하신 세상은 하나님을 대적하는 타락한 가치관과 사탄이 지배하는 악한 세력 그 자체입니다.

2. 승리의 근거: 진리와 생명, 그리고 전능자의 온유

그렇다면, 주님은 어떻게 그 절망적 상황에서 세상을 이기셨습니까? 그 승리의 근거는 세상의 힘이 아닌 그분의 존재 자체에 있습니다. 주님은 “내가 곧 길이요 진리요 생명”이라 말씀하셨습니다. 그분은 완전한 ‘진리’로서 거짓으로 가득한 세상을 이기셨고, ‘영원한 생명’으로서 죽음의 권세를 이기셨으며, ‘빛’으로서 어둠의 세상을 이기셨습니다. 또한 그분의 승리 방식은 ‘전능자의 온유’였습니다. 세상 지도자들은 공격을 받으면 더 큰 힘이나 분노로 맞서지만, 주님은 “털 깎는 자 앞에서 잠잠한 어린 양”처럼 침묵하셨습니다. 바리새인들의 모욕과 비난 앞에서도 분노나 독설이 아닌 신적인 인내와 온유함으로 반응하셨습니다. 이는 그분이 세상의 권세나 재물, 인기를 전혀 의지하지 않으셨기에 가능한 승리였습니다.

3. 승리의 완성: 십자가의 희생과 부활

주님의 승리는 고난을 피함으로써가 아니라, 고난을 정면으로 통과함으로써 완성되었습니다. 주님은 세상의 권세와 욕망을 완전히 버림으로 세상을 이기셨습니다. 심지어 배신할 가룟 유다에게 재정을 맡기실 정도로 물질과 권력을 초월하셨습니다. 이 승리는 당신을 철저히 비우는 희생을 통해 이루어졌습니다. 그 절정은 십자가상에서 자신을 찢는 자들을 향해 "아버지 저들을 사하여 주옵소서"라고 기도하신 용서의 선포였습니다. 이는 증오를 이긴 사랑의 승리였습니다. 그러나 승리는 죽음으로 끝나지 않았습니다. 세상의 논리로는 죽음이 끝이지만, 주님은 사흘 만에 죽음을 뚫고 부활하심으로 최종적 승리를 완성하셨습니다. 부활은 죽음의 권세와 사탄의 모든 세력을 완전히 분쇄한 승리의 확증이며, 이 부활의 생명이 환난 가운데에서도 성도들이 담대할 수 있는 근거가 됩니다.

4. 결론: **예수 그리스도께서 선포하신 "내가 세상을 이기었노라"는 말씀은 세상의 무력이나 권세를 뜻하는 것이 아닙니다. 온전한 진리와 희생적인 사랑, 그리고 죽음을 이긴 부활을 통해 악한 세상을 정복하신 영원하고 참된 승리를 의미합니다. 주님은 어떻게 세상을 승리하셨습니까?**

첫째, 예수님은 거짓된 세상에 맞서 '온전한 진리'로 무장하심으로 승리하셨습니다. 주님은 그 자체가 길이요 진리요 생명이시며, 은혜와 진리가 충만하신 분으로서 거짓으로 가득한 세상을 이기셨습니다.

둘째, 주님은 전능하신 하나님의 '온유'와 '인내'로 악한 세상을 이기셨습니다. 자신을 죽이려는 자들과 모욕하는 자들 앞에서도 분노하거나 보복하지 않으시고, 끝까지 잠잠히 참으시는 온유함으로 대응하셨습니다.

셋째, 주님은 세상의 권세나 무력을 철저히 배제하고, 오직 '사랑'과 '자기희생'으로 승리하셨습니다. 권력, 재물, 인기를 추구하는 세상의 가치와 달리, 예수님은 비열하거나 폭력적인 방식을 거부하고 십자가에서 자신을 온전히 내어 주는 사랑으로 세상을 이기셨습니다.

넷째, 예수님의 승리는 십자가 죽음으로 끝나지 않고 '부활'을 통해 완성되었습니다. 주님은 죽음을 뚫고 3일 만에 부활하심으로써 사탄의 권세와 죽음의 공포를 완전히 깨뜨리고 최종적인 승리를 확증하셨습니다.

여러분은 하나님의 백성으로서 어떻게 세상을 이기셨습니까?

12. 내가 세상을 이기었노라

(요 16:22-33)

세상의 승리 (힘으로 쟁취)

카이사르, 힘의 정점

예수의 승리 (절망 속 선언)

십자가와 죽음 앞, 비참한 순간

세상의 승리는 힘으로 쟁취하지만

모든 제자가 흩어지고 십자가 죽음을 앞둔 가장 비참한 순간에 선포되었습니다.

진리, 온유, 버림

거짓된 세상을 완전한 진리로

공격을 전능자의 온유로

세상의 권세와 욕망을 온전히 버림으로 이기셨습니다.

희생으로 증오를, 부활로 죽음을 이기다

십자가에서 자신을 해하는 자들을 용서하며 희생으로 승리하셨고

죽음을 깨고 부활하심으로 최종 승리를 완성하셨습니다.

담대하라, 내가 세상을 이기었노라

"세상에서는 너희가 환난을 당하나 담대하라 내가 세상을 이기었노라" (요16:33)

슬라이드

설교 Youtube

13
천국 잔치는 언제 열리는가?

〈눅 15:1-10, 18-24〉

1 모든 세리와 죄인들이 말씀을 들으러 가까이 나아오니
2 바리새인과 서기관들이 수군거려 이르되 이 사람이 죄인을 영접
하고 음식을 같이 먹는다 하더라
3 예수께서 그들에게 이 비유로 이르시되
4 너희 중에 어떤 사람이 양 백 마리가 있는데 그 중의 하나를 잃으
면 아흔아홉 마리를 들에 두고 그 잃은 것을 찾아내기까지 찾아
다니지 아니하겠느냐
5 또 찾아낸즉 즐거워 어깨에 메고
6 집에 와서 그 벗과 이웃을 불러 모으고 말하되 나와 함께 즐기자
나의 잃은 양을 찾아내었노라 하리라
7 내가 너희에게 이르노니 이와 같이 죄인 한 사람이 회개하면 하
늘에서는 회개할 것 없는 의인 아흔아홉으로 말미암아 기뻐하는
것보다 더하리라
8 어떤 여자가 열 드라크마가 있는데 하나를 잃으면 등불을 켜고
집을 쓸며 찾아내기까지 부지런히 찾지 아니하겠느냐
9 또 찾아낸즉 벗과 이웃을 불러 모으고 말하되 나와 함께 즐기자
잃은 드라크마를 찾아내었노라 하리라
10 내가 너희에게 이르노니 이와 같이 죄인 한 사람이 회개하면 하
나님의 사자들 앞에 기쁨이 되느니라

18 내가 일어나 아버지께 가서 이르기를 아버지 내가 하늘과 아버지
께 죄를 지었사오니
19 지금부터는 아버지의 아들이라 일컬음을 감당하지 못하겠나이

다 나를 품꾼의 하나로 보소서 하리라 하고
20 이에 일어나서 아버지께로 돌아가니라 아직도 거리가 먼데 아버
지가 그를 보고 측은히 여겨 달려가 목을 안고 입을 맞추니
21 아들이 이르되 아버지 내가 하늘과 아버지께 죄를 지었사오니 지
금부터는 아버지의 아들이라 일컬음을 감당하지 못하겠나이다
하나
22 아버지는 종들에게 이르되 제일 좋은 옷을 내어다가 입히고 손에
가락지를 끼우고 발에 신을 신기라
23 그리고 살진 송아지를 끌어다가 잡으라 우리가 먹고 즐기자
24 이 내 아들은 죽었다가 다시 살아났으며 내가 잃었다가 다시 얻
었노라 하니 그들이 즐거워하더라

바리새인의 비난: 죄인과 함께하시는 예수님

예수님께서 거니시던 1세기 팔레스타인은 관계 장벽이 높은 사회였습니다. 사람들은 보이지 않는 신분의 선을 그어놓고 살았습니다. 상류층 귀족은 귀족끼리, 평범한 서민은 서민끼리 어울리는 것이 불문율이었습니다. 물과 기름처럼 섞일 수 없는 계층 구조가 사회를 지배하고 있었습니다. 그런데 예수님은 이 견고한 사회적 관례를 보란 듯이 깨뜨리셨습니다. 생각해 보십시오. 예수님은 하나님의 아들이시며, 그 누구보다 도덕적이고 고결한 삶을 사신 분입니다. 입을 여실 때마다 천상의 복음을 쏟아내시는 거룩한 랍비셨습니다. 그런데 그분의 발걸음은 늘 엉뚱한 곳을 향하였습니다. 당시 종교지도자였던 바리새인과 서기관들이 보기에 이것은 도저히 납득할 수 없는 스캔들이었습니다. "어찌 저토록 고결한 말씀을 전하는 자가 저런 쓰레기 같은 인간들과 어울린단 말인가?"

그들이 혐오하였던 부류는 크게 두 가지였습니다. 첫째, '죄인'이라 불리었던 부도덕한 자들입니다. 개중에는 몸을 파는 여인들도 있었고, 율법을 어기며 방탕하게 사는 자들도 있었습니다. 유대 사회에서 그들은 멸시와 천대의 대명사였습니다. 둘째, '세리'들입니다. 당시 세리는 로마 제국의 앞잡이였습니다. 그들은 동족을 착취해 로마에 세금을 바치고, 정해진 세금의 두 배를 거둬 그 절반을 자기 주머니에 챙기는 탐욕스러운 자들이었습니다. 유대인들에게 세리는 상종 못 할 민족의 배신자였습니다. 바리새인들은 이런 자들을 벌레 보듯 하였고, 옷깃이라도 스칠까 봐 피해 다녔습니다. 그런데 예수님은 그들과 동행하셨습니다. 아니, 단순히 곁에 계신 정도가 아니라 그들과 함께 식탁에 둘러앉아 밥을 먹고 웃으며 교제하셨습니다. 유대 문화에서 '함께 밥을 먹는다'라는 것은, '당신을 나의 형제로 받아들인다'라는 식구(食口)로서의 영접을 의미합니다. 거룩한 선지자가 죄인들을 가족처럼 대우하니, 바리새인들은 분노할 수밖에 없었습니다.

오늘 본문은 그들의 불평을 이렇게 기록합니다.

모든 세리와 죄인들이 말씀을 들으러 가까이 나아오니 바리새인과 서기관들 이 수군거려 이르되 이 사람이 죄인을 영접하고 음식을 같이 먹는다 하더라

_눅 15:1-2

여기서 "이 사람"이라는 표현에는 경멸이 담겨 있습니다. "이 작자가 죄인들을 영접하고(환영하고), 밥까지 같이 먹는구나! 어떻게 이럴 수가 있는가!" 예수님은 등 뒤에서 들려오는 이 날선 비난과 수군거림을 들으셨습니다. 보통 사람이라면 "네 이웃을 사랑하라는 율법도 모르느냐"라며 논리적으로 반박하거나 신학 논쟁을 벌였을 것입니다. 그러나 우리 주님은 장황하게 설명하지 않으셨습니다. 대신 그들의 굳은 마음을 깨뜨릴 한 편의 그림 같은 이야기, 아니 세 가지의 위대한 비유를 말씀하셨습니다.

첫 번째 비유: 잃어버린 양을 찾은 목자

예수님은 논쟁 대신, 그들의 마음을 두드리는 첫 번째 이야기를 시작하셨습니다.

"너희 중에 어떤 사람이 양 백 마리가 있는데 그중의 하나를 잃으면 어찌하겠느냐…"

상상해 보십시오. 여기 백 마리의 양을 치는 목자가 있습니다. 그런데 그 백 마리 중 유독 목자의 마음이 쓰이는 한 녀석이 있습니다. 평소부터 몸이 유약해 자주 절뚝거리고, 풀도 제대로 뜯지 못해 늘 뒤처지던, 목자에게는 아픈 손가락 같은 양이었습니다. 어느 날 저녁, 목자가 양 떼를 우리에 넣으며 숫자를 셉니다. "아흔여덟, 아흔아홉…" 그런데 딱 한 마리가 부족합니다. 바로 그 약한 녀석이 보이지 않는 것입니다. 이때 목자는 어떻게 할까요?

"아유, 그 녀석 결국 사고를 쳤구만. 어차피 약한 녀석이니 포기하자. 나에게는 아직 건강한 아흔아홉 마리가 있으니까."

참된 목자라면 이렇게 계산하지 않습니다. 목자는 그 즉시 아흔아홉 마리를 우리에 넣고 길을 나섭니다. 저녁 식사도 잊습니다. 칠흑 같은 어둠이 내려앉고 맹수가 우글거리는 위험한 산길을 헤맵니다. 목자의 머릿속에는 오직 그 한 마리의 양 생각뿐입니다.

'이 약한 녀석이 어디 구덩이에 빠지진 않았을까? 늑대에게 잡혀가진 않았을까?'

목자는 살이 찢기는 가시덤불을 헤치고, 험한 계곡을 뒤진 끝에 드디어 양을 발견합니다. 예상대로 녀석은 험한 바위틈에 발이 끼여 오도 가도 못한 채 죽어가고 있었습니다. 목자는 안도의 한숨을 내쉬며 달려갑니다. 혹여나 녀석이 다칠세라 조심스럽게 바위틈 사이에서 양을 구해 냅니다. 그리고 목자는 어떻게 할까요? "이 녀석아, 너 때문에 이게 무슨 고생이냐!" 하며 양을 때리거나 끌고 오지 않습니다. 탈진하여 걷지 못하는 그 양을 번쩍 들어 자신의 어깨에 맵니다. 집으로 돌아오는 길, 목자의 몸은 땀범벅이 되고 녹초가 되었지만 발걸음은 춤을 춥니다. 입가에는 휘파람이 절로 나옵니다. 마을에 도착하자마자 그는 소리칩니다.

"여보게 친구들! 다들 나와 보게! 내가 드디어 잃어버린 내 양을 찾았네! 내일 당장 잔치를 열어야겠네. 함께 기뻐해 주게나!"

이것이 예수님께서 보여 주신 첫 번째 그림입니다. 세상의 계산법으로는 약한 양 한 마리보다 남은 아흔아홉 마리가 훨씬 중요합니다. 그러나 목자이신 주님은 '잃어버린 그 양 한 마리'가 천하보다 귀합니다. 주님은 그 하나를 찾기 위해 밥을 굶고, 산을 넘고, 생명을 거는 분이십니다.

두 번째 비유: 돌아온 탕자를 맞이한 아버지

예수님은 이어 두 번째 이야기를 하셨습니다. 바로 '탕자의 비유'입니다. 둘째 아들이 아버지에게 생전의 유산을 요구합니다. 당시 이 요구는 아버지를 죽은 사람 취급하는 끔찍한 패륜이었습니다. 그러나 아버지는 말없이 거액의 재산을 둘째 아들에게 줍니다. 이후 아들은 아버지의 간섭이 없는 '먼 나라'로 떠나 흥청망청 돈을 썼고, 결국 알거지가 되어 돼지 사료조차 못 먹는 비참한 신세가 되었습니다. 그제야 그는 정신이 듭니다.

'내 아버지 집에는 일꾼들도 배불리 먹는데… 염치없지만 돌아가자. 아들이 아니라 품꾼으로라도 써 달라고 빌자.'

그는 거지꼴을 하고 터덜터덜 고향으로 향합니다. 그런데 놀라운 일이 벌어집니다.

이에 일어나서 아버지께로 돌아가니라 아직도 거리가 먼데 아버지가 그를 보고 측은히 여겨 달려가 목을 안고 입을 맞추니 _눅 15:20

아버지는 매일 동구 밖에서 아들을 기다리고 있었습니다. 아버지는 아들을 발견하자마자 체면도 버리고 전속력으로 달려와 그를 와락 끌어안았습니다. 아들이 "저는 죄인입니다. 종으로 써 주십시오"라고 고백할 틈도 주지 않았습니다. 아버지는 종들에게 즉시 명령합니다.

"제일 좋은 옷을 입히고, 손에 가락지를 끼우고, 살진 송아지를 잡아라! 내 잃어버린 아들이 죽었다가 다시 살아났다!"

예수님은 이 비유를 통해 바리새인들의 정곡을 찌르셨습니다.

"너희는 죄인들을 더럽다고 피하지만, 하나님 아버지의 마음은 그렇지 않다. 그들이 아무리 방탕하였어도, 회개하고 돌아오면 '내 아들이 살아서 왔다'라며 맨발로 뛰어나가 반기시는 분, 그분이 바로 우리 하나님이시다."

세 번째 비유: 잃어버린 드라크마를 찾은 여인

마지막으로 주님은 '열 드라크마의 비유'를 말씀하셨습니다. 한 여인에게 열 개의 드라크마가 있었습니다. 드라크마 하나는 노동자의 하루 품삯이지만, 이 여인에게는 돈 그 이상의 가치였습니다. 당시 남편들은 결혼할 때 은전 열 개에 구멍을 뚫어 꿰맨 목걸이, 일명 '세메디'를 아내에게 선물하였습니다. 이것은 오늘날의 결혼반지와 같습니다. 여인에게는 생명과도 바꿀 수 없는 사랑의 증표이자 가문의 보물이었습니다. 그런데 어느 날, 목걸이 줄이 툭 끊어지면서 동전들이 흩어졌습니다. 아홉 개는 찾았는데, 세상에! 마지막 하나가 보이지 않습니다. 여인의 얼굴이 하얗게 질립니다. 결혼반지에서 다이아몬드 알이 빠져 사라진 것과 같은 상황입니다.

당시 팔레스타인의 서민 집은 창문이 거의 없어 대낮에도 동굴처럼 어두웠고, 바닥은 돌이나 흙으로 되어 있어 동전이 틈새에 끼면 찾기가 매우 힘들었습니다. 여인은 즉시 등불을 켭니다. 그리고 빗자루를 들고 온 집안을 샅샅이 쓸기 시작합니다. 장롱 밑, 구석진 틈새까지 나무막대기를 밀어 넣으며 땀을 흘립니다. 그때, 어둠 속에서 "딱!" 하고 둔탁한 금속음이 들립니다. 등불을 비춰 보니 그토록 찾던 드라크마가 반짝이고 있습니다. 여인은 뛸 듯이 기뻐하며 소리칩니다.

"찾았다! 내가 잃어버린 사랑의 증표를 찾았다!"

그녀는 그 길로 친구와 이웃을 불러 모아 잔치를 벌입니다. 동전 하나의 가치보다 잔치 비용이 더 들지라도 상관없습니다. 잃어버린 사랑을 되

찾았기 때문입니다.

또 찾아낸즉 벗과 이웃을 불러 모으고 말하되 나와 함께 즐기자 잃은 드라크마를 찾아내었노라 하리라 _눅 15:9

예수님은 말씀하십니다.

"너희는 죄인을 무가치하다고 버리지만, 나는 다르다. 나는 어두운 방바닥을 쓸고 또 쓸어서 기어이 잃어버린 동전 하나를 찾아내는 여인처럼, 내 잃어버린 백성을 찾을 때까지 결코 포기하지 않는다."

세 가지 비유의 핵심: 한 영혼의 가치

주님께서 왜 숨 돌릴 틈도 없이 이 세 가지 비유(양, 탕자, 드라크마)를 연달아 쏟아내셨을까요? 여기에는 타협할 수 없는 단 하나의 메시지가 담겨 있습니다. "한 영혼은 천하보다 귀하다. 전 우주를 다 줘도 바꿀 수 없는 절대 가치다." 목자에게는 그까짓 병든 양 한 마리가, 아버지에게는 재산을 날린 불효자식이, 여인에게는 동전 하나가 '절대적으로 가치 있는 존재'였습니다. 그것 없이는 살 수 없는 '절대 가치'였습니다. 마찬가지로 하나님 보시기에 세상이 손가락질하는 저 창녀들, 세리들, 죄인들조차도 천하와 바꿀 수 없는 소중한 내 새끼라는 것입니다. 예수님은 지금 바리새인들에게 피를 토하듯 말씀하시는 것입니다.

"이것을 알라. 내게는 이들이 목숨보다 귀하다. 그러니 내가 이들과 밥을 먹고 함께하는 것이 마땅하지 아니하냐?"

지금 여러분의 눈앞에는 누가 '잃어버린 양'입니까? 누가 '집 나간 탕자'입니까? 명절이나 생일에 가족이 모여 웃고 떠드는 것도 좋습니다. 하지만 그저 즐기는 것으로 끝나서는 안 됩니다. 내 가족 중에, 내 이웃 중에 아직 하나님을 모른 채 세상에서 방황하는 영혼이 있다면, 그들을 위해 가슴을 치며 기도해야 하지 않을까요? 드라크마를 찾기 위해 허리가 끊어지도록 비질을 하였던 그 여인의 심정으로, 우리는 영혼을 찾아 나서야 합니다.

제 젊은 시절의 이야기를 하나 들려드리고 싶습니다. 저에게는 권홍택이라는 절친한 친구가 있었습니다. 어느 날 그가 사색이 되어 저를 찾아왔습니다. "경섭아, 나 큰일 났다. 결혼할 때 아내가 내게 큰맘 먹고 해준 다이아 반지를 잃어버렸다." 사연인즉슨, 물놀이를 하다가 그 귀한 반지를 물속에 빠뜨린 것입니다. 아내에게는 차마 말을 못 하고 끙끙 앓다가 저에게 도움을 청한 것이지요. 저는 그길로 친구를 데리고 현장으로 갔습니다. 도착하자마자 저는 작전을 짰습니다. 반지를 잃어버린 것으로 추정되는 지점을 중심으로 성가대석 두 배만 한 구역을 설정하였습니다. 양쪽에 큰 나무를 박아 기준점을 세우고, 바둑판처럼 구획을 나눠 정밀 수색을 시작하였습니다. 제가 어릴 적 동진강 하류에서 물살을 가르며 놀던 잠수(潛水) 실력이 좀 있었습니다. 고등학교 때 반에서 폐활량이 제일 좋았거든요. 심호흡을 하고 잠수해 들어갔습니다. 천만다행으로 강바닥이 모래가 아니라 자갈밭이었습니다. 모래였으면 이미 묻혔겠지만, 자갈 틈이라면 희망이 있었습니다. 저는 숨이 턱끝까지 차오를 때까지 자갈 하나하나를 뒤집으며 바닥을 훑었습니다. 물 위로 올라와 숨을 몰아쉬고, 친구에게 "옆으로 두 발짝 이동해라"고 지시하고 다시 잠수하였습니다. 그렇게 한 시간, 두 시간을 반복하자 친구가 먼저 지쳤습니다. "경섭아, 됐다. 네 정성은 알겠는데, 넓은 강에서 그 작은 걸 어떻게 찾겠냐. 이제 그만하자. 포기하자." 그때 제가 뭐라고 했는지 아시나요? "무슨 소리냐. 찾을 때까지 하는 거다. 조금만 더 해 보자." 결국 찾았을까요, 아니면 못 찾았을까요? 하나님께서 제게 주신 은사가 하나 있다면, 그것은 '한번 목표를 정하면 끝장을 보는 끈기'입니다. 기어이 그 반지를 찾아서 친구의 손에 쥐여 주었습니다.

사랑하는 성도 여러분, 저는 목회도 이 마음으로 합니다. 오늘날 한국 교회는 위기에 처해 있습니다. 교회마다 성도의 규모가 줄고 복음의 열정도 식어가고 있습니다. 그러나 기억하십시오. 교회는 검찰총장이 수사를 한다고 해서 문 닫지 않습니다. 대통령이 폐쇄 명령을 내려도 무너지지 않습니다. 교회가 무너지는 이유는 딱 하나입니다. 목사가 영적으로 병들고, 장로와 권사가 영적으로 타락하면 교회는 무너집니다. 그래서 저는 우리 교회에서 임직 훈련을 그토록 혹독하게 시키는 것입니다. 힘들다고, 그만하자고 해도 저는 눈 하나 깜짝하지 않습니다. 강바닥에서 다이아 반지를 찾던 그 집요함보다 더 치열하게 훈련해야, 이 어두운 시대에 영혼을 건져 낼 일꾼이 준비되지 않을까요? 잃어버린 양을 찾기 위해 산을 넘던 목자의 심정, 집 나간 아들을 기다리며 밤새 문을 열어두던 아버지의 심정, 먼지 구덩이 속에서 동전을 찾던 여인의 심정. 그것이 바로 하나님의 마음입니다. 전능하신 하나님께서 오늘도 그 간절한 마음으로 잃어버린 영혼을 찾고 계십니다.

천국 잔치가 열리는 순간: 회개와 공동체의 기쁨

세 가지 비유가 우리에게 주는 두 번째 메시지가 있습니다. 그것은 "한 영혼이 돌아오면, 그 가정과 공동체 전체가 축제를 누리게 된다"라는 것입니다. 아무리 좋은 명절이라도, 가족 중에 누구는 천국에 가고 누구는 지옥에 간다고 생각하면 그 기쁨이 온전할 수 있을까요? 천국과 지옥 사이에는 건널 수 없는 강이 있습니다. 그러나 우리가 살아있는 동안 사랑하는 내 가족을 주님 품으로 인도한다면, 그때 비로소 가정은 영원한 기쁨의 공동체로 회복되는 것입니다. 이 기쁨은 교회 공동체에서도 동일합니다.

최근 우리 교회 주보에 실린 한 새가족의 간증이 큰 울림을 주었습니다. 이분의 시댁은 독실한 불교 집안이었고, 친정은 신실한 기독교 집안이었습니다. 그러나 결혼 후 시댁 분위기에 휩쓸려 신앙을 잃고 살았습니다. 그러던 중 이분에게 큰 시련이 닥쳤습니다. 바로 보이스 피싱이었습니다. 여러분, 보이스 피싱 다 아는 이야기 같지요? "검찰청입니다. 통장이 도용되었으니 비밀번호 알려주세요." 남의 이야기일 때는 "누가 그런 거에 속나" 싶지만, 막상 닥치면 당황해서 홀린 듯이 당하는 게 '인간'입니다. 실제로 죽전의 어느 장로님도 당할 뻔 하셨습니다. 범인이 시키는 대로 마트에서 문화상품권을 대량 구매하려는데, 눈치 빠른 마트 주인이 긴급 조처를 해 준 덕분에 위기를 모면하였습니다. 최근 보이스 피싱 때문에 젊은이들이 열심히 모은 피 같은 돈을 한순간에 날리는 일이 비일비재합니다. 저도 이 악질적인 범죄가 뿌리 뽑히도록 기도하고 있습니다.

이 성도님도 보이스 피싱으로 상당 규모의 재산을 잃고 깊은 절망에 빠졌습니다. 경제적 압박과 마음에 입은 상처로 죽고 싶은 심정이었을 것입니다. 그러나 그 고통의 밑바닥에서 하나님의 손길을 붙잡았습니다. 새가족 5주 과정을 통해 잃어버렸던 하나님을 영혼 깊이 만났고, 눈물로 회개하며 믿음을 회복하였습니다. 비록 보이스 피싱은 비극이었지만 그것이 전화위복(轉禍為福)이 되어 잃어버린 영혼이 돌아왔으니, 이 얼마나 놀랍고 감사한 일인가요? 한 영혼이 돌아오면 하늘에서도 축제가 벌어집니다. 누가복음 15:10을 보십시오.

> **내가 너희에게 이르노니 이와 같이 죄인 한 사람이 회개하면 하나님의 사자들 앞에 기쁨이 되느니라 _눅 15:10**

양을 찾은 목자도, 아들을 찾은 아버지도, 드라크마를 찾은 여인도 하나같이 잔치를 벌였습니다. 한 사람이 회개하면, 지상에서는 교회가 기뻐하고 천상에서는 하나님과 천군 천사가 춤을 추며 잔치를 엽니다. 이것이 영혼 구원의 신비입니다.

미국에 케이티(Katie)라는 여성이 있었습니다. 대학 시절, 사랑하였던 연인이 말도 없이 떠나버리자 그녀는 깊은 상실감에 빠져 집을 뛰쳐나갔습니다. 10년이 넘도록 마약과 알코올에 찌들어 방탕하게 살았고, 35세가 되었을 때는 완전히 폐인이 되었습니다. 더 이상 살 소망이 없어진 그녀는 강물에 몸을 던지려 하였습니다. 그런데 일렁이는 물결 위로 문득 어머니의 얼굴이 비쳤습니다. 나이가 들면 거울 속에서 부모님의 얼굴을 본다더니, 그녀도 그랬나 봅니다. '죽기 전에 엄마 얼굴이라도 한번 보고 죽자.' 그녀는 무거운 몸을 이끌고 고향집으로 향하였습니다. 한밤중에 도착한 집, 놀랍게도 집 안의 모든 전등이 환하게 켜져 있었습니다. 대문에 손을 대자마자 문이 스르르 열렸습니다. 그때 방문이 열리며 어머니가 뛰쳐나와 딸을 부둥켜안았습니다. "케이티! 내 딸아!" 케이티가 묻습니다. "엄마, 오늘 무슨 잔치해요? 왜 대낮처럼 불을 켜놓고, 대문도 잠그지 않으셨어요? 도둑 들면 어쩌려고요." 어머니가 눈물을 닦으며 말하였습니다.

"케이티, 네가 집을 나간 그날부터 나는 단 하루도 불을 끈 적이 없단다. 혹시라도 네가 밤에 돌아올까 봐, 문이 잠겨 있으면 그냥 돌아설까 봐, 나는 지난 10년 동안 단 한 번도 대문을 잠그지 않았단다."

사랑하는 성도 여러분, 이것이 우리 하나님의 마음입니다. 하나님은 잃어버린 자녀를 위해 오늘도 천국 문을 활짝 열어 두고 밤새 불을 밝히며 기다리십니다. 이제 주님께서 우리에게 물으십니다. "네가 찾아야 할 잃어버린 영혼은 누구냐?" 오늘 여러분이 품고 기도해야 할 잃어버린 양, 집 나간 탕자, 잃어버린 동전은 누구인가요? 그 한 사람을 위해 등불을 켜고, 문을 열어 두는 사랑의 수고를 아끼지 마십시오. 여러분의 그 간절한 기도를 통해, 잃어버린 영혼이 돌아오고 천국 잔치가 열리는 놀라운 역사가 가정과 교회에 가득하기를 주의 이름으로 축원합니다.

묵상 질문

1. 여러분은 바리새인들처럼 나의 의로움이나 기준으로 다른 사람을 쉽게 판단하고 배제하며, "저런 사람과는 함께할 수 없다"라고 선을 긋고 있지는 않습니까?

바리새인들은 자신들의 종교적 기준에 맞지 않는 사람들을 멸시하고 정죄하였습니다. 그러나 예수님은 그들 또한 '천하보다 귀한 한 영혼'으로 보시며 그들에게 다가가셨습니다. 이 비유는 우리의 시선이 '죄'가 아닌 '영혼의 가치'에 머물러야 함을 깨닫게 합니다. 하나님 앞에서 나 역시 용서받은 죄인임을 기억하며, 내가 세운 기준과 비난을 내려놓아야 합니다.

> 모든 세리와 죄인들이 말씀을 들으러 가까이 나아오니 바리새인과 서기관들이 수군거려 이르되 이 사람이 죄인을 영접하고 음식을 같이 먹는다 하더라 _눅 15:1-2

2. 여러분의 가족, 친구, 이웃 중에 아직 주님께 돌아오지 않은 '잃어버린 한 사람'은 구체적으로 누구입니까? 여러분은 그 영혼을 위해 등불을 켜고(기도) **집안을 쓸며**(관심) **찾을 때까지 찾는 여인의 간절함으로 기도하고 있습니까?**

목자는 잃은 양 한 마리를, 여인은 잃은 드라크마 하나를 '찾아낼 때까지' 포기하지 않았습니다. 이는 그것이 그들에게 얼마나 소중한지를 보여 줍니다. 하나님께도 한 영혼은 그만큼 소중합니다. 혹시 내 주변의 잃어버린 영혼에 대해 무관심하였거나 그 영혼을 쉽게 포기하지는 않았는지 돌아봅시다. 오늘 그 '한 사람'의 이름을 부르며 간절함으로 기도해야 합니다.

> 너희 중에 어떤 사람이 양 백 마리가 있는데 그 중의 하나를 잃으면 아

흔아홉 마리를 들에 두고 그 잃은 것을 찾아내기까지 찾아다니지 아니하겠느냐 _눅 15:4

3. 여러분은 우리를 기다리시는 하나님의 무조건적인 사랑을 얼마나 깊이 신뢰하고 있습니까? 또한 여러분은 죄인 한 사람이 회개할 때 열리는 '천국 잔치'의 기쁨에 동참하기 위해(한 영혼을 주님께로 인도하기 위해) **어떤 노력을 하고 있습니까?**

아버지는 아들의 자격을 따지지 않고 달려가 목을 안고 입을 맞추었습니다. 이것이 세상의 비난이나 자격 조건을 넘어선 하나님의 사랑입니다. 하나님은 지금도 잃어버린 영혼이 돌아오기를 이렇게 기다리고 계십니다. 한 영혼이 주님께 돌아올 때, 지상과 천상에서 동시에 잔치가 열립니다. 이 잔치의 기쁨을 아는 자는 그 잔치에 '한 사람'이라도 더 초대하기 위해 힘쓰게 됩니다.

내가 너희에게 이르노니 이와 같이 죄인 한 사람이 회개하면 하나님의 사자들 앞에 기쁨이 되느니라 _눅 15:10

암송구절

내가 너희에게 이르노니 이와 같이 죄인 한 사람이 회개하면
하나님의 사자들 앞에 기쁨이 되느니라 _눅 15:10

요점 정리

1. 바리새인의 비난과 잃어버린 것의 가치

예수님께서 사셨던 시대는 엄격한 계층 사회였으나, 주님은 이 관례를 깨고 멸시받던 '죄인'과 '세리'들과 교제하셨습니다. 바리새인과 서기관들은 "어찌 저 사람이 죄인을 영접하고 음식을 같이 먹는가"라며 예수님을 비난하였습니다. 그들의 관점에서 이들은 구원받을 자격이 없는, 버려진 존재들이었습니다. 예수님은 이 비난에 대해 논리로 반박하지 않으시고, 세 가지 선명한 비유를 들어 응답하셨습니다. 바로 '잃은 양', '돌아온 탕자', '잃은 드라크마'의 비유입니다. 이 비유들은 세상의 기준으로는 연약하고(절뚝이는 양), 불효하며(탕자), 가치 없어 보이는(동전 한 닢) 존재일지라도, 하나님의 관점에서는 '천하보다 귀한 한 영혼'임을 역설합니다. 목자가 아흔아홉 마리를 두고 한 마리를 찾듯, 아버지가 아들의 자격을 묻지 않고 달려가 잔치를 열듯, 여인이 온 집안을 쓸어 동전 하나를 찾듯 하나님께는 모든 영혼이 전 우주와도 바꿀 수 없는 절대적 가치를 지닌다는 것이 이 비유의 핵심입니다.

2. 포기하지 않는 사랑: 기다리는 아버지와 찾는 목자

세 비유가 공통적으로 강조하는 또 다른 진실은 '찾을 때까지 포기하지 않는' 하나님의 열망입니다. 목자는 잃은 양 한 마리를 "찾아내기까지" 수색을 멈추지 않았고, 여인은 등불을 켜고 집안을 쓸며 드라크마를 "찾아내기까지"부지런히 살펴보았습니다. 탕자의 아버지는 아들이 돌아오기만을 기다리며 매일같이 먼 길을 보고 또 보았습니다. 이는 하나님께서 잃어버린 영혼을 얼마나 간절히 기다리시는지를 보여 줍니다. 글에 인용된 케이티의 일화는 이를 극적으로 증명합니다. 10년간 방황하다 폐인이 되어 돌아온 딸을 맞이한 어머니는 딸이 떠난 그날부터 단 하루도 불을 끄거나 문을 잠근 적이 없었습니다. 이는 혹시라도 딸이 돌아왔을 때 발길을 돌릴까 염려한 부모의 마음이었습니다. 이처럼 하나님은 우리의 방황과 실패에도 불구하고, 우리가 돌아오기만을 기다리시는 '아버지'이며, 한 영혼을 위해 모든 것을 쏟아부으시는 '목자'입니다.

3. 천국 잔치가 열리는 순간: 한 사람의 회개와 공동체의 축복

그렇다면, 이 장의 제목처럼 "천국 잔치는 언제 열리는가?"에 대한 답은 분명해집니다. 누가복음 15:10은 "이와 같이 죄인 한 사람이 회개하면 하나님의 사자들 앞에 기쁨이 되느니라"고 선포합니다. 천국 잔치는 바로 '한 영혼이 회개하고 돌아올 때' 열립니다. 잃은 양을 찾은 목자, 탕자를 되찾은 아버지, 드라크마를 찾은 여인이 모두 이웃을 불러 모아 잔치를 벌였듯이, 한 영혼의 회복은 개인의 구원을 넘어 공동체 전체의 축복이자 축제입니다. 보이스 피싱 사기를 당해 절망에 빠졌던 한 새신자가 고통을 계기로 주님을 만나 회개하였을 때 그 공동체가 함께 기뻐한 것처럼, 지상에서의 회복은 곧 천상의 기쁨으로 직결됩니다. 이 비유들은 결국 우리에게 "당신이 찾아야 할 잃어버린 영혼은 누구인가?"라고 물으며, 그 한 사람을 포기하지 않고 찾아 나설 것을 촉구합니다.

4. 결론: 하나님은 천하보다 귀한 한 영혼이 회개하고 돌아올 때 천상과 지상에서 기쁨의 잔치를 여십니다. 세 가지 비유가 주는 메시지는 무엇입니까?

첫째, 세상에서 버림받거나 보잘것없어 보이는 영혼이라 할지라도, 하나님께는 천하와도 바꿀 수 없는 절대적 가치를 지닌 존재입니다. 목자가 잃어버린 양 한 마리를 찾고, 아버지가 방탕한 아들을 기다리며, 여인이 드라크마 하나를 찾기 위해 애쓰는 것은 모든 영혼이 하나님께 소중하기 때문입니다.

둘째, 잃어버린 한 영혼이 회개하고 돌아올 때, 그 개인뿐만 아니라 공동체 전체가 축복을 누리며 하늘에서는 잔치가 열립니다. 죄인 한 사람이 회개하면 하나님의 사자들 앞에 기쁨이 되며, 이는 천상과 지상이 함께 누리는 축복이 됩니다.

셋째, 하나님은 집 나간 자녀를 위해 문을 잠그지 않고 기다리는 부모와 같이, 포기하지 않고 잃어버린 영혼을 기다리시는 분입니다.

넷째, 우리는 가족과 이웃 중 하나님을 떠난 '잃어버린 양'을 찾아 그들이 주님께 돌아오도록 힘써야 합니다. 명절이나 일상에서 불신 가족과 이웃을 방관하지 않고, 그들을 위해 기도하며 인도하는 것이 믿는 자의 도리입니다.

13. 천국 잔치는 언제 열리는가?

(눅 15:1-10, 18-24)

한 영혼의 가치는 온 세상보다 귀하며,
그 영혼이 돌아올 때 하늘에서는 가장 큰 잔치가 열립니다.

잃어버린 양 한 마리

목자는 아흔아홉 마리를 두고
길 잃은 양 한 마리를
'찾아낼 때까지' 포기하지 않습니다.

잃어버린 드라크마 한 닢

여인은 온 집을 쓸며
동전 한 닢을 '찾아낼 때까지'
부지런히 찾습니다.

돌아온 탕자 한 아들

아버지는 자격 없는 아들이
돌아오자, 모든 것을 용서하고
가장 성대한 잔치를 엽니다.

" 죄인 한 사람이 회개하면 "

죄인 한 사람이 회개하면 하나님의 사자들 앞에 기쁨이 되느니라 (누가복음 15:10)

슬라이드

설교 Youtube

14
천국을 향한 길

〈마 7:13-27〉

13 좁은 문으로 들어가라 멸망으로 인도하는 문은 크고 그 길이 넓
어 그리로 들어가는 자가 많고
14 생명으로 인도하는 문은 좁고 길이 협착하여 찾는 자가 적음이라
15 거짓 선지자들을 삼가라 양의 옷을 입고 너희에게 나아오나 속에
는 노략질하는 이리라
16 그들의 열매로 그들을 알지니 가시나무에서 포도를, 또는 엉겅퀴
에서 무화과를 따겠느냐
17 이와 같이 좋은 나무마다 아름다운 열매를 맺고 못된 나무가 나
쁜 열매를 맺나니
18 좋은 나무가 나쁜 열매를 맺을 수 없고 못된 나무가 아름다운 열
매를 맺을 수 없느니라
19 아름다운 열매를 맺지 아니하는 나무마다 찍혀 불에 던져지느니라
20 이러므로 그들의 열매로 그들을 알리라
21 나더러 주여 주여 하는 자마다 다 천국에 들어갈 것이 아니요 다
만 하늘에 계신 내 아버지의 뜻대로 행하는 자라야 들어가리라
22 그 날에 많은 사람이 나더러 이르되 주여 주여 우리가 주의 이름
으로 선지자 노릇 하며 주의 이름으로 귀신을 쫓아 내며 주의 이
름으로 많은 권능을 행하지 아니하였나이까 하리니
23 그 때에 내가 그들에게 밝히 말하되 내가 너희를 도무지 알지 못
하니 불법을 행하는 자들아 내게서 떠나가라 하리라
24 그러므로 누구든지 나의 이 말을 듣고 행하는 자는 그 집을 반석
위에 지은 지혜로운 사람 같으리니
25 비가 내리고 창수가 나고 바람이 불어 그 집에 부딪치되 무너지
지 아니하나니 이는 주추를 반석 위에 놓은 까닭이요

26 나의 이 말을 듣고 행하지 아니하는 자는 그 집을 모래 위에 지은
어리석은 사람 같으리니
27 비가 내리고 창수가 나고 바람이 불어 그 집에 부딪치매 무너져
그 무너짐이 심하니라

반석 위의 기초: 말씀을 행하는 삶

트레이딩 이코노믹스(Trading Economics; 세계 경제 데이터 등을 모아서 보여 주는 온라인 플랫폼) 통계에 따르면, 대한민국은 연간 강우량이 1,200-1,500mm에 이르는 비가 많이 오는 나라입니다. 그러나 예수님께서 거니셨던 팔레스타인 지역은 전혀 다릅니다. 연간 강우량이 400-500mm로 우리나라의 1/3 수준에 불과합니다. 그마저도 11월에서 3월 사이 겨울철 우기에만 가랑비처럼 내릴 뿐, 4월부터 10월까지 건기에는 비 한 방울 구경하기 어렵습니다. 이런 기후 탓에 팔레스타인에는 독특한 지형이 있습니다. 바로 '와디'(Wadi)라 불리는 건천(乾川)입니다. 평소에는 물이 없어 평평하고 단단한 모래땅처럼 보이지만, 우기에 비가 오면 순식간에 급류가 흐르는 강으로 돌변하는 곳입니다. 비가 오지 않는 건기에는 이 와디가 집을 짓기에 참 좋아 보입니다. 땅을 파지 않아도 되고, 기초 공사가 필요 없어 비용도 적게 듭니다. 그래서 홍수를 겪어보지 못한 어리석은 사람들은 이 모래 위에 덜컥 집을 짓곤 하였습니다. 인간은 참으로 망각의 동물입니다. 우리나라도 30-40년 전만 해도 여름철 장마 때 한강이 범람하면 노량진, 천호동, 풍납동 일대가 물바다가 되곤 하였습니다. 지하방은 물론 1층까지 물이 들어차 가재도구를 다 내다 버려야 하였고, 전세금은 1억 원에서 2,000만 원으로 폭락하였습니다. 그러나 2-3년만 지나면 사람들은 그 물난리를 까맣게 잊습니다. 다시 그곳으로 몰려들고, 전세금은 오르고, 또다시 홍수가 나면 땅을 치며 후회하는 일이 반복되었습니다.

예수님 당시에도 마찬가지였습니다. 비가 오지 않는다고 방심해 와디가 있는 모래 위에 집을 지은 사람들은, 갑작스러운 홍수로 집이 무너져 떠내려가는 참변을 당하였습니다. 결국 모든 건축물의 생명은 '기초'에 있습니다. 집도 기초가 중요하듯, 우리 인생의 기초는 더더욱 중요합니다.

그렇다면, 천국 백성의 인생은 어디에 기초를 두어야 합니까?

첫째, 우리는 '하나님의 말씀'이라는 반석 위에 서야 합니다.

그러므로 누구든지 나의 이 말을 듣고 행하는 자는 그 집을 반석 위에 지은 지혜로운 사람 같으리니 _마 7:24

여기서 "반석"은 무엇인가요? 바로 예수 그리스도의 말씀, 변하지 않는 신구약 66권의 진리입니다. 이 말씀을 듣는 것에서 멈추지 않고 "행하는 자", 그가 바로 반석 위에 인생을 건축하는 지혜로운 자입니다. 종종 많은 성도가 착각합니다. 교회에 다니고, 예배를 드리고, 기도를 유창하게 하면 내 믿음이 좋다고 생각합니다. 그러나 주님은 냉정하게 말씀하십니다.

나더러 주여 주여 하는 자마다 다 천국에 들어갈 것이 아니요 다만 하늘에 계신 내 아버지의 뜻대로 행하는 자라야 들어가리라 _마 7:21

충격적이지 않나요? 주의 이름으로 선지자 노릇을 하고, 귀신을 쫓아내고, 권능을 행하였다 할지라도, 주님은 "내가 너희를 도무지 알지 못하니 불법을 행하는 자들아 내게서 떠나가라"고 호통치십니다. 입술로는 "주여, 주여" 외치지만, 삶의 기초가 말씀에 순종하는 '행함'에 있지 않다면, 그 모든 종교적 열심은 모래 위에 지은 집과 같습니다. 그것은 분명 심판의 비바람이 몰아칠 때 흔적도 없이 무너질 것입니다.

둘째, 천국 백성은 '산 믿음'을 가진 자입니다. 누가 천국에 들어가나요? 마태복음 7:21은 "다만 하늘에 계신 내 아버지의 뜻대로 행하는 자라야 들어가리라"고 못 박습니다. 야고보 사도 역시 이 진리를 강력하게 변증합니다.

내 형제들아 만일 사람이 믿음이 있노라 하고 행함이 없으면 무슨 유익이 있으리요 그 믿음이 능히 자기를 구원하겠느냐 _약 2:14

믿음과 행함은 동전의 양면입니다. 말씀을 듣고 '아멘' 하는 것이 믿음의 시작이라면, 그 말씀대로 살아내는 '순종'은 믿음의 완성입니다. 사랑하는 성도 여러분, 쉽고 편한 모래 위가 아니라 힘들고 더디더라도 말씀이라는 반석 위에 순종의 집을 지으십시오.

말씀의 영원한 가치: 요하난 벤 자카이의 선택

이스라엘의 역사, 아니 유대교와 기독교의 운명을 바꾼 결정적인 순간이 있었습니다. 그 중심에는 '요하난 벤 자카이'(Yohanan ben Zakkai)라는 위대한 랍비가 있었습니다. 배경은 A.D. 70년경, 로마 제국의 대군이 예루살렘을 포위하였을 때입니다. 로마 총사령관 베스파시아누스(Vespasianus)는 최후통첩을 보냈습니다. "항복하면 살려주겠다. 그러나 저항하면 돌 하나도 돌 위에 남기지 않고 전멸시키리라." 성 안은 아수라장이 되었습니다. "끝까지 싸워 죽자"라는 강경파(매파)와 "살길을 찾자"라는 온건파(비둘기파)가 대립하였습니다. 명분상으로는 끝까지 싸우다 죽자는 말이 멋있어 보였지만, 요하난 벤 자카이는 알았습니다. 그것은 민족의 공멸(共滅)을 의미할 뿐이라는 것을 말입니다. 그는 민족의 생존을 위해 목숨을 건 결단을 내립니다. 그는 제자들을 불러 말하였습니다. "지금부터 내가 죽은 것으로 위장하겠다. 나를 관에 넣어 성 밖으로 내보내라." 그는 시체처럼 보이기 위해 식음을 전폐하고, 썩은 고기를 관에 넣어 시신 냄새를 풍기게 하였습니다. 제자들과 가족들은 벤 자카이가 사망하였음을 지인들에게 알리고 성대하게 장례 예식을 진행하였습니다. 장례식을 마친 후, 제자들은 스승의 시신이 담긴 관을 메고 성문으로 향하였습니다. 당시 예루살렘에는 성 안에 시신을 묻지 않는 관습이 있었기에, 로마 군인들은 코를 막으며 관을 통과시켜 주었습니다. 성 밖으로 나오자마자, 으슥한 곳에서 관 뚜껑이 열렸습니다. 죽은 줄 알았던 요하난 벤 자카이가 일어나, 로마 진영으로 걸어 들어갔습니다. 그리고 적장 베스파시아누스 장군 앞에 서서 뜻밖의 말을 건넸습니다. "위대한 로마의 황제가 되실 분께 문안드립니다." 베스파시아누스는 당황하였지만, 마침 그때 로마 본국에서 그를 황제로 추대한다는 전갈이 도착하였습니다. 기분이 좋아진 장군은 랍비에게 소원을 물었습니다. "네 예언대로 내가 황제가 되었으니, 네 소원 하나를 들어주마."

이때 요하난 벤 자카이는 목숨을 구걸하거나, 황금을 달라고 하지 않았습니다. 그는 유대 민족의 운명을 가를 역사적인 요청을 합니다.

"장군님, 예루살렘 성전은 불타 없어질지라도, 율법을 연구할 수 있는 작은 학교 하나만은 허락해 주십시오. 욥바 근처 '얌니아'(Jamnia; 야브네)라는 곳에 저와 랍비들이 모여 성경을 연구하고 가르칠 수 있게만 해 주십시오."

베스파시아누스는 그 요청을 수락하였습니다. "좋다. 얌니아에 학교를 짓고 너희가 원하는 책을 보관하라. 평생 먹을 양식도 주겠다." 그 결과, 어떻게 되었을까요? 얼마 후 예루살렘 성전은 로마군에 의해 처참하게 불타 무너졌습니다. 제사는 끊어졌고, 건물은 사라졌습니다. 그러나 얌니아에 세워진 그 작은 학교에서 성경과 토라(Torah)가 보존되었습니다. 요하난 벤 자카이는 유대교의 중심을 '눈에 보이는 성전'에서 '눈에 보이지 않는 말씀과 기도'로 옮겨놓았습니다. 2,000년의 세월이 흘렀습니다. 로마제국은 멸망하였습니다. 베스파시아누스 황제도 한 줌의 흙으로 돌아갔습니다. 예루살렘을 짓밟던 로마 군단의 위세도 역사 속으로 사라졌습니다. 그러나 요하난 벤 자카이가 목숨 걸고 지켜 낸 하나님의 말씀은 살아남았습니다. 나라를 잃고 전 세계를 떠돌던 유대 민족이 2,000년 동안 소멸하지 않고 버틸 수 있었던 힘은 바로 이 말씀의 반석 위에 서 있었기 때문입니다.

사랑하는 성도 여러분, 여기서 우리는 위대한 진리를 깨닫습니다. 세상의 권력도, 화려한 건물도, 인간의 육체도 언젠가는 무너지고 사라집니다. 그것들은 모래 위에 지은 집과 같습니다. 그러나 하나님의 말씀은 영원합니다. 누가 반석 위에 집을 지은 지혜로운 인생인가요? 누가 참된 천국 백성인가요? 화려한 스펙이나 재물을 의지하는 자가 아닙니다. 영원히 변치 않는 하나님의 말씀 위에 인생의 기초를 두는 사람, 바로 그 사람이 어떤 비바람에도 무너지지 않는 견고한 인생입니다.

두 번째 기초: 좁은 문과 좁은 길

좁은 문으로 들어가라 멸망으로 인도하는 문은 크고 그 길이 넓어 그리로 들어가는 자가 많고 생명으로 인도하는 문은 좁고 길이 협착하여 찾는 자가 적음이라 _마 7:13–14

우리 앞에는 언제나 두 개의 문이 놓여 있습니다. 화려하고 좋아 보여 수많은 인파가 몰려가는 '넓은 문'과, 험하고 협착하여 찾는 이가 적은 '좁은 문'입니다. 천국 백성은 누구인가요? 바로 세상의 유행을 거스르고, 기꺼이 좁은 문과 좁은 길을 선택하는 자들입니다. 성경의 역사는 끊임없는 선택의 역사입니다. 가나안 정복 전쟁을 마친 노장 여호수아는 죽음을 앞두고 비장한 각오로 백성에게 외쳤습니다.

만일 여호와를 섬기는 것이 너희에게 좋지 않게 보이거든 너희 조상들이 강 저쪽에서 섬기던 신들이든지 또는 너희가 거주하는 땅에 있는 아모리 족속의 신들이든지 너희가 섬길 자를 오늘 택하라 오직 나와 내 집은 여호와를 섬기겠노라 하니 _수 24:15

눈물의 선지자 예레미야도 외쳤습니다.

보라 내가 너희 앞에 생명의 길과 사망의 길을 두었노라 _렘 21:8

불의 선지자 엘리야도 갈멜산 위에서 우상 숭배에 빠진 백성을 향해 호통쳤습니다.

너희가 어느 때까지 둘 사이에서 머뭇머뭇 하려느냐 여호와가 만일 하나님이면 그를 따르고 바알이 만일 하나님이면 그를 따를지니라 _왕상 18:21

이 선택의 질문은 오늘 예수님을 통해 우리에게도 던져집니다. 요한복음 6장에서 예수님께서 "내 살을 먹고 내 피를 마셔야 영생을 얻는다"라는 심오한 진리를 선포하시자, 수많은 군중이 "말씀이 너무 어렵다"라며 예수님을 떠나갔습니다. 썰물처럼 빠져나가는 사람들 뒤로, 주님은 남은 열두 제자에게 물으셨습니다. "너희도 가려느냐?" 그때 베드로가 위대한 고백을 남깁니다.

주여 영생의 말씀이 주께 있사오니 우리가 누구에게로 가오리이까 _요 6:68

이것이 우리의 고백이 되어야 합니다. 우리가 주님을 떠나지 않는 이유는 주님께 생명의 말씀, 능력의 말씀, 반석 같은 진리가 있기 때문입니다.

여러분, 한번 상상해 보십시오. 만일 우리나라 굴지의 대기업 회장님이 여러분을 찾아와 이렇게 제안한다고 합시다. "오늘부터 우리 회사의 전무이사를 맡아 주십시오. 월급은 2,000만 원을 드리겠소. 출퇴근이 멀다니, 회사 근처에 10억 원짜리 아파트도 한 채 사드리리다." 솔직히 가슴이 뛰지 않나요? 아마 넙죽 절을 하며 이렇게 말하고 싶을 것입니다. "회장님! 저를 이렇게 파격적으로 대우해 주시니, 제가 회장님을 떠나 어디로 가겠습니까? 뼈를 묻겠습니다!"

고작 눈에 보이는 돈과 지위 앞에서도 우리는 충성을 맹세합니다. 하물며, 10억 원짜리 아파트와 비교할 수 없는 '천국 맨션'을 예비하시고, 월 2,000만 원과 바꿀 수 없는 '영원한 생명'을 주시는 예수님 앞에서 우리는 어떻게 반응해야 할까요? 주님의 말씀은 세상 그 어떤 것보다도 귀합니다.

"주여 영생의 말씀이 주께 있사오니 우리가 누구에게로 가오리이까."

이것이 바로 천국 백성의 선택입니다. 세상이냐 하나님이냐, 거짓이냐 진리냐, 바알이냐 여호와냐, 넓은 길이냐 좁은 길이냐. 대부분의 사람은 쉽고 편한 넓은 길로 갑니다. 그러나 그 끝은 멸망입니다. 반면 좁은 문은 협착하고 외롭지만, 그 길 끝에는 영원한 생명이 기다리고 있습니다. 우리가 그 좁은 길을 걷기로 결단할 때, 주님은 결코 우리를 홀로 두지 않으시고 이렇게 말씀하십니다.

이에 예수께서 제자들에게 이르시되 누구든지 나를 따라오려거든 자기를 부인하고 자기 십자가를 지고 나를 따를 것이니라 _마 16:24

좁은 길의 대가: 십자가와 희생

누구든지 주님을 따르려면 반드시 거쳐야 할 관문이 있습니다. 바로 '자기 부인'(Self-denial)이라는 관문입니다. 내 안의 고집, 교만, 나의 의(義)를 날마다 십자가에 못 박아 죽이지 않고는 결코 좁은 길을 걸을 수 없습니다. 자기를 부인하지 않으면, 우리 본성은 자연스럽게 편하고 넓은 길로 흘러가게 되어 있습니다. 또한 신앙생활에는 거룩한 대가가 따릅니다. 각자가 짊어져야 할 십자가가 있다는 뜻입니다. 어떤 이들은 믿지 않는 가정에서 핍박을 받기도 하고, 어떤 이들은 신앙의 정절을 지키기 위해 세상 친구들과 멀어지는 아픔을 겪기도 합니다. 이때 우리는 선택해야 합니다. "가족의 평화를 위해 적당히 타협할 것인가, 아니면 고난이 와도 하나님을 따를 것인가?" 이것은 일시적인 문제가 아니라 영원한 생명이 달린 문제입니다. 주님은 이에 대해 아주 단호하게 말씀하십니다.

> **사람의 원수가 자기 집안 식구리라 아버지나 어머니를 나보다 더 사랑하는 자는 내게 합당하지 아니하고 아들이나 딸을 나보다 더 사랑하는 자도 내게 합당하지 아니하며 또 자기 십자가를 지고 나를 따르지 않는 자도 내게 합당하지 아니하니라 _마 10:36-38**

좁은 길을 간다는 것은 때로 혈육의 정까지도 끊고 주님을 최우선 순위에 두는 결단입니다. 가족이 우상이 되어서는 안 됩니다. 주님보다 더 사랑하는 것이 있다면 그것을 내려놓는 희생, 그것이 바로 제자의 길입니다.

필자가 섬기는 교회에서는 박영성 형제를 이슬람권에 선교사로 파송하였습니다. 그는 가족 목장의 목자이자 청년부 찬양 리더로 신실하게 교회를 섬기던 형제였습니다. 어느 날, 하나님께서 그를 선교사로 부르셨습니다. 그는 편안한 삶을 뒤로하고 예멘(Yemen)이라는 험지로 떠났습니다. 그곳 치과 병원에서 평신도 선교사로 일하며, 컴퓨터 장비를 구축하고 의사 선교사님들을 돕는 사역을 감당하였습니다. 그런데 예멘 지역에 내전이 터졌습니다. 병원 건물 바로 옆에 포탄이 떨어지는 등, 그 지역은 정부군과 반군의 시가전이 벌어지는 아비규환의 현장이 되었습니다. 공항은 폐쇄되었고, 생필품 공급마저 끊겼습니다. 생사가 오가는 절체절명의 위기였습니다. 그때 우리 교회 온 성도가 눈물로 기도하였습니다. "하나님, 박영성 선교사님 가족을 주님의 생명 싸개로 보호해 주시옵소서! 이 죽음의 늪에서 탈출할 길을 열어 주시옵소서!" 하나님은 기도를 들으셨습니다. 박영성 형제와 가족은 포탄이 빗발치는 위험 지역에서 무려 8시간을 운전해 국경을 넘는 필사의 탈출을 감행하였고, 기적적으로 그 사지(死地)에서 빠져나올 수 있었습니다. 그가 왜 그 고생을 하였을까요? '좁은 길'을 선택하였기 때문입니다. 그러나 하나님은 그 좁은 길 위에서도 당신의 백성을 눈동자처럼 지키셨습니다.

사랑하는 성도 여러분, 우리가 말씀대로 살려고 하면 반드시 좁은 길을 만나게 됩니다. 그 길은 희생을 요구합니다. 주일 예배를 드리기 위해서는 남들 놀러 갈 때 시간을 구별해야 합니다. 하나님께 드릴 예물을 준비하기 위해 내 지갑을 여는 헌신이 필요합니다. 아무 준비 없이, 초라한 마음으로 하나님 앞에 서지 마십시오. 정성을 다해 준비된 예배와 예물을 드리십시오. 또한 믿지 않는 가족과 이웃의 구원을 위해 눈물로 씨를 뿌리는 수고를 감당해야 합니다. 이 모든 것이 대가를 지불하는 삶입니다. 주님은 이것을 '좁은 문으로 들어가는 삶'이라고 말씀하십니다.

어떤 인생이 반석 위에 지은 집인가요? 단순히 교회만 다니는 사람이 아닙니다. 하나님의 66권 말씀 앞에서 날마다 자기를 부인하고, 세상의 넓은 길 대신 말씀의 좁은 길을 과감히 선택하는 인생입니다. 비록 그 길이 험할지라도 말씀 위에 굳게 서십시오. 그 반석 위에 세워진 인생만이, 비바람이 몰아쳐도 무너지지 않고 풍성한 열매를 맺는 복된 삶이 될 줄로 믿습니다.

좋은 나무의 증거: 아름다운 열매

우리에게는 두 종류의 열매가 있습니다.

그들의 열매로 그들을 알지니 가시나무에서 포도를, 또는 엉겅퀴에서 무화과를 따겠느냐 이와 같이 좋은 나무마다 아름다운 열매를 맺고 못된 나무가 나쁜 열매를 맺나니 좋은 나무가 나쁜 열매를 맺을 수 없고 못된 나무가 아

름다운 열매를 맺을 수 없느니라 아름다운 열매를 맺지 아니하는 나무마다 찍혀 불에 던져지느니라 이러므로 그들의 열매로 그들을 알리라

_마 7:16-20

여러분, 자연의 이치는 정직합니다. 가시나무가 자라면 가시를 낼 뿐이고, 엉겅퀴가 자라면 엉겅퀴를 냅니다. 우리 주변에 흔한 탱자나무를 보십시오. 그 가시 돋친 탱자나무에서 달콤한 포도가 열리기를 기대할 수는 없습니다. 성경은 분명히 말씀합니다.

좋은 나무마다 아름다운 열매를 맺고 못된 나무가 나쁜 열매를 맺나니

_마 7:17

우리가 말씀이라는 반석 위에 인생을 세우고 비록 협착한 좁은 길일지라도 묵묵히 그 길을 걸어간다면, 하나님은 우리 인생을 '좋은 나무'로 삼으사 반드시 천국 백성의 아름다운 열매를 맺게 하십니다. 이 열매의 증거가 바로 우리 대한민국 땅에도 있습니다. 오늘날 한국에서 복음화율이 가장 높은 곳은 전라남도 신안군의 증도입니다. 이곳은 '섬 선교의 어머니'라 불리는 문준경 전도사님이 순교의 피를 뿌린 땅입니다. 그 한 알의 밀알이 썩어짐으로, 지금도 섬 주민의 약 90%가 예수님을 믿습니다. 오죽하면 마을 전체가 금연 구역으로 선포되었을까요?

두 번째로 복음화율이 높은 곳은 군산, 김제, 익산 지역입니다. 약 35%가 기독교인이라고 합니다. 우스갯소리로 이런 말이 있습니다. 군산 식당에 가서 주방을 향해 "집사님, 여기 김치 좀 더 주세요!" 하고 외치면, 일하던 아주머니 세 명이 동시에 "네!" 하고 달려 나온답니다. 일하는 다섯 명 중 두세 명은 성도라는 뜻이지요. 혹은 "우리 목사님이 오셨나?" 하고 반가워서 달려 나온다는 말이 있을 정도로 믿음의 뿌리가 깊은 곳입니다. 그러나 사랑하는 성도 여러분, 이 풍성한 열매가 저절로 맺혔을까요?

그 이면에는 좁은 길을 걸으며 생명을 바친 한 사람, 남장로교 7인의 선구자 중 한 분인 윌리엄 전킨(William M. Junkin; 한국명 전위렴) 선교사님의 피눈물이 있습니다. 1895년 군산항에 첫발을 디딘 그는 군산(중앙, 개복동, 구암교회)과 김제(송지동, 봉원, 태창교회) 일대에 수많은 교회를 세웠습니다. 그것도 모자라 조선 최초로 선교선을 만들어 고군산 열도의 무녀도, 신시도, 선유도 등 섬이란 섬은 다 찾아다니며 복음을 전하였습니다. 하지만 그 대가는 너무나 가혹하였습니다. 당시 열악한 위생 환경과 풍토병으로 인해, 전킨 선교사는 사랑하는 세 아들을 모두 잃었습니다. 세 아이 모두 한 돌이 채 되기도 전에 전염병으로 떠나보내야 하였습니다. 가슴이 찢어지는 고통 속에서도 그는 사역을 멈추지 않았습니다. 보다 못한 미국 선교본부가 "제발 좀 쉬라! 군산을 떠나 전주에서 요양하되, 절대 20리 밖으로 나가지 말라"는 금족령까지 내릴 정도였습니다. 하지만 영혼을 향한 그의 열정을 막을 수는 없었습니다. 그는 병든 몸을 이끌고 끝까지 좁은 길을 걸었고, 결국 1908년 1월 2일, 급성 폐렴으로 쓰러져 소천하였습니다. 그의 나이 불과 43세였습니다.

사랑하는 성도 여러분, 전킨 선교사가 걸었던 그 길이 바로 반석 위에 집을 짓는 삶이었습니다. 세상의 눈으로 보면 43세의 요절은 실패처럼 보일 것입니다. 그러나 보십시오. 그가 눈물로 씨를 뿌린 그 좁은 길 위에, 오늘날 군산과 김제 땅에 수만 명의 성도라는 아름다운 열매가 맺히지 않았나요? 오늘 주님께서 우리에게 물으십니다. "누가 참된 천국 백성이냐? 누가 반석 위에 인생을 세우는 지혜로운 자냐?" 편안한 넓은 길이 아니라, 말씀을 붙들고 기꺼이 희생하는 좁은 길, 십자가의 길을 걷는 자입니다.

오늘 우리가 그 길을 선택할 때, 주님은 우리의 생애를 통해, 그리고 우리의 자녀들을 통해, 세상이 감당할 수 없는 풍성한 천국 열매를 맺게 하실 줄 믿습니다.

묵상 질문

1. 여러분은 하나님의 말씀을 '듣는 것'이나 "주여, 주여" 부르는 종교적 행위에 그치지 않고, 삶의 기초로 삼아 '행하는' 자입니까? 여러분의 인생의 기초는 지금 모래 위에 있습니까, 아니면 반석 위에 있습니까?

인생의 기초가 중요하며, 반석은 곧 '하나님의 말씀을 듣고 행하는 것'입니다. 단순히 선지자 노릇, 권능을 행하는 것이 천국 백성의 증거가 아니라, 아버지의 뜻대로 행하는 것이 중요합니다. 요하난 벤 자카이가 로마제국에 의해 예루살렘성이 함락되는 위기의 순간에도 영원한 하나님의 말씀을 연구할 거처를 요청하였듯이, 나의 삶이 세상의 가치가 아닌 영원한 말씀 위에 세워져 있는지 점검해야 합니다.

> 나더러 주여 주여 하는 자마다 다 천국에 들어갈 것이 아니요 다만 하늘에 계신 내 아버지의 뜻대로 행하는 자라야 들어가리라 _마 7:21

2. 여러분은 지금 다수가 가는 편하고 넓은 길을 택하고 있습니까, 아니면 주님을 따르기 위해 희생과 헌신을 감수하는 좁은 길을 걷고 있습니까?

인생은 넓은 길과 좁은 길의 '선택'입니다. 베드로가 "영생의 말씀이 주께 있사오니 우리가 누구에게로 가오리이까"라고 고백하였듯, 우리의 선택 기준은 영생의 말씀이 되어야 합니다. 이 길은 자기 부인과 십자가를 요구하며, 때로는 가장 가까운 가족과의 관계보다 주님을 우선해야 합니다. 박영성 선교사의 예처럼, 생명의 위협 속에서도 주님의 길을 택하는 것이 좁은 길입니다.

> 좁은 문으로 들어가라 멸망으로 인도하는 문은 크고 그 길이 넓어 그리로 들어가는 자가 많고 생명으로 인도하는 문은 좁고 길이 협착하여

찾는 자가 적음이라 _마 7:13-14

3. 여러분의 삶이 반석 위에 세워지고 좁은 길을 따르는 '좋은 나무'라는 증거로, 다른 사람들에게 보여 줄 수 있는 '아름다운 열매'는 무엇입니까?

나무는 열매로 그 본질을 증명합니다. 윌리엄 전킨 선교사가 자신의 생명을 희생하며(좁은 길) 헌신한 결과, 군산 · 김제 일대에 높은 복음화율(열매)이 나타났습니다. 우리의 삶 역시 말뿐인 신앙이 아니라, 구체적인 삶의 열매로 우리의 믿음을 증명해야 합니다.

이와 같이 좋은 나무마다 아름다운 열매를 맺고 못된 나무가 나쁜 열매를 맺나니 _마 7:17

암송구절

좁은 문으로 들어가라 멸망으로 인도하는 문은 크고 그 길이 넓어 그리로 들어가는 자가 많고 생명으로 인도하는 문은 좁고 길이 협착하여 찾는 자가 적음이라 _마 7:13-14

요점 정리

1. 반석 위에 세운 인생: 말씀을 행하는 믿음

인생의 가장 중요한 것은 '기초'입니다. 그렇다면, 천국 백성의 견고한 기초 즉 '반석'은 무엇입니까? 그것은 마태복음 7:24의 말씀처럼 "누구든지 나의 이 말을 듣고 행하는 자"의 삶입니다. 단순히 "주여, 주여"라고 부르는 종교적 고백이나 귀신을 쫓아내는 권능 자체가 천국 백성의 증표가 될 수 없습니다. 오직 "하늘에 계신 내 아버지의 뜻대로 행하는 자라야" 천국에 들어갈 수 있습니다. 야고보서의 경고처럼 '행함이 없는 믿음은 죽은 것'이기에, 말씀을 삶으로 실천하는 '산 믿음'만이 우리를 구원의 영광에 이르게 합니다. 이 말씀의 영원한 가치를 증명하는 역사적 인물 사례로, A.D. 70년 로마에 의해 예루살렘이 함락될 때의 랍비 '요하난 벤 자카이'가 있습니다. 그는 민족이 멸망하는 절체절명의 순간에 자신의 죽음을 가장하여 로마 장군을 만나, 오직 성경 연구소(얍니아)의 보존을 간청하였습니다. 훗날 제국과 문명은 사라졌으나, 목숨을 걸고 지켜 낸 이 말씀 연구의 열정은 2,000년간 유대 민족을 보존하는 힘이 되었습니다.

2. 좁은 문으로의 선택: 자기를 부인하는 십자가의 길

반석 위에 인생을 세운다는 것은 구체적으로 어떤 삶을 선택하는 것입니까? 그것은 바로 '좁은 문'과 '좁은 길'을 선택하는 삶입니다. 인생은 여호수아의 선포처럼 "너희가 섬길 자를 택하라"는 요청 앞에 선 연속적인 선택의 과정입니다. 세상의 넓은 길은 멸망으로 인도하지만, 생명으로 인도하는 길은 협착하여 찾는 이가 적습니다. 예수님은 이 '좁은 길'의 구체적인 의미를 마태복음 16:24에서 "누구든지 나를 따라오려거든 자기를 부인하고 자기 십자가를 지고 나를 따를 것이니라"고 밝히셨습니다. 자기를 부인한다는 것은 자신의 의와 교만, 옛 성격을 십자가에 못 박는 것을 의미합니다. 또한 이 길은 헌신과 희생을 요구합니다. 마태복음 10장의 말씀처럼, 때로는 아버지나 어머니, 아들이나 딸보다 주님을 더 사랑하기 위해 가장 가까운 가족의 정까지도 내려놓아야 하는 대가를 치러야 합니다.

3. 좋은 나무의 증거: 삶으로 맺는 아름다운 열매

하나님의 말씀이라는 반석 위에 굳건히 서서, 자기를 부인하는 좁은 길을 선택한 인생은 반드시 그 삶의 '열매'로 증명됩니다. 가시나무에서 무화과열매를 딸 수 없듯, 그 사람의 삶의 방식(나무)이 그의 인생의 결과(열매)를 결정합니다. 좋은 나무가 아름다운 열매를 맺듯이, 하나님의 말씀을 따르는 삶은 반드시 천국 백성의 아름다운 열매를 맺게 되어 있습니다. 한국에서 군산, 김제, 익산 일대가 높은 복음화율을 보여 주고 있습니다. 이 지역이 오늘날 복음의 풍성한 '열매'를 맺게 된 것은, 초기 선교사인 윌리엄 전킨이 자신의 세 아들을 풍토병으로 잃고 자신도 43세의 젊은 나이에 폐렴으로 생을 마감하면서까지, 그 지역에서 복음의 씨앗을 불같은 열정으로 심었기 때문입니다. 그의 헌신과 희생이라는 토대 위에 오늘날 풍성한 복음의 열매가 맺힌 것처럼, 말씀에 순종하는 좁은 길이야말로 가장 확실한 열매를 맺는 축복의 길입니다.

4. 결론: 참된 천국 백성의 삶은 하나님의 말씀을 듣고 행함으로 반석 위에 견고한 기초를 세우는 것입니다. 그리고 세상의 넓은 길이 아닌 자기를 부인하는 좁은 길을 선택하여 아름다운 믿음의 열매를 맺는 것입니다. 과연 천국 백성의 삶이란 무엇입니까?

첫째, 천국 백성은 하나님의 말씀을 듣는 것에 그치지 않고 행함으로 실천하여 인생을 반석 위에 세워야 합니다. 단순히 "주여, 주여" 하는 자가 아니라 하늘에 계신 아버지의 뜻대로 행하는 자만이 천국에 들어갈 수 있으며, 행함이 없는 믿음은 죽은 믿음입니다.

둘째, 모든 인생길 앞에는 멸망으로 인도하는 넓은 문과 생명으로 인도하는 좁은 문이 놓여 있습니다. 이 선택의 자리에서 성도는 세상이 아니라 하나님을 택해야 합니다. 천국 백성이라면, 다수가 가는 쉬운 길이 아니라 생명의 길을 선택합니다.

셋째, 주님을 따르는 길은 자기를 부인하고 자기 십자가를 지는 희생과 헌신을 요구합니다. 가족이나 세상의 가치보다 주님을 더 사랑해야 하며, 이는 때로 생명의 위협이나 안락한 삶의 포기를 감수해야 하는 좁은 길입니다.

넷째, 좋은 나무가 아름다운 열매를 맺듯이, 말씀이라는 반석 위에 서서 좁은 길을 걸을 때 천국 백성의 아름다운 열매를 맺게 됩니다. 엉겅퀴가 무화과를 맺을 수 없듯이, 바른 신앙의 기초와 삶의 태도가 올바른 신앙의 결실을 보장합니다.

다섯째, 하나님의 말씀은 영원하며, 그 말씀에 인생을 건 사람들은 역사 속에서 위대한 영향력을 남깁니다. 요하난 벤 자카이가 말씀을 보존하여 민족을 지키고, 윌리엄 전킨 선교사가 희생으로 대한민국 호남 지역 복음화의 씨앗이 된 것처럼, 말씀에 순종하는 인생은 하나님께서 귀하게 사용하십니다.

14. 천국을 향한 길 (마 7:13-27)

기초: 말씀을 행하는 삶

"나더러 주여 주여 하는 자마다
다 천국에 들어갈 것이 아니요
다만 하늘에 계신 내 아버지의
뜻대로 행하는 자라야 들어가리라"
(마7:21)

선택: 좁은 문, 좁은 길

"생명으로 인도하는 문은
좁고 길이 협착하여
찾는 자가 적음이라"
(마7:14)

증거: 아름다운 열매

"이러므로 그들의 열매로
그들을 알리라"
(마7:20)

슬라이드

설교 Youtube

15
천국 백성인가요?

〈엡 2:1-10〉

1 그는 허물과 죄로 죽었던 너희를 살리셨도다

2 그 때에 너희는 그 가운데서 행하여 이 세상 풍조를 따르고 공중의 권세 잡은 자를 따랐으니 곧 지금 불순종의 아들들 가운데서 역사하는 영이라

3 전에는 우리도 다 그 가운데서 우리 육체의 욕심을 따라 지내며 육체와 마음의 원하는 것을 하여 다른 이들과 같이 본질상 진노의 자녀이었더니

4 긍휼이 풍성하신 하나님이 우리를 사랑하신 그 큰 사랑을 인하여

5 허물로 죽은 우리를 그리스도와 함께 살리셨고 (너희는 은혜로 구원을 받은 것이라)

6 또 함께 일으키사 그리스도 예수 안에서 함께 하늘에 앉히시니

7 이는 그리스도 예수 안에서 우리에게 자비하심으로써 그 은혜의 지극히 풍성함을 오는 여러 세대에 나타내려 하심이라

8 너희는 그 은혜에 의하여 믿음으로 말미암아 구원을 받았으니 이것은 너희에게서 난 것이 아니요 하나님의 선물이라

9 행위에서 난 것이 아니니 이는 누구든지 자랑하지 못하게 함이라

10 우리는 그가 만드신 바라 그리스도 예수 안에서 선한 일을 위하여 지으심을 받은 자니 이 일은 하나님이 전에 예비하사 우리로 그 가운데서 행하게 하려 하심이니라

인간의 기원과 존재 가치: 우연한 진화인가, 하나님의 창조인가

역사 이래 인류는 끊임없이 질문해 왔습니다. "도대체 인간이란 어떤 존재인가?" 생물학적인 관점에서만 보면, 인간은 동물과 별반 다를 게 없어 보입니다. 심장은 피를 돌리고, 허파는 숨을 쉬며, 간은 해독 작용을 합니다. 이 기계적인 기능은 개나 소나 인간이나 매한가지입니다. 과학자들의 연구에 따르면, 인간과 침팬지의 유전자(DNA)는 무려 98.8%가 일치한다고 합니다. 고작 1.2%의 차이가 언어와 직립보행, 고도의 지능을 갈라놓았다는 것입니다. 이런 이유로 진화론자들은 주장합니다. "인간은 그저 단세포에서 시작해 우연히, 그리고 재수 좋게 진화한 고등 동물일 뿐이다." 그러나 이 주장에는 치명적인 함정이 있습니다. 자연계의 법칙은 질서가 무너지는 '열등 진화'(엔트로피 증가)가 일반적인데, 유독 생명체의 진화 체계에서만 예외적으로 우연히 '우등 진화'를 하였다는 것입니다. 이는 확률적으로도 매우 불가능에 가깝습니다. 더 무서운 것은 이 사상이 가져온 결과입니다. 인간을 우연히 생겨난 물질 덩어리로 보면, 거기엔 목적도 존엄성도 설 자리가 없습니다. 결국 허무주의로 귀결됩니다. 이것이 극단화된 것이 바로 공산주의(유물론) 사상입니다. "인간은 물질에 불과하다"라는 사상은, 소련에서 경제적 평등이라는 명분 아래 6,000여만 명을 학살하는 참극을 낳았습니다. 인간을 하나님의 형상으로 창조된 존재가 아닌, 제거 가능한 부속품으로 여겼기 때문입니다.

그러나 성경은 우리 인간을 전혀 다르게 정의합니다. 하나님은 창세기 1:1에서 "태초에 하나님이 천지를 창조하시니라"고 선포하십니다. 이 선언은 인간이 우연한 먼지로부터 진화한 존재가 아니라, 최고의 지성과 인격을 가지신 전능자의 계획된 작품임을 확증합니다. 물론 인간과 동물의 신체 구조는 비슷할 수 있습니다. 지구상에 존재하는 150만 종의 생명체, 그중 72,000종의 척추동물은 비슷한 환경에서 살아가야 하기에, 하나님께서 최적화된 공통의 설계도(The Common Design)를 사용하신 것뿐입니다.

이는 창조주의 주권이지, 진화의 증거가 될 수 없습니다. 하나님은 인간을 지으시고 "심히 좋았더라" 하시며 기뻐하셨습니다. 그리고 오직 인간에게만 세상을 다스리는 '왕적인 권세(Dominion)'를 주셨습니다. 역사가 이를 증명하지 않나요? 지난 4,000년을 돌아보십시오. 동물은 수천 년 전이나 지금이나 똑같이 집을 짓고 먹이를 찾을 뿐, 문명을 만들지 못합니다. 그러나 인간은 다릅니다. 이집트의 피라미드, 캄보디아의 앙코르와트, 그리고 경주의 석가탑과 석굴암을 보십시오. 인간은 위대한 문명을 건설하고, 건축과 예술을 꽃피웠습니다.

지식의 축적은 또 어떤가요? 도서관에는 수백만 권의 책이 꽂혀 있고, 인간은 미생물의 세계부터 우주의 신비까지 전 세계의 모든 영역을 탐구합니다. 최근에는 인간 유전자 지도(Genome)를 완성하며 생명체의 설계도까지 읽어 내고 있습니다. 이토록 방대한 지식을 쌓고, 끊임없이 자신의 존재를 탐구하는 존재는 지구상에 오직 사람뿐입니다.

성경이 말하는 인간의 본질: 영적 존재와 죄의 의미

그렇다면, 성경은 인간을 어떤 존재로 규정하나요? 성경은 인간을 과학과 철학이 답하지 못하는 영역에 속한 존재, 즉 '영적인 존재'(The Spiritual Being)로 정의합니다. 인간이 왜 만물의 영장(靈長)인가요? 단순히 지능이 높아서가 아닙니다. 오직 인간만이 전능하신 하나님과 소통하고 교제할 수 있는 영을 가졌기 때문입니다. 이 영역은 현미경이나 망원경으로 관찰할 수 없습니다. 세상의 학문으로는 풀리지 않는 신비입니다. 오직 하나님을 만나고, 그분의 말씀을 깨달을 때 비로소 열리는 차원입니다. 그럼 하나님을 떠난 자연인(The Natural Man)의 영적 상태는 과연 어떠할까요? 주님은 에베소서 2:1을 통해 우리의 적나라한 실존을 진단하십니다.

그는 허물과 죄로 죽었던 너희를 살리셨도다 _엡 2:1

성경은 하나님을 만나기 전의 우리를 죽은 존재라고 선언합니다. 숨은 쉬고 걸어 다니지만, 영적으로는 생명이 끊어진 시체와 같다는 것입니다. 그 죽음의 원인은 두 가지, 바로 '허물'과 '죄'입니다.

첫째, '허물'입니다. 이 단어는 헬라어로 '파라프토마'(παράπτωμα)입니다. 그 뜻은 '옆으로 미끄러지다', '정도(正道)에서 벗어나다'입니다. 이해를 돕기 위해 만취한 취객을 떠올려 보십시오. 똑바로 걸어야 하는데 몸을 가누지 못해 비틀거립니다. 고함을 지르며 갈지자로 걷다가, 결국 헛디뎌 길바닥에 넘어집니다. 이것이 바로 '파라프토마'입니다. 하나님을 떠난 인생이 이와 같습니다. 하나님께서 정해 주신 생명의 길을 걷지 못하고, 세상의 유혹에 취해 비틀거리고 넘어지는 위태로운 상태, 그것이 우리의 허물입니다.

둘째, '죄'입니다. 여기서 사용된 헬라어는 '하마르티아'(ἁμαρτία)입니다. 이는 궁술 용어로, '화살을 쏘았으나 과녁을 맞히지 못하고 빗나간 상태'를 의미합니다. 하나님은 우리 각자에게 인생의 과녁을 주셨습니다. 바로 하나님의 영광이라는 목표입니다. 그러나 죄성을 가진 인간은 이 과녁을 맞출 능력을 상실하였습니다. 아무리 열심히 활시위를 당겨도, 화살은 엉뚱한 곳으로 날아가 땅에 처박힙니다. 하나님께서 원하시는 목적대로 살지 못하고 빗나가는 삶, 방향을 잃은 삶, 이것이 성경이 말하는 죄의 본질입니다.

하나님을 떠난 인간의 실존: 사탄의 지배

인간은 어떤 존재인가요? 첫째로 성경은 인간을 영적 존재로 정의하되, 허물과 죄로 말미암아 영적으로 죽은 존재로 규정짓습니다.

둘째로, 성경은 인간의 영적 현주소를 에베소서 2:2을 통해 더 깊이 파헤칩니다. 즉, 사탄의 지배하에 눌린 존재로 봅니다.

그 때에 너희는 그 가운데서 행하여 이 세상 풍조를 따르고 공중의 권세 잡은 자를 따랐으니 곧 지금 불순종의 아들들 가운데서 역사하는 영이라

_엡 2:2

하나님을 떠난 인간은 과연 자유로울까요? 성경은 단호하게 "아니요"라고 대답합니다. 하나님과의 탯줄이 끊어진 인간은 독립적인 존재가 되는 것이 아니라, '공중의 권세 잡은 자', 곧 사탄의 지배 아래 놓이게 됩니다. 본문은 그 상태를 두 가지로 설명합니다.

첫째, 세상 풍조를 따릅니다. 시대의 유행과 가치관에 휩쓸려 떠내려가는 삶입니다. 둘째, 불순종의 영의 조종을 받습니다. 사탄의 전략은 매우 교묘합니다. 뿔 달린 괴물의 모습으로 나타나 우리를 겁박하지 않습니다. 대신 우리 마음에 아주 달콤하고 그럴싸한 거짓 사상을 심어 줍니다. "하나님 없이도 너는 잘 살 수 있어. 네 인생의 주인은 너야. 네 마음대로 즐겨." 인간은 이 속삭임에 넘어가 자신이 자유의지로 인생을 산다고 착각합니다. 그러나 그 결과는 무엇인가요? 하나님을 떠난 자리에 다른 주인들이 들어와 앉습니다. 돈, 권력, 인터넷, 술, 도박, 마약, 게임 등이 인생의 중심에 자리 잡습니다. 처음에는 내가 좋아서 그것들을 선택한 줄 알았습니다. "나는 언제든지 끊을 수 있어"라고 큰소리칩니다. 하지만 정신을 차리고 지나온 인생의 궤적을 돌아보면 어떨까요? 내 의지대로 산 것이 아니었습니다. 무언가에 홀린 듯 끌려다녔고, 삶은 뒤틀려 있으며, 영혼은 피폐해져 있습니다. 결국 중독과 쾌락의 노예가 되어 파괴적인 삶을 살고 있는 자신을 발견하게 됩니다. 이것이 바로 '역사하는 영'(The Working Spirit)의 실체입니다. 배후에서 인간을 조종하여 하나님을 대적하게 하고, 끝내 파멸의 구렁텅이로 몰아넣는 존재, 바로 사탄이 타락한 인간의 실질적인 주인 노릇을 하고 있는 것입니다.

하나님을 떠난 인간의 실존: 욕망의 포로

셋째로, 성경은 하나님을 떠난 인간의 내면 상태를 에베소서 2:3을 통해 적나라하게 고발합니다.

전에는 우리도 다 그 가운데서 우리 육체의 욕심을 따라 지내며 육체와 마음의 원하는 것을 하여 다른 이들과 같이 본질상 진노의 자녀이었더니 _엡 2:3

예수 그리스도를 만나기 전, 우리는 어떤 존재였나요? 성경은 우리가 육체의 욕심과 마음이 원하는 것을 따라 살던 자들이라고 말씀합니다. 겉으로는 고상해 보일지 몰라도, 실상은 내면의 타락한 본능이 시키는 대로 움직이는 욕망의 노예였다는 것입니다. 많은 사람이 "내 마음대로 사는 게 자유 아니냐"라고 반문합니다. 그러나 죄인 된 인간의 마음은 고장 난 나침반과 같습니다. 탐욕, 시기, 분노, 쾌락… 내 안에서 끊임없이 솟아나는 이 죄악된 본능이 나를 이끄는 대로 내버려둔 결과가 무엇인가요? 성경은 그 끝을 무섭도록 냉정하게 선언합니다. "본질상 진노의 자녀"(By nature objects of wrath)라고 선언합니다.

이것은 행위의 문제가 아니라 존재의 문제입니다. 마치 마른 장작이 불을 피할 수 없듯이, 죄로 오염된 인간은 거룩하신 하나님의 진노와 심판을 피할 수 없는 운명을 타고난 존재라는 뜻입니다. 이것이 하나님 없는 인생의 절망적인 결말입니다.

사랑하는 성도 여러분, 이제 에베소서가 진단한 하나님을 떠난 인간의 실체를 정리해 봅시다. 우리는 과연 어떤 존재였나요?

첫째, 우리는 영적 시체였습니다. 허물과 죄로 인해 생명의 근원이신 하나님과 끊어진, 죽은 존재였습니다.

둘째, 우리는 사탄의 꼭두각시였습니다. 공중 권세 잡은 자의 조종을 받으며, 세상 풍조에 휩쓸려 다니던 종이었습니다.

셋째, 우리는 욕망의 포로이자 진노의 자녀였습니다. 타락한 본능이 이끄는 대로 살다가, 결국 하나님의 심판을 받을 수밖에 없는 절망적인 죄인이었습니다.

이것이 성경이 보여 주는 인간의 적나라한 자화상입니다. 소망이라고는 단 1%도 찾아볼 수 없는 이 철저한 절망, 바로 이곳에서부터 하나님의 위대한 반전이 시작됩니다.

자력 구원의 한계: 스스로 죄의 바다를 건널 수 없는 인간

인생의 고통이 욕망에서 비롯된다는 점에서는 불교 역시 깊은 통찰을 보여 줍니다. 불교는 인간의 모든 고뇌가 집착과 욕망에서 오며, 이 욕망을 끊어내야만 참된 자유와 해탈(Nirvana)에 이를 수 있다고 가르칩니다. 실제로 석가모니는 이 문제를 해결하기 위해 왕자의 지위와 가족, 모든 세속적 부귀영화를 버리고 산으로 들어갔습니다. 그는 보리수나무 아래에서 6년 동안 뼈를 깎는 고행과 면벽수도(面壁修道)를 하였습니다. 그 처절한 수행 끝에 그는 내면의 욕망을 비우고 세상의 집착을 끊어내는 깨달음의 경지에 도달하였습니다.

그러나 여기서 우리는 기독교와 불교의 결정적인 차이를 발견합니다. 석가모니는 단 한 번도 자신을 구원자 하나님이라고 선언한 적이 없습니다. 그는 스스로를 먼저 깨달은 자로서, 사람들에게 "너희도 나처럼 수행하면 욕망의 바다를 건널 수 있다"라고 가르친 스승일 뿐입니다. 즉, 불교의 구원관은 인간 스스로의 노력과 수행으로 구원에 이르는 철저한 '자력 구원'입니다.

하지만 사랑하는 성도 여러분, 정직하게 우리 자신을 돌아봅시다. 죄와 허물로 이미 죽어있는 인생이, 스스로 노력한다고 죄의 바다에서 빠져나올 수 있나요? 여러분 중에 수영을 전혀 못 하는 분들이 계실 겁니다. 수영을 못 하는 사람은 본능적으로 깊은 물을 두려워합니다. 친구들과 경포대 해수욕장에 놀러 가도, 남들처럼 깊은 곳에 들어가지 못합니다. 그저 발목 정도 오는 얕은 물가에서 첨벙거리다 나올 뿐입니다. 마음속으로는 늘 생각합니다. '내가 결혼하고 여유가 생기면 꼭 수영을 배워야지.' '마흔이 되면 배워야지.' 그러나 아이 키우고 먹고살다 보니 환갑이 넘도록 수영을 못 배운 채 평생 물을 피하며 살아갑니다. 그런데 만일 그런 사람이 태평양 한가운데, 발이 닿지 않는 망망대해(茫茫大海)에 빠졌다고 상상해 보십시오. 그때 그에게 필요한 것이 "팔을 이렇게 저으세요, 숨을 이렇게 쉬세요"라고 가르치는 수영 교본일까요, 아니면 "네가 노력하면 뜰 수 있다"라는 격려일까요? 전부 소용없습니다. 수영을 못 하는 사람이 깊은 물에 빠지면, 제아무리 발버둥을 쳐도 결국 가라앉아 죽을 수밖에 없습니다. 스스로의 힘으로는 절대 밖으로 나올 수 없습니다. 우리의 영적 상태가 이와 같습니다. 우리는 죄라는 거대한 바다에 빠져 허우적거리는 존재들입니다. 수행을 하고, 도를 닦고, 착하게 산다고 해서 이 죄의 깊은 바다를 스스로 헤엄쳐 나올 수 있는 사람은 단 한 명도 없습니다. 당장 물에 빠진 자에게 필요한 것은 수영하는 법을 가르치는 스승이 아닙니다. 물속으로 직접 뛰어들어 나를 건져 올려줄 구조자가 필요합니다.

전재용 선장의 결단: 죽음 앞의 난민을 구한 생명의 손길

앞서 말씀드렸듯, 물에 빠진 자에게 필요한 것은 수영 교본이 아니라,

구조자입니다. 누군가 다가와 건져 주지 않으면 죽을 수밖에 없기 때문입니다. 이 영적 진리를 가장 잘 보여 주는 한국 현대사의 실화가 있습니다. 바로 광명87호 전재용 선장의 이야기입니다.

1985년 11월 14일 오후 5시, 남중국해의 거친 파도 속을 항해하던 원양어선 광명87호에 다급한 SOS 신호가 잡혔습니다. 전재용 선장이 배를 돌려 가보니, 그곳은 그야말로 생지옥이었습니다. 난파 직전의 작은 목선에 무려 96명의 사람이 짐짝처럼 엉켜 있었습니다. 베트남 전쟁 이후 바다로 탈출한 보트 피플(Boat People)이었습니다. 물도 식량도 떨어진 지 수십 일, 그들은 이미 산송장이 되어 "살려 달라"고 절규하고 있었습니다. 선장은 즉시 본사에 보고하였습니다. 그러나 돌아온 지시는 차가웠습니다. "절대 관여하지 마라. 무시하고 즉시 부산으로 귀항하라." 당시 난민을 구조하면 복잡한 외교 문제와 비용 문제로 선사가 피해를 보기 때문이었습니다. 그때 난민 대표였던 피터 누엔(Peter Nguyen)은 훗날 이렇게 증언하였습니다. "우리는 절망하였습니다. 이미 우리 곁을 지나간 배가 스물다섯 척이나 되었습니다. 스물네 번째 배가 우리를 보고도 그냥 갔고 스물다섯 번째 배마저 사라졌을 때, 우리는 '아, 이제 죽는구나' 하고 눈을 감았습니다. 그런데 기적이 일어났습니다. 스물여섯 번째 배, 광명87호가 우리 앞에 멈춰 선 것입니다." 전재용 선장은 본사의 명령과 양심 사이에서 고뇌하였습니다. 하지만 그는 항해일지에 이렇게 적고 결단을 내립니다. "내 평생, 단 한 사람의 생명이라도 구할 수 있다면 나는 내 미래를 희생해도 후회하지 않겠다." 그는 96명 전원을 구조하였습니다. 자신의 선장실을 내어 주어 환자와 노인들을 눕혔고, 선원들의 침실을 비워 아이들과 여자들을 재웠습니다. 선원들이 열흘 동안 마실 귀한 식수와 식량을 털어 난민들을 먹였습니다. 그렇게 단 한 명의 사망자도 없이 그들은 부산항에 입항하였습니다. 그러나 세상은 그를 영웅으로 대접하지 않았습니다. 정부는 난민 수용을 거부하였고, 언론은 "왜 골치 아픈 난민을 데려왔느냐"라며 비난하였습니다. 무엇보다 본사는 명령 불복종을 이유로 전재용 선장을 해고하였습니다. 그는 당국에 끌려가 3-4개월 동안 혹독한 조사를 받았고, 이후 '난민을 구조한 선장'이라는 꼬리표 때문에 어떤 선박 회사에도 취업할 수 없었습니다. 결국 그는 평생 바쳐온 선장의 꿈을 접고, 고향 통영으로 내려가 멍게 양식을 하며 생계를 이어야 하였습니다. 자신의 직업, 명예, 미래를 96명의 생명과 맞바꾼 것입니다. 하지만 그는 말합니다. "나는 그 결정을 단 한 번도 후회한 적이 없습니다." 19년 뒤, 미국으로 건너가 정착한 피터 누엔이 수소문 끝에 전재용 선장을 찾아왔습니다. 그들은 서로를 부둥켜안고 오열하였습니다. 피터 누엔은 고백하였습니다. "선장님, 당신이 아니었다면 저와 96명은 그날 차가운 바닷속에 가라앉아 물고기 밥이 되었을 것입니다. 당신이 우리에게 생명을 주셨습니다." 그 후 각국에서 전재용 선장에게 감사의 뜻과 존경을 표하였습니다. 그리고 국회 인권상 후보로도 거론되는 등 그의 결단과 용기가 널리 알려졌습니다.

사랑하는 성도 여러분, 이 96명의 난민이 바로 저와 여러분의 모습이 아닐까요? 망망대해 같은 세상에서 죄와 허물로 난파되어, 스스로의 힘으로는 도저히 살아날 수 없었던 우리들이었습니다. 세상의 수많은 종교와 철학은 그 스물다섯 척의 배처럼 우리 곁을 무심하게 스쳐 지나갔습니다. 그때 우리의 참된 선장 되신 예수 그리스도께서 우리를 보셨습니다. 주님은 "그냥 지나가라"는 세상의 법칙을 거스르시고, 당신의 보좌를 버리고 우리에게 다가오셨습니다. 전재용 선장이 직업을 잃었듯이, 예수님은 당신의 생명을 십자가에 던지심으로 우리를 구조해 내셨습니다.

오직 은혜로 얻은 구원: 행위가 아닌 하나님의 선물

우리 인생에게 은혜란 무엇인가요? 은혜란 아무런 자격도, 공로도 없는 자에게 하나님께서 일방적으로 베푸시는 선물입니다. 앞서 본 전재용 선장의 이야기를 기억해 보십시오. 난민들이 선장에게 구조비용을 지불하였나요? 그들이 구조받을 만한 어떤 도덕적 자격을 갖추었나요? 아닙니다. 그들은 그저 죽어가던 목숨이었습니다. 선장의 결단은 100% 일방적인 호의였고, 난민들에게는 기적 같은 선물이었습니다.

우리의 구원도 이와 똑같습니다. 우리는 죄와 허물로 죽어있던 영적 난민이었습니다. 사탄의 포로였고, 욕망의 노예였으며, 본질상 진노의 자식이었습니다. 우리 안에는 하나님께서 우리를 건져 주셔야 할 만한 그 어떤 매력도, 조건도, 자격도 없었습니다. 그런데 전능하신 하나님께서 당신의 아들 예수 그리스도라는 구원의 방주를 우리에게 보내 주셨습니다. 그리고 십자가의 피로 값을 치르시고 우리를 건져 올리셨습니다. 이것이 은혜입니다.

그러므로 우리가 하나님 앞에서 내세울 수 있는 명함은 아무것도 없습니다. "하나님, 제가 교회를 얼마나 열심히 섬겼는지 아시지요?" "제가 평생 주일 성수하고, 십일조 한 번도 안 빠진 거 보셨지요?" "이 정도면 저를 구원해 주실 만하지 않습니까?" 천만의 말씀입니다. 우리가 행한 그 어떤 선행도, 종교적 열심도 구원의 티켓이 될 수 없습니다. 망망대해에 빠진 사람이 "내가 수영을 좀 배웠으니 10m는 갈 수 있다"라고 자랑한들 무슨 소용인가요? 우리의 행위는 구원의 근거가 될 수 없습니다. 오직 주님의 십자가 공로만이 우리를 살릴 수 있습니다. 성경은 이 진리를 에베소서 2:8-9에서 못 박고 있습니다.

> **너희는 그 은혜에 의하여 믿음으로 말미암아 구원을 받았으니 이것은 너희에게서 난 것이 아니요 하나님의 선물이라 행위에서 난 것이 아니니 이는 누구든지 자랑하지 못하게 함이라 _엡 2:8-9**

구원은 하나님의 선물입니다. 가문이 좋아서도 아니고, 성격이 좋아서도 아닙니다. 내가 남보다 더 많이 헌신해서 받은 보너스도 아닙니다.

100% 하나님께서 거저 주신 선물이기에, 누구도 "내가 잘해서 구원받았다"라고 자랑할 수 없는 것입니다. 그렇다면, 여기서 중요한 질문이 생깁니다. "목사님, 모든 것이 공짜요 은혜라면, 우리는 왜 뼈 빠지게 봉사해야 합니까? 구원받았으니 이제 대충 살아도 되는 것 아닙니까? 왜 주일 지키고, 헌금하고, 전도해야 합니까?" 아닙니다. 오히려 그 반대입니다. 우리가 헌신하는 이유는 구원을 받기 위해서가 아닙니다. 이미 받은 구원이 너무나 크고 놀라워서, 그 은혜에 압도되었기 때문입니다.

물에 빠져 죽을 뻔한 나를 자기 목숨을 바쳐 구해 준 은인이 있다고 가정해 봅시다. 그 은인에게 "구해줘서 고맙소, 여기 수고비 5만 원 받으시오" 하고 끝낼 사람이 있을까요? 그것은 모욕입니다. 정상적인 사람이라면 평생 그 은혜를 잊지 못해 "내 남은 생명은 당신이 준 것입니다. 당신을 위해 무엇이든 하겠습니다"라고 고백할 것입니다.

우리의 신앙생활이 바로 이것입니다. 우리가 드리는 예배, 봉사, 헌금, 전도는 구원의 조건이 아니라 감사의 반응입니다. 일만 달러, 천만금을 주어도 살 수 없는 그 생명을 공짜로 받았기에, 그 은혜의 만분의 일이라도 갚고 싶어서, 주님 앞에 내 삶을 드리는 것입니다.

"주님, 나 같은 죄인을 살려 주신 그 사랑이 너무 커서 오늘도 저는 주님의 종으로 기쁘게 헌신합니다."

이 눈물의 고백이 저와 여러분의 평생의 신앙고백이 되기를 축원합니다.

묵상 질문

1. 여러분은 하나님의 형상대로 지음받은 영적 존재로서, 하나님께서 여러분에게 주신 인생의 과녁(목표)을 향해 바르게 나아가고 있습니까?

성경은 인간을 우연한 진화의 산물이 아니라, 하나님께서 직접 창조하신 영적 존재로 정의합니다. '죄'는 화살이 과녁을 빗나간 상태를 의미합니다. 하나님과 분리되어 인생의 방향을 잃어버린 것은 아닌지, 아니면 하나님께서 주신 목적을 향해 정조준하고 있는지 점검해 봅니다.

> 그는 허물과 죄로 죽었던 너희를 살리셨도다 _엡 2:1

2. 여러분은 하나님께서 정해 주신 길에서 벗어나 세상의 유혹과 욕망 앞에서 흔들렸던 적이 있습니까? 그때 흔들려 비틀거리거나 넘어지게 하였던 것은 무엇입니까?

'허물'은 길을 걷다 발을 헛디뎌 넘어지는 것을 뜻하며, 이는 술 취한 사람이 비틀거리는 모습과 같습니다. 사탄은 우리가 세상의 풍조(돈, 쾌락, 중독 등)를 따르도록 유혹합니다. 현재 내가 하나님보다 더 의지하거나 취해 있는 세상의 가치는 무엇인지 돌아봅니다.

> 그 때에 너희는 그 가운데서 행하여 이 세상 풍조를 따르고 공중의 권세 잡은 자를 따랐으니 곧 지금 불순종의 아들들 가운데서 역사하는 영이라 전에는 우리도 다 그 가운데서 우리 육체의 욕심을 따라 지내며 육체와 마음의 원하는 것을 하여 다른 이들과 같이 본질상 진노의 자녀이었더니 _엡 2:2-3

3. 여러분은 망망대해에서 구조된 난민과 같은 자신에게 베풀어진 구원이

전적인 하나님의 선물임을 인정하고, 그 은혜에 감사하고 있습니까? 스스로 헤쳐 나올 수 없는 깊은 바다에 빠진 사람처럼, 인간은 스스로를 구원할 능력이 없습니다. 스물다섯 척의 배가 지나가고 스물여섯 번째 배(전재용 선장)가 난민을 구한 것이 기적이었듯이, 우리의 구원 또한 나의 행위나 조건 때문이 아니라 하나님께서 일방적으로 베푸신 선물임을 기억해야 합니다.

너희는 그 은혜에 의하여 믿음으로 말미암아 구원을 받았으니 이것은 너희에게서 난 것이 아니요 하나님의 선물이라 행위에서 난 것이 아니니 이는 누구든지 자랑하지 못하게 함이라 _엡 2:8-9

암송구절

너희는 그 은혜에 의하여 믿음으로 말미암아 구원을 받았으니 이것은 너희에게서 난 것이 아니요 하나님의 선물이라

_엡 2:8

요점 정리

1. 인간 존재의 이중성과 창조적 존엄성

인류 역사는 끊임없이 "인간이란 무엇인가"를 탐구해 왔습니다. 생물학적으로 볼 때 인간은 동물과 유사한 장기 구조를 지니고 있으며, 유전자(DNA) 검사에서 인간은 침팬지와 매우 높은 유사성을 보인다는 점에서, 진화론자들은 인간을 우연에 의한 진화의 결과로 해석하기도 합니다. 이러한 관점은 인간을 목적 없는 존재로 만들어 허무주의와 생명 경시 풍조를 낳았고, 역사적으로는 폭력적인 이데올로기의 도구가 되기도 하였습니다. 그러나 성경은 인간을 전혀 다른 차원의 존재로 선포합니다. 하나님은 최고의 지성과 인격을 가진 창조주로서 인간에게 당신의 형상을 부여하고 만물을 다스릴 권세를 주셨습니다. 인간이 거대한 문명을 건설하고 찬란한 문화유산을 남기며 끊임없이 지식을 축적해 온 지난 4,000여 년의 역사는, 인간이 동물과는 본질적으로 다른 '영적 존재'임을 증명합니다. 인간은 하나님과 교제할 수 있는 유일한 피조물로서, 그 존엄성은 우연한 진화가 아닌 하나님의 기쁘신 창조 섭리 안에 뿌리를 두고 있습니다.

2. 영적 실존의 상실: '허물'(파라프토마)과 '죄'(하마르티아)

하지만 성경은 동시에 창조주를 떠난 인간의 비참한 영적 실존을 냉철하게 진단합니다. 에베소서 2장은 하나님을 떠난 인간을 '허물과 죄로 죽은 존재'로 규정합니다. 여기서 '허물'(파라프토마)은 술에 취해 비틀거리다가 넘어지는 취객처럼, 인생의 정로에서 벗어나 실족하는 구체적인 행위를 의미합니다. 또한 '죄'(하마르티아)는 화살이 과녁을 빗나간 상태를 뜻하는데, 이는 인간이 하나님께서 부여하신 영광스러운 삶의 목적을 상실하였음을 보여 줍니다. 하나님과의 관계가 단절된 인간은 스스로 자유의지로 산다고 착각하지만, 실상은 공중의 권세 잡은 자인 사탄의 조종 아래 놓여 있습니다. 사탄은 인간 내면에 '하나님 없이도 살 수 있다'라는 교만을 심고, 각종 중독과 쾌락이라는 세상 풍조를 따르게 하여 결국 파괴적인 삶으로 이끕니다. 육체의 욕심에 이끌려 살아가는 자연인은 본질상 진노의 자식이며, 스스로의 힘으로는 이 죄의 굴레를 벗어날 수 없는 절망적인 상태에 놓여 있습니다.

3. 전적인 은혜와 구원의 드라마

불교와 같은 타 종교는 욕망을 비우는 수행을 통해 구원에 이르고자 하지만, 죄의 깊은 바다에 빠진 인간은 스스로를 구원할 능력이 없습니다. 마치 수영을 못하는 사람이 깊은 물에 빠졌을 때 외부의 구조 없이는 죽을 수밖에 없는 것과 같은 이치입니다. 1985년 전재용 선장의 이야기는 구원의 의미를 깨닫게 해 줍니다. 망망대해에서 죽어가던 96명의 보트 피플을 스물다섯 척의 배가 외면하였으나, 스물여섯 번째 배인 광명87호의 전재용 선장은 어떤 처벌도 감수할 각오를 하고 자신의 미래를 건 결단으로 그들을 전원 구조하였습니다. 난민들이 구조받을 자격이 있어서가 아니라 선장의 희생적인 결단 덕분에 생명을 얻은 것처럼, 우리의 구원 또한 전적인 하나님의 은혜입니다. 우리는 허물과 죄로 죽어 있었고 구원받을 만한 아무런 조건도 갖추지 못하였으나, 하나님은 예수 그리스도를 통해 값없는 선물을 주셨습니다. 그러므로 성도의 헌신과 봉사는 구원을 얻기 위한 수단이 아니라, 죽을 수밖에 없던 나를 살리신 그 놀라운 은혜에 대한 벅찬 감사의 고백이어야 합니다.

4. 결론: 인간은 스스로 구원할 수 없는 죄인이지만, 오직 하나님의 전적인 은혜로 천국 백성이 되었기에 그 사랑에 감사하며 헌신해야 합니다. 여러분은 어떻게 천국 백성으로서 구원받으셨습니까?

첫째, 수영을 못하는 사람이 스스로 깊은 물에서 나올 수 없듯이, 인간은 어떤 수행이나 노력으로도 죄의 문제에서 스스로를 구원할 수 없습니다. 우리는 예수님을 만나기 전까지 허물과 죄로 죽은 존재였으며 사탄의 지배를 받은 자였고 욕망의 포로가 된 자였습니다.

둘째, 난민을 구한 선장의 결단처럼, 우리의 구원은 인간의 자격이나 공로가 아닌 오직 예수 그리스도를 통한 하나님의 전적인 은혜이자 선물입니다.

셋째, 성도의 헌신은 구원의 조건이 아니라, 자격 없는 죄인을 살리신 하나님의 놀라운 은혜에 대한 감격과 보답입니다.

15. 천국 백성인가요? (엡 2:1-10)

과거의 우리: 죄의 포로

허물과 죄로 죽어 세상 풍조를 따르며,
스스로를 구원할 능력이 전혀 없는 상태였습니다.

구원의 전환점: 하나님의 선물

우리의 어떤 행위나 자격이 아닌, 긍휼이 풍성하신
하나님의 일방적인 사랑과 은혜로 구원이 주어졌습니다.

핵심 진리: 행위가 아닌 은혜로

"너희는 그 은혜에 의하여 믿음으로 말미암아 구원을 받았으니
이것은 너희에게서 난 것이 아니요 하나님의 선물이라" (엡 2:8)

슬라이드

설교 Youtube

16
부활 공동체의 특징

〈고전 15:42-58〉

42 죽은 자의 부활도 그와 같으니 썩을 것으로 심고 썩지 아니할 것
으로 다시 살아나며
43 욕된 것으로 심고 영광스러운 것으로 다시 살아나며 약한 것으로
심고 강한 것으로 다시 살아나며
44 육의 몸으로 심고 신령한 몸으로 다시 살아나나니 육의 몸이 있
은즉 또 영의 몸도 있느니라
45 기록된 바 첫 사람 아담은 생령이 되었다 함과 같이 마지막 아담
은 살려 주는 영이 되었나니
46 그러나 먼저는 신령한 사람이 아니요 육의 사람이요 그 다음에
신령한 사람이니라
47 첫 사람은 땅에서 났으니 흙에 속한 자이거니와 둘째 사람은 하
늘에서 나셨느니라
48 무릇 흙에 속한 자들은 저 흙에 속한 자와 같고 무릇 하늘에 속한
자들은 저 하늘에 속한 이와 같으니
49 우리가 흙에 속한 자의 형상을 입은 것 같이 또한 하늘에 속한 이
의 형상을 입으리라
50 형제들아 내가 이것을 말하노니 혈과 육은 하나님 나라를 이어
받을 수 없고 또한 썩는 것은 썩지 아니하는 것을 유업으로 받지
못하느니라
51 보라 내가 너희에게 비밀을 말하노니 우리가 다 잠 잘 것이 아니
요 마지막 나팔에 순식간에 홀연히 다 변화되리니
52 나팔 소리가 나매 죽은 자들이 썩지 아니할 것으로 다시 살아나
고 우리도 변화되리라
53 이 썩을 것이 반드시 썩지 아니할 것을 입겠고 이 죽을 것이 죽지

아니함을 입으리로다
54 이 썩을 것이 썩지 아니함을 입고 이 죽을 것이 죽지 아니함을 입
을 때에는 사망을 삼키고 이기리라고 기록된 말씀이 이루어지리라
55 사망아 너의 승리가 어디 있느냐 사망아 네가 쏘는 것이 어디 있
느냐
56 사망이 쏘는 것은 죄요 죄의 권능은 율법이라
57 우리 주 예수 그리스도로 말미암아 우리에게 승리를 주시는 하나
님께 감사하노니
58 그러므로 내 사랑하는 형제들아 견실하며 흔들리지 말고 항상 주
의 일에 더욱 힘쓰는 자들이 되라 이는 너희 수고가 주 안에서 헛
되지 않은 줄 앎이라

혈연을 넘어서는 천륜: 부모와의 관계와 효도의 중요성

지상에는 수많은 공동체가 존재합니다. 내일 출근하면 만날 직장 동료들이 있고, 취미를 공유하는 동호회가 있으며, 우리가 함께 예배드리는 교회 공동체도 있습니다. 그러나 이 세상 그 어떤 모임보다 강력하고 결코 해체될 수 없는 절대적인 공동체가 있습니다. 바로 혈연으로 맺어진 가족 공동체입니다. 부모와 자식의 관계는 서류를 찢는다고 끊어지는 것이 아닙니다. 그래서 옛 어른들은 이를 하늘이 맺어 준 인연, 곧 천륜(天倫)이라 불렀습니다.

예전에 만난 한 어르신의 말씀이 지금도 뇌리에 생생합니다. 수백억 대의 자산을 일군 성공한 사업가이신 그분에게는 독특한 철칙이 하나 있었습니다. "목사님, 저는 부모에게 불효하거나 부모를 홀대하는 사람과는 절대로 사업을 같이 하지 않습니다." 제가 그 이유를 묻자, 그분은 아주 단호하게 대답하셨습니다. "생각해 보십시오. 내가 태어나 지금까지 나를 부모님보다 더 사랑해 준 사람이 어디 있습니까? 내가 아플 때 업고 뛰셨고, 먹이고 입히셨고, 당신은 못 배워도 소 팔고 땅 팔아 내 등록금을 대 주신 분들입니다. 세상에서 가장 큰 은혜를 베풀어 주신 부모를 배신하고 멸시하는 사람이라면, 이해관계로 얽힌 사업 파트너 배신하는 것쯤이야 식은 죽 먹기 아니겠습니까? 그래서 저는 불효자는 믿지 않습니다." 사람의 됨됨이를 효심에서 찾은 그분의 통찰에 저절로 고개가 숙여졌습니다.

사랑하는 성도 여러분, 효도는 타이밍입니다. 부모님이 살아 계실 때, 내 목소리를 들으실 수 있을 때 전화 한 통 더 드리고, 따뜻한 밥 한 끼라도 더 대접해 드리십시오. 돌아가시고 나면 아무리 후회해도 방법이 없습니다. 옛말에 자녀 많은 집에 바람 잘 날 없다고 하였습니다. 자녀가 여럿이다 보면 꼭 한두 명, 속 썩이는 자식들이 있습니다. 평소에는 부모 가슴에 대못을 박습니다. 사업하다 망하면 늙은 아버지 안방에 뛰어 들어와 구들장을 망치로 깨부수며 행패를 부립니다. "아버지! 돈 좀 내놓으세요! 이

번 한 번만 도와주시면 제가 성공해서 몇 배로 갚겠습니다!" 결국 부모가 집을 팔아 빚을 갚아 주면, 고맙다는 말은커녕 또 사고를 치고 나중에는 발길조차 끊어버립니다.

그런데 참 기가 막힐 일은 장례식장에서 벌어집니다. 평소에 그렇게 속을 썩이던 불효자가 부모님이 돌아가시면 갑자기 효자 코스프레를 합니다. 장례식장에 와서는 세상이 떠나가라 대성통곡을 합니다. 그야말로 세상에 가장 효도하였던 자식의 모습으로 표변(豹變)합니다. 정작 부조할 형편도 안 되면서, 장의사에게 소리칩니다. "내 어머니 가시는 길인데, 관은 제일 비싼 걸로, 최고급 오동나무 관으로 해 주시오!" 이것은 효도가 아닙니다. 허세이자 위선일 뿐입니다. 진정한 효도는 값비싼 관에 있지 않습니다. 부모님의 거친 손을 한 번이라도 더 잡아드리는 그 따뜻한 체온에 있습니다.

신앙의 시련과 결단: 유교 가문에서의 핍박과 고난의 세월

저는 18세 때, 인생의 가장 예민한 시기에 예수님을 영접하였습니다. 그러나 그 복음의 빛은 제 가정에 거대한 영적 전쟁을 불러왔습니다. 저희 집안은 뼈대 깊은 유교 가문이었습니다. 아버지와 어머니의 형제분들, 할아버지, 할머니까지 30여 명의 대가족 중 교회를 다니는 사람은 단 한 명도 없었습니다. 제가 교회를 나간다는 사실이 알려지자 집안이 발칵 뒤집혔습니다. 아버지는 제 눈앞에서 성경책을 갈기갈기 찢어버리시며 불호령을 내리셨습니다. "네가 기어이 예수를 믿겠다면 부자의 연을 끊자. 내 호적에서 너를 파 버리겠다! 당장 나가라!" 그것은 엄포가 아니었습니다. 대학 시절, 아버지는 실제로 저에게 들어가는 모든 지원금을 끊으셨습니다. 등록금은 당연하고 하숙비와 생활비까지, 십원 한 장 주지 않으셨습니다. 사실상 부자 관계가 단절된 광야의 시간이 시작되었습니다. 배고픔이 사무치던 어느 날이었습니다. 며칠을 굶다 보니 자존심이고 뭐고 다 무너져 내렸습니다. 떨리는 손으로 공중전화 부스에 들어가 집에 전화를 걸었습니다. 뚜르르... 뚜르르... "여보세요." 수화기 너머로 들려오는 아버지의 무뚝뚝한 음성을 듣는 순간, 목이 메어 아무 말도 할 수 없었습니다. '아버지, 저 배고파요. 돈 좀 보내주세요…' 이 한마디를 하면 당장 배고픔은 면하겠지만, 다시는 교회를 나가지 못할 것 같았습니다. 신앙을 포기하는 대가로 빵을 얻을 수는 없었습니다. 저는 흐르는 눈물을 삼키며 조용히 수화기를 내려놓았습니다.

그때부터 생존을 위한 처절한 사투가 벌어졌습니다. 안 해 본 아르바이트가 없었지만, 학생 신분으로 등록금과 월세, 생활비를 감당하는 것은 불가능에 가까웠습니다. 휴학밖에는 답이 없어 보였습니다. 저는 성전 바닥을 눈물로 적시며 기도하였습니다. "하나님, 여기서 멈추면 다시는 못 일어납니다. 저에게 학업을 계속할 길을 열어 주시옵소서." 그때 하나님께서 제 마음에 강한 감동을 주셨습니다. "사업을 하라. 밤에 잠을 줄여서라도 사업을 하라." 그 응답을 붙들고 저는 초인적인 삶을 살기 시작하였습니다. 새벽 6시에 도서관에 가서 공부하고, 낮에는 수업을 듣고, 밤에는 사업을 하며 밤새 일하였습니다. 하루에 4시간 이상 등을 붙이고 자본 적이 없었습니다. 토요일과 주일에는 교회에서 온종일 봉사하고 전도하며 예배의 자리를 지켰습니다. 사람들은 "그러다 죽는다"라고 말렸습니다. 그러나 기적이 일어났습니다. 하나님께서 피곤치 않는 새 힘을 부어 주셨습니다. 그 혹독한 상황에서도 저는 4년 내내 단 한 번도 휴학하지 않았습니다. 오히려 성적 장학금을 놓치지 않았고, 심지어 제 등록금뿐만 아니라 경제적으로 힘든 동기의 등록금까지 내주는 축복의 통로가 되었습니다.

아버지는 저를 호적에서 파내겠다고 하셨지만, 하나님 아버지는 저를 하늘 생명책에 기록하시고 책임져 주셨습니다. 고난은 저를 죽이지 못하였습니다. 오히려 그 고난이 저를 단련시켜, 세상이 감당할 수 없는 믿음의 사람으로 세워 주었습니다. 이 하나님께서 바로 저와 여러분의 하나님이십니다.

약속된 축복의 성취: 전적인 헌신과 회복된 가족 구원

그 과정에서 하나님께서 제게 주신 말씀이 있었습니다.

> 또 내 이름을 위하여 집이나 형제나 자매나 부모나 자식이나 전토를 버린 자마다 여러 배를 받고 또 영생을 상속하리라 _마 19:29

예수님을 제대로 믿어야 하기 때문에 부모님의 뜻을 거스를 수밖에 없는 상황 속에서 하나님은 저에게 약속하셨습니다.

"여러 배를 받고, 또 영생을 상속하리라."

청년 시절, 제게는 뜨거운 열정이 있었습니다. 당시 청년 공동체에서 교회 건립 운동이 일어났을 때, 저는 기도 중에 "네 전 재산을 드리라"는 하나님의 음성을 마음으로 들었습니다. 당시 제가 가진 전 재산은, 예컨대 지금의 금액으로 환산한다면, 150여 만 원이었습니다. 책과 옷가지까지 모두 현찰로 계산할 때 추정된 '전 재산'이었습니다. 저는 열심히 사업을 해서 그 금액의 자금을 마련하고 그 돈을 조금도 남김없이 하나님께 드렸습니다. 그 작은 헌신이 씨앗이 되었을까요? 1997년, 하나님은 저에게 교회를 개척하라는 사명을 주셨습니다. 1월 5일, '토마토 레스토랑'이라는 식당을 빌려 첫 주일 예배를 드렸습니다. 그런데 하나님의 은혜가 폭포수처럼 부어졌습니다. 불과 7개월 만에 성도가 70여 명으로 불어났습니다. 성도가 너무 많아지자 식당 주인은 영업에 지장이 있다며 정중히 떠나달라고 요청하였습니다.

갈 곳이 없었습니다. "하나님, 이 많은 양 떼를 이끌고 어디로 가야 합니까?" 기도하던 제 눈에 들어온 곳이 식당에서 스무 걸음 떨어진 벽산아파트 3단지 지하 상가였습니다. 그 공간을 얻으려면 3억 원이라는 거금이 필요하였습니다. 당시로서는 천문학적인 액수였습니다. 저는 주저하지 않았습니다. 제가 수출입은행에서 7년간 근무하며 받은 퇴직금 전액, 그리고 할아버지 때부터 내려온 제 몫의 가족 유산 전부를 교회 출자금으로 털어 넣었습니다. 그러나 그 헌신과 출자 덕분에 우리는 대출금 하나 없이 온전한 안디옥교회의 터전을 마련할 수 있었습니다. 하나님은 이렇게 바보처럼 헌신하는 자들을 통해 일하십니다.

여러분, 세상 사람들은 묻습니다. "그렇게 다 바치면 뭐 먹고 사느냐?" 그러나 예수님은 마태복음 19:29에서 분명히 약속하셨습니다.

또 내 이름을 위하여 집이나 형제나 자매나 부모나 자식이나 전토를 버린 자마다 여러 배를 받고 또 영생을 상속하리라 _마 19:29

하나님은 이 약속을 제 삶에서 문자 그대로 이루셨습니다. 제가 전 재산을 출자하였을 때, 하나님은 여러 배의 축복으로 갚아 주셨습니다. 그 중 가장 큰 축복은 바로 가족의 구원이었습니다. "호적에서 파버리겠다"라며 성경을 찢으셨던 아버지, 그토록 완강하게 반대하셨던 어머니가 제 결혼식을 계기로 교회에 발을 들이셨습니다. 그날 이후 어머니는 소천하시는 날까지 하루도 빠짐없이 새벽 제단을 쌓으며, 목사가 된 아들과 안디옥교회를 위해 눈물로 기도하는 기도의 용사가 되셨습니다. 어디 그뿐입니까? 제가 어려울 때 얹혀살며 조카들에게 영어를 가르쳐 주던 친척 집, 수도권에 살던 일가친척들이 줄줄이 예수님을 영접하고 구원받는 역사가 일어났습니다. 하나님은 제게서 물질을 가져가신 것이 아니었습니다. 더 크고 영원한 것, 영생의 축복과 아름다운 신앙 공동체를 선물로 주신 것입니다.

누군가가 저에게 "김경섭 목사에게 안디옥교회란 무엇입니까?"라고 묻는다면, 저는 주저 없이 대답합니다. "이 교회는 제 목숨입니다." 부모에게 버림받았던 시절, 제가 유일하게 붙들고 의지하였던 생명 밧줄입니다. 제 젊음, 제 피와 땀, 제 전 재산, 아니 제 인생 전부를 쏟아부어 일군 영혼의 공동체입니다. 가족보다 더 소중한 나의 가족, 그것이 바로 저에게는 교회입니다.

부활 공동체의 첫 번째 특징: 세상의 강함을 이기는 하나님의 승리

여러분의 생애에서 '교회'란 무엇인가요? 교회는 지난 2,000년 역사 속에서 가장 위대한 전통을 지닌 곳이며, 세상에 가장 강력한 영향력을 끼쳐 온 공동체입니다. 그러나 교회가 일반 가정이나 기업과 구별되는 결정적인 특징은 따로 있습니다. 고린도전서 15:21이 그 답을 줍니다.

사망이 한 사람으로 말미암았으니 죽은 자의 부활도 한 사람으로 말미암는도다 _고전 15:21

여기서 "한 사람"은 예수 그리스도이십니다. 주님은 죽음을 이기고 부활하심으로 우리에게 영생의 길을 여셨습니다. 그러므로 교회는 단순히 사람들이 모인 사교 집단이 아닙니다. 교회는 영생의 공동체이며, 부활의 공동체이고, 죽음조차 삼킬 수 없는 불멸의 공동체입니다. 그렇다면, 이 부활의 공동체가 세상에서 갖는 특징은 무엇인가요? 고린도전서 15:57은 선포합니다.

우리 주 예수 그리스도로 말미암아 우리에게 승리를 주시는 하나님께 감사하노니 _고전 15:57

하나님은 우리에게 승리를 주시는 분입니다. 많은 성도가 착각합니다. "예수 믿고 착하게 살면, 험한 세상에서 손해만 보고 패배하는 것 아닙니까?" 아닙니다. 성경은 우리가 세상에 질질 끌려다니는 패잔병이 아니라, 영적 전투에서 사탄을 제압하고 승리하는 군사라고 말씀합니다. 물론 세상의 현실은 냉혹합니다. 영국의 철학자 토마스 홉스(Thomas Hobbes)는 그의 저서 『리바이어던』(Leviathan)에서 세상을 "만인의 만인에 대한 투쟁 상태"라고 정의하였습니다. 밀림의 사자가 양 떼를 덮치듯, 힘센 자가 약한 자를 지배하는 약육강식의 세계라는 것입니다. 실제로 그렇습니다. 2025년 10월 29일, 미국의 도널드 트럼프(Donald Trump) 대통령이 APEC(아시아태평양경제협력체) 개최를 앞두고 방한하였던 적이 있습니다. 그는 '날아다니는 백악관'이라 불리는 전용기를 타고 와, 비행기 안에서 모든 업무를 처리하였습니다. 그가 움직일 때마다 헬기와 방탄차, 경호원들이 물샐틈없이 에워쌌습니다. 그는 자신이 필요한 정상들만 만나고는 볼일이 끝나자마자 정상회의 직전에 미련 없이 떠났습니다. 이것이 강대국의 위세입니다. 당시 우리나라 대통령은 금으로 만든 고가(高價)의 '신라 금관 모형'을 선물로 준비하였지만, 트럼프 대통령은 야구 방망이와 공을 선물로 주었습니다. 힘의 불균형이 느껴지는 씁쓸한 현실이었습니다.

이처럼 세상은 돈과 권력이 지배하는 곳입니다. 이런 세상에서 순진하게 믿음만 갖고 살아가기가 버거워 보일 때도 있습니다. 그러나 위축되지 마십시오. 세상의 지혜는 결국 자기 꾀에 넘어갑니다. 하나님은 살아 계십니다. 우리가 세상의 힘이 아닌 '하나님의 지혜'와 '성령의 능력'을 의지할 때, 하나님은 골리앗 같은 세상 앞에서도 우리에게 반드시 승리의 길을 열어 주십니다. 그 증거가 바로 영국의 양심, 윌리엄 윌버포스(William Wilberforce)입니다. 그는 20대에 국회의원이 된 귀족 가문의 엘리트였습니다. 그러나 방탕하였던 그는 존 뉴턴(John Newton) 목사를 만나 회심한 뒤, 정치에 회의를 느끼고 목회자가 되려 하였습니다. 윌버포스의 고민 앞에 존 뉴턴 목사는 이렇게 조언하였습니다. "하나님은 자네를 정치계에 부르셨네. 그곳에서 하나님의 뜻을 이루게." 그는 기도 끝에 두 가지 사명을 받았습니다. 첫째는 영국이 지배하는 대영제국 전역에서 노예무역을 폐지하는 것이며, 둘째는 사회도덕 개혁 운동을 펼치는 것이었습니다.

1787년, 27세의 청년 윌버포스는 의회에 최초로 「노예무역 폐지 법안」을 제출하였습니다. 그러나 그것은 거대한 바위에 계란을 던지는 격이었습니다. 당시 영국의 귀족과 기업가들은 노예무역으로 천문학적인 돈을 벌고 있었습니다. 노예무역은 1억을 투자하면 5억, 100억을 투자하면 300억을 버는 황금알을 낳는 거위였습니다. 그들은 노예무역을 반대하는 윌버포스를 사회에서 매장시키려 하였습니다. 그들은 끝없는 비난과 협박, 조롱을 해댔지만, 윌버포스는 결코 굴복하지 않았습니다. "인간은 하나님의 형상으로 창조된 존재입니다. 짐승처럼 사고팔 수 없습니다!" 그는 매년 법안을 제출하고, 기각되거나 부결되면 또다시 제출하였습니다. 무려 36년 동안 포기하지 않고 싸웠습니다. 그리고 마침내 1833년, 그가 임종하기 불과 며칠 전, 영국 의회에서 「노예제 폐지 법안」이 통과되었습니다. 한 사람의 끈질긴 믿음이 거대한 제국의 악습을 무너뜨리고 승리한 것입니다.

부활 공동체의 두 번째 특징: 흔들리지 않는 견고한 믿음의 연합

하나님은 부활의 소망을 가진 백성을 반드시 최후의 승리자로 세워 주십니다. 그렇다면 승리하는 부활 공동체가 갖는 두 번째 특징은 무엇인가요? 바로 '견실하며 흔들리지 않는 공동체'라는 점입니다.

> 그러므로 내 사랑하는 형제들아 견실하며 흔들리지 말고 항상 주의 일에 더욱 힘쓰는 자들이 되라 이는 너희 수고가 주 안에서 헛되지 않은 줄 앎이라
>
> _고전 15:58

"흔들리지 말라." 이것이 부활 신앙의 본질입니다. 교회라고 다 같은 교회가 아닙니다. 말씀의 기초가 약하고 부활의 확신이 없는 공동체는 작은 바람에도 갈대처럼 흔들립니다. 목소리 큰 사람 몇 명이 주장을 펼치면 교회가 이리저리 휘청거리고, 방향을 잃고 혼란에 빠집니다. 이를 부화뇌동(附和雷同)이라 합니다. 그러나 부활 신앙 위에 굳게 선 공동체는 다릅니다. 어떤 시련이 와도, 누가 뭐라 해도 태산처럼 요동하지 않습니다. 왜인가요? 예수 그리스도께서 죽음을 이기셨다는 확고한 믿음이 있고, 내 인생이 영생에 잇대어 있다는 소망이 있기 때문입니다. 뿌리 깊은 나무는 바람에 흔들릴지언정 뽑히지 않는 법입니다.

반면, 부활의 능력을 상실한 공동체를 보십시오. 구성원마다 자기주장이 옳다고 목소리를 높입니다. 회의만 하면 싸움이 끊이지 않습니다. 세상 속담에 "사공이 많으면 배가 산으로 간다"라고 하였습니다. 모두가 자기가 선장 노릇을 하려니, 배가 바다로 가지 못하고 산으로 올라가 좌초되는 것입니다. 그러나 하나님의 교회에는 사공이 오직 한 분이십니다. 바로 예수 그리스도이십니다. 담임목사도, 장로도, 그 어떤 중직자도 배의 주인이 아닙니다. 오직 주님께서 키를 잡고 계십니다. 그렇기 때문에 건강한 교회는 주님의 뜻이 선포되면, 내 생각과 달라도 모든 성도가 "아멘" 하며 기쁨으로 순종합니다. 이것이 질서이고, 이것이 능력입니다. 가정도, 회사도, 국가도 마찬가지입니다. 강력하게 일어나는 조직은 비전의 통일성이 있습니다. 반대로 의견 충돌이 잦고 분열하는 조직은 모래성처럼 무너집니다.

사랑하는 성도 여러분, 우리 교회가, 그리고 여러분의 가정이 세상 풍파에 흔들리지 않는 견고한 방주가 되기를 원하시나요? 선장을 바꾸십시오. 내가 선장 된 자리에서 내려오고, 부활하신 주님께 키를 맡기십시오. 그때 우리는 세상이 감당할 수 없는 '축복의 공동체', 흔들림 없이 주의 일에 힘쓰는 '사명 공동체'가 될 것입니다.

부활 공동체의 세 번째 특징: 주님의 일에 더욱 힘쓰는 적극적인 헌신

부활 신앙을 가진 공동체의 세 번째 특징은, '항상 주님의 일에 더욱 힘쓰는 공동체'라는 점입니다. 고린도전서 15:58은 우리에게 분명한 삶의 방향을 제시합니다.

항상 주의 일에 더욱 힘쓰는 자들이 되라 _고전 15:58

신앙생활을 하다 보면 우리는 늘 '하지 말라'는 계명과 씨름합니다. "싸우지 말아야지, 미워하지 말아야지, 죄짓지 말아야지…" 그러나 사랑하는 성도 여러분, 해 보셔서 아시겠지만 안 하려고 노력하는 것은 정말 어렵습니다. 죄를 안 지으려고 몸부림칠수록 죄의 유혹은 더 강렬하게 달라붙습니다. 그래서 우리는 패러다임을 바꿔야 합니다. 어둠을 몰아내는 가장 좋은 방법이 무엇인가요? 허공에 주먹질을 하며 어둠과 싸우는 것이 아닙니다. 그냥 불을 켜면 됩니다. 빛이 들어오면 어둠은 자동적으로 사라집니다. 신앙도 마찬가지입니다. '미워하지 말라'를 지키려 애쓰기보다, 적극적으로 '사랑하라'를 실천하는 것입니다. '다투지 말라' 대신 '화목하라'에 힘쓰는 것입니다. 우리가 주님의 일에 힘쓰고 몰입할 때, 우리 안의 죄된 본성은 힘을 잃고 사라지는 것입니다.

언젠가 아들 문제로 속이 까맣게 타들어 간 집사님 한 분을 상담한 적이 있습니다. 아들이 밤 9시부터 새벽 6시까지 밤새도록 게임만 하고, 잔소리를 하면 가출하거나 새벽에 술 냄새를 풍기며 들어온다는 것입니다. 제가 집사님께 이런 처방을 드렸습니다. "집사님, 전략을 바꾸어 봅시다. 야단만 치지 말고 오히려 격려해 주세요. 간식도 챙겨 주면서 '아들아, 너처럼 밤새 집중하는 걸 보니 나중에 마이크로소프트 같은 데서 큰일 낼 인재가 되겠구나'라고 칭찬해 주세요. 그리고 슬쩍 제안해 보세요. '다 좋은 데 건강이 걱정되니, 게임 한 시간 할 때 딱 10분만 영어 단어를 외워보면 어떻겠니?'" 결과는 어땠을까요? 무조건 "하지 마라"고 할 때는 빗나가던 아이가, 긍정적인 목표를 제시하고 에너지를 전환해 주자 조금씩 변화되기 시작하였습니다. 이것이 영적 원리입니다. 하나님께서 기뻐하시는 일에 에너지를 쏟으면, 하나님께서 싫어하시는 일은 자연스럽게 멀어지게 되어 있습니다. 우리 교회 사역도 이 원리로 움직입니다. 보이지 않는 곳에서 묵묵히 연습하여 최상의 찬양을 올리는 성가대원들을 보십시오. 그 거룩한 몰입이 그들을 세상 유혹으로부터 지키는 힘이 됩니다.

최근 우리 교회가 시작한 '사랑의 반찬 사역'도 놀라운 하나님의 섭리였습니다. 기도하던 중 마음에 걸림이 있었습니다. 죽전안디옥교회는 20여 년 동안 장애인 단체를 꾸준히 지원하고 장애인 봉사를 감당해왔습니다. 광교안디옥교회도 이제는 의미 있는 구제 사역을 시도할 때가 되었다고 여겨졌습니다. 그래서 광교 측의 지역 내 지원의 사각지대에 놓인 극빈층이 있다는 소식을 듣고, 제가 부목사님과 권사님께 부탁을 드렸습니다. "동사무소에 가서 정말 도움이 필요한 10-12가정 정도 명단을 받아오고, 우리 권사님들은 반찬 도시락을 좀 준비해 주시겠습니까?" 그런데 놀라운 일이 벌어졌습니다. 동사무소 직원이 깜짝 놀라며 말하는 것입니다. "목사님, 어떻게 아셨습니까? 사실 지난달까지 10가정을 돕던 후원자가 지원을 중단해서 당장 이번 달부터 막막하던 참이었습니다." 기가 막힌 타이밍 아닙니까? 우리가 순종하려고 마음먹은 그 순간, 하나님은 이미 빈자리를 예비해 두고 기다리신 것입니다. 이것이 여호와 이레입니다. 저는 이 사역을 시작하며 세 가지 원칙을 세웠습니다. 첫째, 처음 시작할 때 봉사의 일은 쉬워야 한다. 둘째, 무조건 재미있어야 한다. 셋째, 참여하는 봉사자들에게도 작은 보람과 유익(소득)이 있어야 한다. 거창하고 힘든 사역은 오래 못 갑니다. 쉽고 기쁘게, 서로 웃으면서 주님의 일에 힘쓸 때, 그 섬김은 이웃에게는 생명이 되고 우리에게는 축복이 되어 돌아옵니다.

사랑하는 성도 여러분, 부활의 주님을 믿는 공동체는 어떤 공동체입니까?

첫째, 세상의 힘에 위축되지 않고 매일 승리하는 공동체입니다.
둘째, 어떤 풍파에도 흔들리지 않는 견고한 믿음의 공동체입니다.
셋째, '하지 말라'에 매이지 않고, '주님의 일'에 더욱 힘쓰며 땀 흘리는 사명 공동체입니다.

하나님은 이런 교회를 통해 세상을 치유하시고, 이런 성도들에게 하늘의 신령한 복과 땅의 기름진 복을 부어 주십니다. 교회와 모든 성도님의 가정 위에, 이 부활 공동체의 영광스러운 축복이 날마다 넘쳐나기를 주의 이름으로 축원합니다.

묵상 질문

1. 예수님의 이름을 위해 여러분이 포기하거나 내려놓은 소중한 가치는 무엇입니까? 여러분은 그로 인해 하나님께서 채워 주시는 갑절의 은혜를 신뢰합니까?

당장의 상실이 두려워 타협하고 있는지, 아니면 영원한 상속을 믿으며 과감히 헌신하고 있는지 돌아봅니다.

> 또 내 이름을 위하여 집이나 형제나 자매나 부모나 자식이나 전토를 버린 자마다 여러 배를 받고 또 영생을 상속하리라 _마 19:29

2. 여러분은 강자가 약자를 지배하는 냉혹한 세상의 논리 앞에서 위축되지 않고, 부활하신 주님께서 주시는 최후 승리를 확신하며 살아가고 있습니까?

세상은 맹수가 양 떼를 덮치듯 힘과 권력이 지배하는 곳처럼 보입니다. 그러나 성경은 성도가 결코 패배자가 아니라, 예수 그리스도로 말미암아 악한 세력을 이기고 승리하는 존재임을 선포합니다. 세상의 꾀가 아니라 하나님의 지혜와 부활의 능력으로 무장할 때, 우리는 진정한 승리를 경험하게 됩니다.

> 우리 주 예수 그리스도로 말미암아 우리에게 승리를 주시는 하나님께 감사하노니 _고전 15:57

3. 여러분은 주변의 소란스러운 주장이나 환경에 부화뇌동하지 않고, 견실한 믿음으로 '항상 주님의 일'에 힘쓰는 삶을 살고 있습니까?

부활 신앙이 없는 공동체나 개인은 사공이 많은 배처럼 갈팡질팡하고 갈

등에 휩쓸리기 쉽습니다. 그러나 부활을 확신하는 성도는 견실하며 흔들리지 않습니다. 신앙생활은 단순히 죄를 짓지 않으려고 애쓰는 소극적인 태도를 넘어, 하나님께서 기뻐하시는 선한 사역(주님의 일)에 적극적으로 힘쓸 때 더욱 견고해집니다.

> **그러므로 내 사랑하는 형제들아 견실하며 흔들리지 말고 항상 주의 일에 더욱 힘쓰는 자들이 되라 이는 너희 수고가 주 안에서 헛되지 않은 줄 앎이라 _고전 15:58**

암송구절

그러므로 내 사랑하는 형제들아 견실하며 흔들리지 말고 항상 주의 일에 더욱 힘쓰는 자들이 되라 이는 너희 수고가 주 안에서 헛되지 않은 줄 앎이라 _고전 15:58

요점 정리

1. 혈연을 넘어선 영원한 약속: 고난 속에서 피어난 천국의 축복

인간 사회를 구성하는 수많은 관계 중 가장 강력한 것은 '천륜'이라 불리는 혈연 공동체입니다. 부모와 자식 간의 사랑은 세상 어떤 가치보다 우선시되며, 이를 저버리는 것은 인륜을 거스르는 일로 여겨집니다. 그러나 필자는 신앙의 길을 선택함으로써 이 강력한 천륜이 끊어지는 아픔을 겪어야 하였습니다. 유교적 전통이 강한 집안에서 예수님을 믿는다는 이유로 부모에게 의절당하고, 경제적 지원마저 끊긴 채 혹독한 가난과 외로움을 견뎌야 하였던 것입니다. 그럼에도 필자는 마태복음 19:29의 약속, 곧 주를 위해 가족과 전토를 버린 자에게 주어지는 '여러 배의 축복'과 '영생의 상속'을 붙들었습니다. 자신의 전 재산을 출자해 교회를 세우고 헌신하였을 때, 하나님은 그 약속을 신실하게 이행하셨습니다. 단절되었던 부모님과의 관계가 회복되었고, 부모님은 물론 친인척들까지 신앙 안으로 들어오는 기적을 체험하였습니다. 이는 교회가 단순한 사회 집단을 넘어, 헌신을 통해 영원한 가족을 얻게 하는 생명의 공동체임을 증명합니다.

2. 세상의 법칙을 이기는 승리의 서사: 부활 신앙이 그려내는 역전의 드라마

토마스 홉스가 세상을 '만인의 만인에 대한 투쟁'으로 묘사하였듯, 현실 세계는 강자가 약자를 지배하는 정글과도 같습니다. 거대한 권력을 쥔 지도자들 앞에서 평범한 개인은 무력감을 느끼기 쉽고, 세상의 교묘한 처세술 없이는 손해만 볼 것 같은 두려움에 사로잡히기도 합니다. 하지만 교회는 예수 그리스도의 부활을 통해 죽음마저 정복한 '승리의 공동체'입니다. 성경은 하나님께서 우리에게 이김을 주신다고 선포하며, 세상의 힘이 아닌 하나님의 지혜로 무장할 때 진정한 승리가 가능함을 역설합니다. 그

대표적인 증거가 영국의 윌리엄 윌버포스입니다. 그는 거대한 이익 집단인 귀족과 상인들의 맹렬한 반대 속에서도, '인간은 하나님의 형상으로 창조된 존재'라는 신념 하나로 36년간 고독한 싸움을 이어갔습니다. 계란으로 바위 치기 같았던 그의 투쟁은 결국 노예제 폐지라는 위대한 승리로 귀결되었습니다. 이는 부활 신앙을 가진 공동체가 세상의 논리에 굴복하지 않고, 하나님께서 주시는 능력으로 불의한 세상을 변혁시킬 수 있음을 보여 주는 웅장한 서사입니다.

3. 흔들리지 않는 견고한 헌신: 소극적 금지를 넘어 적극적 사랑으로

부활 공동체의 마지막 특징은 외부의 파도에 부화뇌동하지 않는 '견고함'과 주님의 일에 더욱 힘쓰는 '적극성'에 있습니다. 부활의 소망이 없는 집단은 사공이 많은 배처럼 내부 갈등으로 표류하지만, 예수 그리스도를 유일한 선장으로 모신 교회는 일사불란하게 하나님의 나라를 향해 나아갑니다. 이 같은 견고함은 단순히 죄를 짓지 않으려는 소극적인 태도가 아니라, 선한 일에 몰입하는 적극적인 헌신에서 비롯됩니다. 게임에 빠진 자녀를 억지로 막는 대신 격려와 대안을 제시해 변화를 이끌어낼 수 있습니다. 마찬가지로 교회 또한 '하지 말라'는 율법적 금지에 머무는 것이 아니라, 가난한 이웃에게 반찬을 나누는 것처럼 구체적이고 즐거운 사역에 힘쓸 때 건강하게 성장합니다. 자신의 수고가 주님 안에서 헛되지 않음을 아는 성도들은 어떤 상황에서도 흔들리지 않으며, 매일의 삶 속에서 사랑을 실천함으로써 스스로를 거룩하게 지켜나갑니다. 이것이 바로 날마다 축복을 누리는 부활 공동체의 참된 모습입니다.

4. 결론: 교회는 예수 그리스도의 부활을 믿는 영원한 생명의 공동체입니다. 부활 공동체는 세상의 논리를 이기는 승리와 흔들리지 않는 헌신을 통해 날마다 하나님의 축복을 누리는 삶을 살아가는 영적 공동체입니다. 이 같은 부활 공동체는 어떤 특징을 갖고 있습니까?

첫째, 교회 공동체는 단순한 사교 모임이 아니라 예수 그리스도를 통해 죽음을 이기고 영원한 생명을 약속받은, 혈연보다 강력한 부활의 공동체이자 불멸의 공동체입니다.

둘째, 부활 공동체는 강자가 약자를 지배하는 '만인의 만인에 대한 투쟁' 같은 세상 속에서도, 하나님께서 주시는 지혜와 능력을 통해 사탄의 세력을 이기는 승리의 공동체입니다.

셋째, 부활 공동체는 세상의 풍조나 사람의 주장에 부화뇌동하지 않고, 오직 예수 그리스도를 선장으로 삼아 흔들리지 않는 견고한 신앙 공동체입니다.

넷째, 부활 공동체는 소극적으로 죄를 피하는 데 그치지 않고, "항상 주의 일에 더욱 힘쓰라"는 말씀에 순종하여 하나님께서 맡기신 사역에 기쁨으로 헌신하는 적극적인 사명 공동체입니다.

16. 부활 공동체의 특징 (고전 15:42-58)

승리하는 공동체

세상의 논리에
굴복하지 않고,
하나님의 지혜와
부활의 능력으로
반드시 승리합니다.
(고전15:57)

견고한 공동체

부활의 소망 위에
굳게 서서
어떠한 환경과
주장에도 흔들리지
않습니다.
(고전15:58)

헌신하는 공동체

소극적으로 죄를
피하는 것을 넘어,
항상 주의 일에
적극적으로
힘씁니다.
(고전15:58)

슬라이드

설교 Youtube

17
철학인가? 부활인가?

〈행 17:16-34〉

16 바울이 아덴에서 그들을 기다리다가 그 성에 우상이 가득한 것을
보고 마음에 격분하여
17 회당에서는 유대인과 경건한 사람들과 또 장터에서는 날마다 만
나는 사람들과 변론하니
18 어떤 에피쿠로스와 스토아 철학자들도 바울과 쟁론할새 어떤 사
람은 이르되 이 말쟁이가 무슨 말을 하고자 하느냐 하고 어떤 사
람은 이르되 이방 신들을 전하는 사람인가보다 하니 이는 바울이
예수와 부활을 전하기 때문이러라
19 그를 붙들어 아레오바고로 가며 말하기를 네가 말하는 이 새로운
가르침이 무엇인지 우리가 알 수 있겠느냐
20 네가 어떤 이상한 것을 우리 귀에 들려 주니 그 무슨 뜻인지 알고
자 하노라 하니
21 모든 아덴 사람과 거기서 나그네 된 외국인들이 가장 새로운 것
을 말하고 듣는 것 이외에는 달리 시간을 쓰지 않음이더라
22 바울이 아레오바고 가운데 서서 말하되 아덴 사람들아 너희를 보
니 범사에 종교심이 많도다
23 내가 두루 다니며 너희가 위하는 것들을 보다가 알지 못하는 신
에게라고 새긴 단도 보았으니 그런즉 너희가 알지 못하고 위하는
그것을 내가 너희에게 알게 하리라
24 우주와 그 가운데 있는 만물을 지으신 하나님께서는 천지의 주재
시니 손으로 지은 전에 계시지 아니하시고
25 또 무엇이 부족한 것처럼 사람의 손으로 섬김을 받으시는 것이 아
니니 이는 만민에게 생명과 호흡과 만물을 친히 주시는 이심이라
26 인류의 모든 족속을 한 혈통으로 만드사 온 땅에 살게 하시고

그들의 연대를 정하시며 거주의 경계를 한정하셨으니
27 이는 사람으로 혹 하나님을 더듬어 찾아 발견하게 하려 하심이로
되 그는 우리 각 사람에게서 멀리 계시지 아니하도다
28 우리가 그를 힘입어 살며 기동하며 존재하느니라 너희 시인 중
어떤 사람들의 말과 같이 우리가 그의 소생이라 하니
29 이와 같이 하나님의 소생이 되었은즉 하나님을 금이나 은이나 돌
에다 사람의 기술과 고안으로 새긴 것들과 같이 여길 것이 아니
니라
30 알지 못하던 시대에는 하나님이 간과하셨거니와 이제는 어디든
지 사람에게 다 명하사 회개하라 하셨으니
31 이는 정하신 사람으로 하여금 천하를 공의로 심판할 날을 작정하
시고 이에 그를 죽은 자 가운데서 다시 살리신 것으로 모든 사람
에게 믿을 만한 증거를 주셨음이니라 하니라
32 그들이 죽은 자의 부활을 듣고 어떤 사람은 조롱도 하고 어떤 사
람은 이 일에 대하여 네 말을 다시 듣겠다 하니
33 이에 바울이 그들 가운데서 떠나매
34 몇 사람이 그를 가까이하여 믿으니 그 중에는 아레오바고 관리
디오누시오와 다마리라 하는 여자와 또 다른 사람들도 있었더라

아테네의 영광과 바울의 실망: 문명의 허상

인류 문명이 태동한 4,000여 년의 역사 속에서, 거대 문명을 꽃피운 대도시 곁에는 언제나 생명의 젖줄인 강이 흐르고 있었습니다. 이집트 나일강의 기적 위에 세워진 카이로, 황하의 황빛을 품은 베이징이 그러하며, 런던의 템스 강과 파리의 세느 강 역시 도시의 영혼을 흐르게 합니다. 저는 중 · 고등학교 시절 시 읽기를 유독 즐겼습니다. 수많은 시인이 세느 강의 낭만을 노래하였던 구절들을 지금도 기억합니다. 프랑스의 시인 기욤 아폴리네르(Guillaume Apollinaire)는 그의 명시 「미라보 다리」를 통해 세느 강을 이렇게 읊조렸습니다.

> 미라보 다리 아래 세느 강이 흐르고
> 우리 사랑도 흐르네
> 내가 기억해야 할까
> 기쁨은 언제나 슬픔 뒤에 왔다는 것을
> (Sous le pont Mirabeau coule la Seine…)

얼마 전 종교개혁 500주년을 기념해 유럽 교회를 순방할 기회가 있었습니다. 파리에 도착하였을 때, 제 마음은 세느 강을 직접 마주한다는 기대감으로 한껏 부풀어 있었습니다. 그러나 실제로 마주한 세느 강은 그 기대가 무색할 만큼 작고 초라하였습니다. "도대체 이 개울 같은 물줄기를 두고 어떻게 그토록 위대한 서정시들이 탄생할 수 있었단 말인가?" 하는 탄식이 절로 나올 정도였습니다.

오늘 본문에 등장하는 사도 바울이 느꼈던 심경 또한 이와 다르지 않았을 것입니다. 바울이 발을 내디딘 도시는 당대 최고의 메트로폴리스, 아테네였습니다. 아테네는 그리스 문화와 예술이 가장 찬란하게 만개한 정점이었습니다. 서양 문명의 거대한 두 줄기를 흔히 유대 · 기독교 전통인 '헤브라이즘'(Hebraism)과 그리스 · 로마 전통인 '헬레니즘'(Hellenism)이라 부르는데, 아테네는 바로 그 헬레니즘 문명의 심장이었습니다. 인간의 지성을 철학적 심연까지 밀어붙였던 인류 지성의 요람이었던 셈입니다. 이곳이 배출한 거성들은 실로 경이롭습니다. 인류의 스승이라 불리는 소크라테스(Socrates), 플라톤(Platon), 아리스토텔레스(Aristoteles)를 비롯해 스토아학파의 제논(Zeno)과 에피쿠로스학파의 현자들이 이곳에서 진리를 논하였습니다. 소포클레스(Sophocles), 에우리피데스(Euripides), 아리스토파네스(Aristophanes)와 같은 불세출의 문호들 역시 아테네의 공기를 마시며 불멸의 작품을 남겼습니다. 이들은 아테네에서 사유의 탑을 쌓고 생의 마지막을 장식하였습니다. 사도 바울 역시 당대 유대 사회의 엘리트이자 율법 전문가였을 뿐만 아니라, 헬라 철학의 정수를 꿰뚫고 있던 석학이었습니다. 바울의 서신서 곳곳에서 발견되는 유려한 수사학적 기법들은 그가 얼마나 깊은 학문적 토대를 지녔는지를 방증(傍證)합니다. 하나님은 바울이 쌓아온 이 지적 자산을 복음 전파의 도구로 귀하게 사용하셨습니다.

우상이 가득한 지성의 도시: 아테네의 영적 실체

철학의 본향이자 문명의 정수인 아테네에 입성하는 바울의 발걸음은 아마 설렘과 긴장으로 가득하였을 것입니다. 그러나 도시 성문에 들어선 순간, 바울을 맞이한 것은 지적인 황홀경이 아닌 형언할 수 없는 충격과 거룩한 분노였습니다. "어찌 아테네 같은 도시가 이토록 처참할 수 있는가"라는 절망이 그의 영혼을 뒤흔들었습니다. 사도행전 17:16은 그 순간을 이렇게 포착합니다.

> 바울이 아덴에서 그들을 기다리다가 그 성에 우상이 가득한 것을 보고 마음에 격분하여 _행 17:16

바울이 목격한 것은 찬란한 문명의 외피가 아니라, 그 속에 득실거리는 탐욕스러운 우상들이었습니다. 지성의 전당이라 자부하던 도시가 실제로는 온갖 우상의 소굴에 불과하였다는 사실에 그는 분노하였습니다. 역사적 기록을 살펴보더라도 당시 아테네의 종교적 과잉은 압도적이었습니다. 아크로폴리스 위에는 웅장한 파르테논 신전이 군림하고 있었고, 포세이돈에게 헌정된 에렉테이온 신전, 승리의 여신 니케의 신전 등이 도시의 스카이라인을 가득 채우고 있었습니다. 수십 개의 거대한 신전과 그 안을 채운 정교한 신상들이 즐비하였던 곳, 그것이 아테네의 민낯이었습니다. 아테네라는 지명에 얽힌 유명한 신화가 있습니다. 지혜와 전쟁의 여신 아테나가 바다의 신 포세이돈과 도시의 수호권을 두고 경합을 벌였습니다. 포세이돈은 아테네의 시민들에게 힘의 상징인 바닷물이 솟는 샘을 선물하였고, 아테나는 같은 시민들에게 평화와 번영의 상징인 올리브나무를 선물하였습니다. 실용과 풍요를 원하였던 시민들은 아테나를 선택하였고, 그로 인해 도시의 이름은 '아테네'가 되었습니다. 하지만 이 매혹적인 이름 뒤에는 거리마다, 언덕마다 인간의 손으로 빚어낸 허망한 신상들이 가득하였습니다. 바울 사도는 이 풍경을 보며 심장이 에이는 듯한 통증을 느꼈습니다. 마땅히 하나님께 드려져야 할 영광이 생명 없는 돌덩이들에게 뿌려지고 있었기 때문입니다. 우상 숭배의 끝은 결국 허무와 멸망임을 알기에, 바울의 눈에 비친 아테네는 화려한 도성이 아니라 비참한 분토(糞土)였습니다. 이는 아무리 철학이 고결하고 지성이 드높아도, 하나님 없는 문명은 결국 자기 숭배와 우상의 늪에 빠질 수밖에 없다는 서글픈 진실을 우리에게 보여 줍니다.

알지 못하는 신과 창조주 하나님: 바울의 지혜로운 변증

바울은 드디어 아테네의 지성들이 모이는 아레오바고 언덕에 섰습니다. 그는 격앙된 감정을 가라앉히고, 부드러우면서도 날카로운 통찰로 연설을 시작하였습니다.

바울이 아레오바고 가운데 서서 말하되 아덴 사람들아 너희를 보니 범사에 종교심이 많도다 내가 두루 다니며 너희가 위하는 것들을 보다가 알지 못하는 신에게라고 새긴 단도 보았으니 그런즉 너희가 알지 못하고 위하는 그것을 내가 너희에게 알게 하리라 _행 17:22-23

바울의 마음은 우상들로 인해 분노로 들끓고 있었지만, 정작 복음을 전할 때는 철저히 상대의 눈높이에 맞춘 배려의 방식을 택하였습니다. 그는 "아테네 시민들이여, 여러분을 보니 매사에 종교심이 참으로 지극합니다. 제가 이곳을 두루 살피며 여러분이 정성껏 섬기는 신들을 자세히 보았습니다"라고 말하며 대화의 문을 열었습니다. 바울이 관찰한 아테네의 풍경 중 특히 흥미로운 점이 있었습니다. 포세이돈이나 제우스처럼 이름이 분명한 신상들 틈에, 간혹 이름도 없이 '알지 못하는 신에게'라고 새겨진 제단이 있었던 것입니다. 사람들은 오히려 그 이름 없는 제단 앞에 더 많은 제물을 바치곤 하였습니다. 이는 혹시라도 자신들이 우상 제물을 드리지 못한 신이 있어 그 신의 노여움을 살까 두려워하였던 인간의 근원적인 불안 때문이었습니다. 이름을 몰라도 그 신을 달래야 한다는 막연한 공포가 '알지 못하는 신'을 위한 제단을 만든 것이지요. 바울은 바로 그 지점을 공략하며 선포합니다.

우주와 그 가운데 있는 만물을 지으신 하나님께서는 천지의 주재시니 손으로 지은 전에 계시지 아니하시고 또 무엇이 부족한 것처럼 사람의 손으로 섬김을 받으시는 것이 아니니 이는 만민에게 생명과 호흡과 만물을 친히 주시는 이심이라 _행 17:24-25

"아테네 시민들이여, 여러분과 이 광활한 우주를 지으신 전능하신 하나님께서 분명히 계십니다. 그분은 차가운 신전 건물 안에 갇혀 계시는 분이 아닙니다. 우주 만물을 통치하시며 인류의 모든 종족을 창조하신 주권자입니다. 여러분의 시인이 '우리는 그분의 능력으로 살며 그분의 소생이다'라고 읊었듯이, 여러분은 바로 그 살아계신 여호와 하나님의 자녀들입니다."

이처럼 바울은 아테네의 헛된 철학 위에서 참된 창조주, 만물의 주권자이신 하나님을 당당히 증거하였습니다.

청소년기의 결단: 공부의 목적과 신앙의 우선순위

성도들과 교제하다 보면 자주 접하게 되는 가슴 아픈 이야기가 있습니다. 자녀가 고등학교 2-3학년, 이른바 '입시 터널'에 진입하면 일부 부모님들은 이렇게 자녀를 설득하곤 합니다.

"얘야, 고3 시절은 인생에서 딱 한 번뿐이란다. 지금 이 시기를 놓치면 네 인생 전체가 흔들릴 수 있어. 대학만 가면 얼마든지 마음껏 신앙생활을 해도 좋다. 그때는 예배를 두 배로 드려도 아무 말 않으마. 그러니 딱 1년만 교회를 쉬고 공부에만 전념하자꾸나."

그렇게 해서 설령 원하던 명문대에 진학하였다고 가정해 봅시다. 하지만 그 1년 사이에 신앙의 맥이 끊겨 평생 교회를 떠나버린다면 부모로서 그 책임을 어찌 지실 건가요? 하나님을 등지고 얻어 낸 명문대 타이틀이 영원한 생명 앞에서 과연 무슨 가치가 있을까요? 방향을 바꾸어 생각해 보십시오. 청소년기에 인생의 목적을 몰라 방황하던 자녀가, 자신을 지으신 분이 전능하신 하나님임을 깨달았다고 합시다. 하나님께서 나의 삶을 당신의 영광을 위해 창조하셨음을 가슴 깊이 새긴 자녀라면, 아마 이렇게 고백할 것입니다.

"내 인생이 하나님 앞에서 얼마나 고귀한지 이제야 깨달았습니다. 주님, 이 소중한 생명을 당신께 드립니다. 제가 시간을 아껴 공부하는 이유는 제 성공을 위해서가 아니라, 하나님의 영광을 위한 도구가 되기 위해서입니다. 최선을 다해 주님의 기쁨이 되겠습니다."

이 같은 마음으로 이른 아침 무릎 꿇고 기도하며 믿음의 갑주를 입고 책상에 앉는 아이에게, 하나님께서 어찌 지혜와 축복을 아끼실까요? 성령님께서 그 심령을 붙드시면, 자녀의 인생은 자신의 힘으로 발버둥 치는 삶에서 하나님께서 이끄시는 삶으로 변화됩니다. 우리는 결코 속아서는 안 됩니다. 책상 앞에 오래 앉아 있는다고 해서 다 공부하는 것은 아닙니다. 하나님 없는 열심은 결국 게임과 스마트폰, 엉뚱한 잡념에 마음을 빼앗기기 십상입니다. 예배 한 시간을 아까워하면, 어떻게 인생의 진정한 꽃을 피울 수 있을까요? 신앙을 멈춘 채 세상 지식만 쌓는다면, 그것은 결국 지식이라는 이름의 우상, 출세와 성공이라는 이름의 우상 앞에 귀한 인생을 제물로 바치는 꼴이 되고 맙니다. 하나님은 분명히 말씀하십니다.

여호와를 경외하는 것이 지식의 근본이거늘 미련한 자는 지혜와 훈계를 멸시하느니라 _잠 1:7

철학의 한계와 예수 그리스도: 인간의 노력 vs 하나님의 해결책

바울은 우상의 숲으로 뒤덮인 아테네 시민들을 향해 멈추지 않고 복음의 검을 휘둘렀습니다. 사도행전은 당시의 긴박하였던 전도 현장을 이렇게 기록합니다.

회당에서는 유대인과 경건한 사람들과 또 장터에서는 날마다 만나는 사람들

과 변론하니 어떤 에피쿠로스와 스토아 철학자들도 바울과 쟁론할새 어떤 사람은 이르되 이 말쟁이가 무슨 말을 하고자 하느냐 하고 어떤 사람은 이르되 이방 신들을 전하는 사람인가보다 하니 이는 바울이 예수와 부활을 전하기 때문이러라 _행 17:17-18

당시 유대인들은 흩어진 어느 도시에서든 소수가 모이면 강가에 모여 기도하였고, 공동체가 커지면 회당을 세워 하나님을 경배하였습니다. 아테네는 당대의 대도시였기에 이미 견고한 유대인 공동체와 회당이 형성되어 있었습니다. 바울은 안식일이면 회당으로 달려가 유대인과 하나님을 경외하는 이들에게 예수님의 죽음과 부활을 뜨겁게 선포하였습니다. 그뿐만이 아니었습니다. 평일에는 사람들이 북적이는 아고라(장터)로 나가 마주치는 모든 이와 삶의 본질을 논하며 복음을 변론하였습니다. 그러던 어느 날, 바울은 아테네 지성의 두 축이었던 에피쿠로스학파와 스토아학파의 철학자들과 마주하게 됩니다. 바울이 전하는 복음을 듣던 그들은 "이 말쟁이가 도대체 무슨 헛소리를 하려는 것인가?"라며 조롱 섞인 반응을 보였고, 어떤 이들은 "생소한 이방 신들을 선전하는 모양이다"라며 호기심을 보였습니다. 그러나 비웃음과 경계 속에서도 바울의 목소리는 흔들림이 없었습니다. 그는 인간 사유의 정점에 서 있던 그들에게 오직 '예수 그리스도'와 '부활'이라는 파격적인 진리를 증거하였습니다.

역사적으로 살펴볼 때, 에피쿠로스학파는 흔히 '감각적 쾌락'을 좇는 철학으로 오해받지만, 실제로 그들이 말하는 쾌락이란 고통과 불안이 제거된 평온한 정신적 상태를 뜻하였습니다. 말하자면 '정신적 쾌락'을 의미하였습니다. 이들은 명예와 권력, 사치를 멀리하고 최소한의 필요로 자족하며, 정신적 동요가 없는 '아타락시아'(Ataraxia; 외부 사건이나 내부 감정에 의해 마음이 요동하지 않는 평정과 평온의 상태)를 삶의 목표로 삼았습니다. 우정과 내면의 평화를 지키는 것이 인간이 도달할 수 있는 가장 높은 행복이라고 가르친 것입니다. 반면, 스토아학파는 인간의 '이성'을 삶의 척도로 삼았습니다. 감정의 파도에 휘둘리기보다 이성으로 격정을 다스리며, 운명에 흔들리지 않는 삶, 곧 '아파테이아'(Apatheia; 이성을 뒤흔드는 파괴적 감정으로부터 자유로운 이성적 절제심의 상태)를 이상으로 삼았습니다. 그들에게 죽음이란 거역할 수 없는 자연의 질서였으며, 담담히 받아들여야 할 삶의 일부였습니다.

결국 인간이 고안해 낸 모든 철학은 하나의 질문으로 수렴됩니다. 바로 "이 땅에서 어떻게 살아야 하는가?"입니다. 에피쿠로스는 마음의 평강을, 스토아는 이성적인 절제를 답으로 제시하였습니다. 물론 그들의 가르침은 고결하고 유익한 면이 있습니다. 하지만 그들의 지혜는 죽음을 피할 수 없는 종착역으로 규정하고, 그 앞에서 인간이 할 수 있는 최선의 태도를 논하는 데 그칩니다. 즉, 철학은 '이 땅'에 발을 딛고 선 인간의 노력일 뿐, 죽음 이후의 영원한 생명에 대해서는 어떤 해답도 줄 수 없다는 한계를 지니고 있습니다. 바울에게 부활은 인간의 이성과 철학이 침묵할 수밖에 없는 자리에서 하나님께서 친히 열어 보이신 구원의 결정적 해답이었습니다.

유일한 인생의 해답: 죽음을 이기는 부활 신앙

바울은 죽음이라는 거대한 성벽 아래 갇혀 신음하는 아테네 시민들을 향해 두 가지 핵심적인 진리를 선포하였습니다. 바로 '예수 그리스도'와 그분의 '부활'입니다. 아테네 사람들에게 정작 필요한 것은 영혼을 달래는 감성적인 예술도, 삶의 태도를 논하는 고상한 철학도, 막연한 공포를 달래는 종교도 아니었습니다. 그들에게 진정으로 절실하였던 해답은 오직 예수 그리스도였습니다. 예수님은 인류의 모든 죄 짐을 짊어지시고, 우리가 서야 할 죽음의 형장 위에 대신 서서 십자가를 지셨습니다. 이 죽으심은 인류의 가장 고질적인 질병인 죄를 도려내는 유일한 수술이었습니다. 죄의 문제가 해결될 때 비로소 사망의 권세도 힘을 잃기 때문입니다. 성경은 "죄의 삯은 사망"(롬 6:23)이라고 명시합니다. 주님은 인류의 죄를 청산하심으로써 죽음의 사슬을 끊어 내셨습니다. 인류 역사상 그 어떤 철학자도, 그 어떤 사상가도 인간의 근본 문제인 죄와 죽음을 해결하지 못하였습니다. 그러나 예수 그리스도는 사망의 권세를 무너뜨리고 죽음을 이기며 부활하셨습니다. 그분만이 아테네 시민들의, 나아가 전 인류의 근본 문제를 해결할 유일한 열쇠이십니다.

어느 날, 예수님께서 갈릴리 나인성에 들어가실 때였습니다. 성문 밖으로 한 여인의 처절한 슬픔이 묻어나는 장례 행렬이 나오고 있었습니다. 그 여인은 일찍이 남편을 여의고 하나뿐인 아들에 의지해 살아온 과부였는데, 이제 그 아들마저 싸늘한 주검이 된 것이었습니다. 온 마을 사람이 함께 울어 줄 만큼 그 슬픔은 성 전체를 짓누르고 있었습니다. 그때 예수님께서 여인에게 다가가 나직이 말씀하셨습니다. "울지 말라." 그리고는 죽음의 기운이 감도는 관에 손을 대시고 명하셨습니다. "청년아, 내가 네게 말하노니 일어나라!" 그 순간, 죽음의 잠에 빠져있던 청년이 벌떡 일어나 앉았습니다. 아들은 눈물범벅이 된 어머니를 힘껏 끌어안았습니다.

이 예수님이 누구이신가요? 우리에게 영생의 문을 열어 주시는 전능하신 하나님입니다. 이 예수님이 누구이신가요? 사망을 삼키고 부활하신 하나님의 아들입니다. 주님은 "믿는 자는 영생을 가졌나니"(요 6:47b)라고 말씀하십니다. 또한 "나는 부활이요 생명이니 나를 믿는 자는 죽어도 살겠고 무릇 살아서 나를 믿는 자는 영원히 죽지 아니하리니 이것을 네가 믿느냐"(요 11:25-26)라고 말씀하십니다. 나인성 과부에게 필요하였던 진정한 해답은 공허한 위로가 아니라 아들의 부활이었습니다. 헬라 철학의 심장이자 우상의 전당이었던 아테네 시민들에게 줄 수 있는 유일한 인생의 해답 역시 철학적 유희가 아니었습니다. 에피쿠로스의 평정심도, 스토아의 절제심도 죽음을 이길 수는 없습니다. 오직 죽음의 장벽을 뚫고 나오신 예수 그리스도만이 인생의 참된 해답이 되십니다. 오늘을 살아가는 우리에게도 주님은 동일한 질문을 던지십니다.

예수께서 이르시되 나는 부활이요 생명이니 나를 믿는 자는 죽어도 살겠고 무릇 살아서 나를 믿는 자는 영원히 죽지 아니하리니 이것을 네가 믿느냐
_요 11:25-26

부활의 사건

교회를 개척하고 3년쯤 되었을 때의 일입니다. 여느 때처럼 아침에 교회로 출근하였는데, 그야말로 청천벽력(靑天霹靂) 같은 소식이 들려왔습니다. 우리 교회 주일학교에 다니던 종구라는 어린이가 교회 앞 대로변에서 큰 교통사고를 당해 의식불명 상태에 빠졌다는 것이었습니다. 병원에 도착하니 담당 의사는 이미 부모님께 절망적인 통보를 마친 상태였습니다. "종구는 뇌가 심하게 손상되어 회복이 불가능합니다. 지금 온몸에 부착된 생명 유지 장치들을 떼어내면 곧 숨을 거둘 것입니다. 마음의 준비를 하시고 장례를 준비하십시오."

종구는 우리 교회에서 예배를 드리고 있었지만, 부모님은 교회에 나오지 않는 상태였습니다. 어머니만 과거에 순복음교회를 다닌 경험이 있을 뿐이었습니다. 급히 분당제생병원으로 달려갔더니, 종구 어머니는 복받쳐 오르는 슬픔을 가누지 못해 온몸을 부들부들 떨고 계셨습니다. 그 어떤 위로의 말도 들리지 않을 것 같았습니다. 저는 종구 어머니를 병실 밖 한적한 곳으로 조용히 모시고 가서 말씀드렸습니다. "종구 어머니! 지금은 하늘이 무너지고 땅이 꺼지는 것 같은 슬픔 속에 계시겠지만, 우리에게는 단 한 가지 희망이 있습니다." 그 말에 종구 어머니는 번쩍 눈을 뜨시더니 제 손을 와락 붙잡았습니다. "한 가지 희망이라니요, 목사님?"

저는 확신에 찬 어조로 대답했습니다. "오직 하나님은 전능하시다는 사실입니다. 예수님은 나인성 과부의 아들이 죽었을 때 '일어나라' 명령하여 살려내셨습니다. 예수님 스스로도 죽음을 이기고 부활하셨습니다. 종

구 어머니, 예수님께 간절히 기도해 보셨습니까? 만일 하나님께서 종구를 기적적으로 살려주신다면, 어머니께서 평생 하나님을 믿고 교회에 헌신하겠노라고 온 마음으로 결단하십시오. 그러면 제가 당장 교회로 돌아가 모든 성도를 모으고 종구의 생환(生還)을 위해 목 놓아 기도하겠습니다. 전 교인이 시간을 정해 부르짖어 기도하면 전능하신 하나님께서 어찌 외면하시겠습니까? 지금 결단하시지요!"

저는 곧장 교회로 달려와 전 성도에게 이 소식을 알리고, 아이의 생명을 위해 통곡하며 기도할 것을 간청하였습니다. 그리고 며칠 후, 놀랍게도 종구가 의식을 회복하기 시작하는 기적이 일어났습니다! 드디어 종구가 퇴원해 다시 교회를 나오게 된 날의 감격을 잊을 수 없습니다. 종구는 한동안 기관 절개술을 받아 목에 구멍을 뚫고 튜브를 폐로 연결한 채 지내야 하였고, 퇴원 후에도 목 앞부분(전경부; 前頸部)에는 깊고 선명한 흉터가 남아 있었습니다.

하지만 기도로 그 아이를 살려냈던 우리 성도들은 종구의 그 흉터를 볼 때마다 끔찍함이 아닌 부활의 주님을 보았습니다. 죽은 자를 살리시는 하나님을 기억하였고, 기도를 결코 외면하지 않으시는 응답의 하나님을 떠올렸습니다. 종구는 그 자체로 '살아있는 부활체'(The Living Resurrection Body)였습니다. 그의 존재는 우리 성도들에게 기도의 중요성을 매 순간 일깨워 주었으며, 부활이 박제된 교리가 아니라 지금도 일어나는 실재(實際)임을 온몸으로 증명하는 산 교훈이 되었습니다.

묵상 질문

1. 겉보기에 화려하고 지성적인 세상 문화 속에서, 여러분은 그 이면에 가득한 우상과 영적 결핍을 꿰뚫어 보고 거룩한 분노를 느끼고 있습니까?

아테네는 당대 최고의 철학과 문명을 자랑하였지만, 바울의 눈에는 우상이 가득한 영적 불모지였습니다. 지식과 성공이 아무리 뛰어나도 하나님께서 안 계신 곳은 결국 우상 숭배의 현장일 뿐입니다. 화려한 겉모습에 압도되지 않고 영적 실체를 볼 수 있는 눈이 필요합니다.

> 바울이 아덴에서 그들을 기다리다가 그 성에 우상이 가득한 것을 보고 마음에 격분하여 _행 17:16

2. '고3 때는 교회 좀 쉬어도 된다'라는 세상의 타협안에 흔들리지 않고, 여러분 인생의 창조주이신 하나님을 경외하는 것을 지식의 근본으로 삼고 있습니까? 그렇게 자녀들을 돕고 있습니까?

세상은 대학 입시나 성공을 위해 잠시 신앙을 유보하라고 유혹하지만, 하나님을 떠난 성공은 결국 허무하거나 또 다른 우상을 숭배하게 만들 뿐입니다. 내가 전능하신 하나님의 소생임을 깨닫고, 나의 공부와 삶이 하나님의 영광을 위한 것임을 고백할 때 진정한 지혜와 능력을 얻을 수 있습니다.

> 여호와를 경외하는 것이 지식의 근본이거늘 미련한 자는 지혜와 훈계를 멸시하느니라 _잠 1:7

3. 여러분은 인생의 고난과 죽음의 문제 앞에서 인간의 철학이나 위로를 찾고 계십니까, 아니면 죽음을 이기고 생명을 주시는 예수 그리스도의 부활을 붙들고 계십니까?

에피쿠로스학파나 스토아학파 같은 철학은 '어떻게 살 것인가'에 대한 지혜는 줄 수 있어도, 죄와 죽음이라는 인간의 근본 문제는 해결할 수 없습니다. 나인성 과부의 눈물을 멈추게 한 것은 위로의 말이 아니라 아들의 부활이었습니다. 오직 예수 그리스도의 부활만이 우리 삶의 참된 해답이자 영원한 생명의 길입니다.

> **예수께서 이르시되 나는 부활이요 생명이니 나를 믿는 자는 죽어도 살겠고 무릇 살아서 나를 믿는 자는 영원히 죽지 아니하리니 이것을 네가 믿느냐 _요 11:25-26**

암송구절

> 이는 정하신 사람으로 하여금 천하를 공의로 심판할 날을 작정하시고 이에 그를 죽은 자 가운데서 다시 살리신 것으로 모든 사람에게 믿을 만한 증거를 주셨음이니라 하니라
>
> _행 17:31

요점 정리

1. 문명의 화려함 뒤에 감춰진 영적 빈곤: 아테네의 우상과 바울의 격분

인류의 거대 문명은 언제나 강을 끼고 발달해 왔으며, 시인 기욤 아폴리네르가 노래한 세느 강의 낭만처럼 문명은 겉보기에 아름답고 화려한 이미지를 가집니다. 그러나 필자가 실제로 마주한 세느 강이 기대에 미치지 못하였듯, 사도 바울이 마주한 아테네의 실체 또한 충격적이었습니다. 헬레니즘의 요람이자 소크라테스와 플라톤을 배출한 지성의 도시 아테네는, 겉으로는 파르테논 신전과 같은 웅장한 건축물과 찬란한 문화를 자랑하였습니다. 하지만 바울이 그곳에서 목격한 것은 하나님을 떠난 인간 군상이 만들어 낸 수만 가지 우상들의 집합소였습니다. 포세이돈과 아테나 여신의 설화가 깃든 그곳은 창조주 하나님께 돌려야 할 영광을 피조물과 거짓 신들에게 바치는 영적 타락의 현장이었습니다. 바울은 이 같은 문명의 이면에 감춰진 비참한 영적 현실을 직시하며 깊은 격분을 느꼈습니다. 이는 하나님이 배제된 지성과 문명은 결국 멸망할 수밖에 없는 우상 숭배의 도구로 전락한다는 사실을 뼈아프게 보여 줍니다.

2. 알지 못하는 신을 넘어선 창조주: 참된 지식과 삶의 우선순위

바울은 아테네의 아레오바고 언덕에서 그들의 종교심을 역이용하여 복음을 전합니다. '알지 못하는 신에게'라고 새길 만큼 두려움에 사로잡힌 그들에게, 바울은 인간의 손으로 지은 신전에 갇히지 않으시고 만물에게 생명을 주시는 창조주 하나님을 선포합니다. 그는 우리가 하나님의 소생이며 그분의 주권 아래 있음을 강조하며, 참된 신앙의 대상을 명확히 제시합니다. 고등학교 3학년이라는 이유로 자녀에게 잠시 신앙을 유보하고 공부에만 전념하라고 가르치는 것은, 결국 자녀를 '성공'과 '대학'이라는 우상 앞에 절하게 만드는 것과 같습니다. 여호와를 경외하는 것이 지식의 근본이라는 잠언의 말씀처럼, 인생의 목적이 하나님의 영광임을 깨달을 때 비로소 진정한 학업의 동기가 부여되고 전력투구할 수 있는 힘을 얻게 됩니다. 하나님을 떠난 지식은 껍데기에 불과하며, 창조주를 기억하는 것이야말로 인생의 가장 중요한 기초임을 역설합니다.

3. 철학의 한계와 유일한 구원: 죽음을 이기는 부활의 능력

아테네 거리에서 바울은 당대의 지성인 에피쿠로스학파와 스토아학파 철학자들과 쟁론합니다. 에피쿠로스학파는 정신적 쾌락과 평화를, 스토아학파는 이성을 통한 금욕과 절제를 강조하며 '이 땅에서 어떻게 살 것인가'에 대한 훌륭한 윤리를 제시하였습니다. 하지만 그들의 철학은 죽음을 피할 수 없는 숙명으로 받아들이게 할 뿐, 인간의 근원적인 죄와 사망의 문제를 해결해 주지는 못하였습니다. 철학은 죽음 앞에서 위로의 말을 건넬 뿐이지만, 예수 그리스도는 "나는 부활이요 생명"이라고 선언하시며 죽음 그 자체를 정복하셨습니다. 죄의 삯인 사망을 깨뜨리고 영생을 주시는 분은 오직 예수 그리스도뿐입니다. 따라서 화려한 철학과 문명 속에 살아가지만, 여전히 죽음의 공포 아래 있는 현대인들에게 필요한 유일한 해답은 인간의 사상이 아닌 죽음을 뚫고 부활하신 예수 그리스도의 생명입니다.

4. 결론: 인간의 이성과 철학은 죽음의 문제를 해결할 수 없으며, 오직 예수 그리스도의 부활만이 인류에게 참된 생명과 소망을 주는 유일한 해답입니다.

첫째, 아테네는 찬란한 헬레니즘 문명과 철학의 요람이었으나, 그 이면에는 하나님을 떠난 인간이 만든 수많은 우상으로 가득 차 있었으며, 이는 하나님 없는 지성의 허무함을 보여 줍니다.

둘째, 에피쿠로스학파나 스토아학파와 같은 철학은 '이 땅에서 어떻게 살 것인가'에 대한 윤리는 제시할 수 있어도, 죄와 죽음이라는 인간의 근본적인 문제는 결코 해결하지 못합니다.

셋째, 청소년기에 대학 입시를 핑계로 신앙을 유보하는 것은 어리석은 일입니다. 여호와를 경외하는 것이 지식의 근본임을 깨닫고 창조주 하나님을 기억할 때, 우리는 비로소 진정한 인생의 목적을 발견하게 됩니다.

넷째, 나인성 과부의 죽은 아들을 살리신 예수님처럼, 사망 권세를 깨뜨리고 부활하신 예수 그리스도만이 죽음 아래 갇힌 인생에게 영원한 생명을 주시는 유일한 구원자입니다.

17. 철학인가? 부활인가? (행 17:16-34)

인간의 지혜: 철학	하나님의 능력: 부활
어떻게 살 것인가?	어떻게 죽음을 이길 것인가?
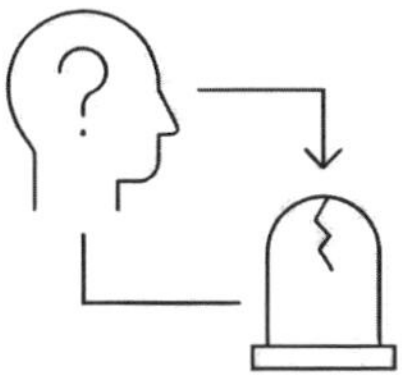	
삶의 방식과 윤리를 제시하지만, 죽음은 피할 수 없는 숙명으로 여깁니다.	예수 그리스도는 죄와 사망이라는 인간의 근본 문제를 해결하십니다.
지성의 도시, 우상의 도시	유일한 인생의 해답

하나님 없는 문명과 지성은 결국 공허한 우상 숭배로 귀결됩니다.	죽음을 정복하신 예수 그리스도의 부활만이 영원한 생명을 주는 참된 길입니다.

슬라이드

설교 Youtube

프리셉트 어린이 신앙전기 ❾

버마를 구한 하나님의 사람 **아도니람 저드슨**

최초의 미국인 선교사 아도니람 저드슨. 하나님은 그의 재능을 사용하셔서 많은 버마인을 주님의 품으로 인도하셨다. ■ 아이린 호왓 지음

프리셉트 어린이 신앙전기 ❿

어둠을 밝힌 위대한 종교 개혁가 **존 칼빈**

종교 개혁의 기틀을 마련한 신학자 존 칼빈. 그는 세상을 향해 빛을 비추는 진정한 믿음의 삶이란 무엇인지 알게 해준다. ■ 캐서린 맥켄지 지음

프리셉트 어린이 신앙전기 ⓫

천로역정을 저술한 믿음의 순례자 **존 번연**

회심 후 강한 믿음을 가진 존 번연은 평생 설교에 매진했으며, 그가 집필한 『천로역정』은 지금까지 사랑을 받고 있다. ■ 브라이언 코즈비 지음

프리셉트 어린이 신앙전기 ⓬

나치에 저항한 행동하는 양심 **디트리히 본회퍼**

주님은 본회퍼에게 믿음을 위해 저항할 용기를 주셨다. 그는 하나님께서 주시는 힘으로 나치 정권에 끝까지 맞섰다. ■ 데이스프링 매클라우드 지음

프리셉트 어린이 신앙전기 ⓭

부흥의 불꽃을 일으킨 천재 신학자 **조나단 에드워즈**

조나단은 모든 순간 하나님의 영광을 선포하고자 했다. 그는 결국 주님의 도우심으로 실천하는 신앙인이 될 수 있었다. ■ 크리스티안 티모시 조지 지음

프리셉트 어린이 신앙전기 ⓮

위대한 복음의 밀수꾼 **브라더 앤드류**

철의 장막을 뚫고 성경책을 몰래 배달한다는 사역은 쉽지 않았다. 그러나 복음을 전하기 위해서는 포기할 수 없는 일이었다. ■ 낸시 드러먼드 지음

프리셉트 어린이 신앙전기 ⓯

노예상인 출신 복음 전도자 **존 뉴턴**

노예무역선 선장이었던 존 뉴턴은 하나님의 은혜를 깨닫고 자기 모습을 반성했다. 이후 그는 목회자가 되어 노예제 폐지에 힘썼다. ■ 아이린 호왓 지음

프리셉트 어린이 신앙전기 ⓰

노예제 폐지를 이끈 영국의 양심 **윌리엄 윌버포스**

영국 하원의원인 윌리엄 윌버포스는 신앙에 변화를 겪은 후 노예무역 폐지를 위해 헌신했으며, 전 세계 노예제 폐지에 큰 영향을 미쳤다. ■ 데릭 빙엄 지음

프리셉트 어린이 신앙전기 ⓱

발명왕 땅콩박사 **조지 카버**

흑인 과학자 조지 카버는 하나님께서 주신 지혜로 가난한 흑인들을 돕고자 땅콩과 농작물을 연구했으며, 믿음으로 하나님의 창조 세계를 회복해 나갔다. ■ 박효숙 지음

■ PRECEPT BOOK LIST

I 영성 · 자기개발 · 리더십

1 감동을 창조하는 인간관계 윌리암 J. 디엄
2 축복의 언어 존 트렌트·게리 스몰리
3 고통의 의미 케이 아더
4 참된 성공에 이르는 비결 데이비드 쇼트
5 성공의 삶을 디자인하라 피터 허쉬
6 하나님의 주권 케이 아더
7 축복의 통로 래리 허커
8 영적 전투에서 승리하는 길 워렌 W. 위어스비
9 Oswald Sanders의 영적성숙 오스왈드 샌더스
10 성경적 EQ 개발 크리스 터만
11 영성회복을 위한 40가지 열쇠 스티븐 아터번 외
12 기도하는 엄마들(소책자) 펀 니콜스
13 삶을 변화시킨 끄웨르바 이야기 김연수
14 나비 이야기 프리셉트성경연구원
15 앤드류 머레이의 온전한 순종 앤드류 머레이
16 비전의 힘 마일즈 먼로
17 영광스러운 믿음 엘리자베스 엘리엇

II 클래식 시리즈

1 앤드류 머레이의 온전한 순종 앤드류 머레이
2 현대인을 위한 그리스도를 본받아 토마스 아 켐피스
3 앤드류 머레이의 하늘문을 여는 기도 앤드류 머레이
4 현대인을 위한 예수님이라면 어떻게 하실까? 찰스 쉘던
5 현대인을 위한 어거스틴의 고백록 성 어거스틴
6 현대인을 위한 참된 목자 리처드 백스터
7 현대인을 위한 성도의 공동생활 디트리히 본회퍼
8 현대인을 위한 죄 죽이기 존 오웬
9 현대인을 위한 천로역정 존 번연
10 현대인을 위한 제자도의 대가 디트리히 본회퍼

III 목회 · 교회 · 교육

1 Power! 전도중심교회 김상현
2 OLD&NEW 김우영·김병삼
3 장로교와 감리교 무엇이 다른가? 김우영
4 심방설교 핵심파일 프리셉트성경연구원
5 하나님의 존재증거 케네스 보아·로버트 바우만
6 네트워크 은사발견 사역(주교재) 빌 하이블스 외
7 신앙생활 ABC 박광철

IV 성경강해

1 파워리더 여호수아 김경섭
2 파워리더 느헤미야 김경섭
3 믿음의 영웅들(히 11장) 김경섭
4 하늘의 음성(산상수훈) 김경섭
5 모세 지도력의 비밀(출애굽기) 김경섭
6 항상 기뻐하라(빌립보서) 김경섭
7 사사열전(사사기) 김경섭
8 그리스도의 가상칠언 김경섭
9 놀라운 하나님의 이름 김경섭
10 담대한 믿음, 여호수아 이윤재
11 스토리텔링 다윗 설교(사무엘서) 김연수
12 지혜로운 生테크 이렇게 하라(전도서) 웨인 슈미트
13 천국 시크릿(비유 시리즈) 김연수
14 하나님, 왜 침묵하십니까?(하박국) 케이 아더
15 복음이란 무엇인가? 김경섭
16 하나님, 솔직히 돈이 좋아요! 김병삼
17 부활의 주 예수 김경섭

V 설교 및 설교예화

1 청중을 사로잡는 설교자 캘빈 밀러
2 존 스토트 설교의 원리와 방법 안병만
3 열정적 설교 알렉스 몬토야
4 주제별 말씀 모음집 김경섭 외
5 홍정길 목사의 301가지 감동 스토리 I·II 프리셉트성경연구원
6 하나님을 미소짓게 하는 이야기 김병삼
7 설교, 그 영광의 사역 한진환

VI 스토리체 성경공부

1 프리셉트 귀납적 성경연구 방법 케이 아더
2 하나님을 향한 마음 케이 아더
3 영적 성장을 위한 길잡이 케이 아더·데이빗 아더
4 영적 치유 케이 아더
5 나의 나 된 것은 하나님의 은혜라 케이 아더
6 하나님 이름에 숨겨진 비밀 케이 아더
7 하나님의 신실한 언약 케이 아더
8 하나님, 왜 침묵하십니까?(하박국) 케이 아더
9 영적전투(에베소서) 케이 아더
10 주님, 우리에게 기도를 가르쳐 주세요(주기도문) 케이 아더
11 하나님의 의 케이 아더
12 하나님의 연단 케이 아더
13 하나님의 나라 케이 아더

Ⅶ 프리셉트 성경

1 (개역/PU) 특중 단본(네이비/다크초콜릿)
2 (개역/PU) 특중 합본(네이비/다크초콜릿)
3 (개역/우피) 특중 단본(검정/다크초콜릿)

Ⅷ 묵상 · 성경공부

1 큐티합시다 오대희
2 수험생을 위한 100일 QT 프리셉트성경연구원
3 입시생을 위한 60일 묵상 프리셉트성경연구원
4 Q.T 첫 걸음 프리셉트성경연구원
5 효과적인 경건의 시간 케이 아더
6 성경은 과연 믿을 만한가? 어윈 루처
7 묵상하는 사람들 QT(요한복음·요한계시록) 프리셉트성경연구원
8 묵상하는 사람들 QT(서신서 등) 프리셉트성경연구원
9 묵상하는 사람들 QT(여호수아 등) 프리셉트성경연구원
10 묵상하는 사람들 QT(지혜서 등) 프리셉트성경연구원

Ⅸ 가정 · 상담 · 치유

1 성, 하나님의 거룩한 선물 케이 아더
2 아내를 사랑하는 10가지 방법 한스&도나 핀젤
3 행복한 결혼생활의 비결 케이 아더
4 까다로운 사람들과 함께 만드는 교향곡 윌리암 J. 디엄
5 감동을 창조하는 인간관계 윌리암 J. 디엄
6 감정 치유의 6단계 데이비드 클락
7 찰스 스펄전의 은혜 찰스 스펄전
8 하나님을 향한 마음 케이 아더
9 하나님의 연단 케이 아더
10 부활 케이 아더

Ⅹ 핸드북

1 그리스도와 함께 앤드류 머레이
2 기도, 하나님과의 로망스 후안 카를로스 오르티즈
3 나를 연단하시는 하나님의 섭리 케이 아더
4 십자가 상의 일곱 마디 말씀 김경섭
5 소리나는 스프 홍정길
6 일상에서 배운 삶의 지혜 토드 템플
7 성공을 가로막는 일곱가지 장애 김병삼
8 성공을 디자인하는 삶의 비밀 피터 허쉬
9 인간관계, 감동으로 창조하라 윌리암 J. 디엄
10 영성회복을 위한 40가지 열쇠 스티븐 아터번 외
11 그리스도를 본받아 토마스 아 켐피스

Ⅺ 어린이

1 놀라운 성경 탐험 메리 홀링스워스
2 나의 사랑하는 성경(구약) 오대희
3 나의 사랑하는 성경(신약) 오대희
4 365일 이야기 그림 성경(구약 편) 엘시 이거마이어
5 이야기 그림 성경(신약 편) 엘시 이거마이어
6 어린이를 위한 벤허 루 월리스
7 어린이를 위한 천로역정 존 번연
8 파란 눈의 중국인 선교사 허드슨 테일러 캐서린 맥켄지
9 고아들의 영웅 조지 뮬러 아이린 호왓
10 고통 속에서 희망을 노래하는 코리 텐 붐 체스티 호프 바에즈
11 달리기 챔피언 선교사 에릭 리들 존 케디
12 꿈과 열정의 전도자 빌 브라이트 킴 트위첼
13 살아 있는 순교자 리처드 범브란트 캐서린 맥캔지
14 종교 개혁의 햇불을 든 마틴 루터 캐서린 맥캔지
15 열정의 복음전도자 디엘 무디 낸시 드러먼드
16 버마를 구한 하나님의 사람 아도니람 저드슨 아이린 호왓
17 어둠을 밝힌 위대한 종교 개혁가 존 칼빈 캐서린 맥켄지
18 천로역정을 저술한 믿음의 순례자 존 번연 브라이언 코즈비
19 나치에 저항한 행동하는 양심 디트리히 본회퍼 데이스프링 매클라우드
20 부흥의 불꽃을 일으킨 천재 신학자 조나단 에드워즈 크리스티안 티모시 조지
21 위대한 복음의 밀수꾼 브라더 앤드류 낸시 드러먼드
22 노예상인 출신 복음 전도자 존 뉴턴 아이린 호왓
23 노예제 폐지를 이끈 영국의 양심 윌리엄 윌버포스 데릭 빙엄
24 발명왕 땅콩박사 조지 카버 박효숙

Ⅻ 청소년

1 말씀으로 치유되는 십대들의 고민 50가지 필 첼머스
2 청소년 365일 묵상집 프리셉트성경연구원
3 청소년을 위한 구약개관 프리셉트성경연구원

XIII 기도

1 기도하십니까? 후안 카를로스 오르티즈
2 앤드류 머레이의 하늘문을 여는 기도 앤드류 머레이
3 기도하는 엄마들(소책자) 펀 니콜스
4 기도일지 ①, ②, ③, ④ 최복순
5 기도의 열정에 불 붙이라! 펀 니콜스 외
6 한영기도일지 ① 최복순

지은이 소개 **김경섭 목사**

한양대학교(법학과)
고려대학교 대학원(경제학과)
총신대학 신학원 및 대학원(M.Div., Th.M.)
미국 Temple 신학교(M.R.E.)
남서울교회 및 남서울은혜교회 목사
Precept 국제본부 객원 연구원(Trainer)/ precept.org
현 죽전 · 광교안디옥교회 담임목사/ a91.kr
현 프리셉트성경연구원 원장/ precept.or.kr

책임편집자 소개 **박효숙 목사**

장로회 신학대학원(M.Div)
전) 광교안디옥교회 교육목사
현) 프리셉트성경연구원 연구위원

부활의 주 예수

지은이 | 김경섭
책임편집 | 박효숙

초판 1쇄 | 2026년 2월 27일

발행인 | 김경섭
국제총무 | 최복순
총무이사 | 김현욱
편집부 | 고유영(편집실장), 김성경(디자인), 김지혜
인쇄 | 영진문원

발행처 | 프리셉트선교회
등록번호 | 108-82-61175
일부총판 | 생명의말씀사 Tel. (02) 3159-7979 Fax. 080-022-8585

주소 | 서울특별시 서초구 청룡마을길 8-1(신원동) (우) 06802
전화 | (02) 588-2218 팩스 | (02) 588-2268
홈페이지 | www.precept.or.kr
국민은행 431401-04-058116(프리셉트선교회)

값 18,000원
ISBN 978-89-8475-855-1 03230

독자 여러분의 의견을 기다립니다.
(02) 588-2218 / pmbook77@naver.com